Versuchsplanung und experimentelles Praktikum

Bachelorstudium Psychologie

Versuchsplanung und experimentelles Praktikum
von Prof. Dr. Arndt Bröder

Herausgeber der Reihe:
Prof. Dr. Eva Bamberg, Prof. Dr. Hans-Werner Bierhoff,
Prof. Dr. Alexander Grob, Prof. Dr. Franz Petermann

Versuchsplanung und experimentelles Praktikum

von
Arndt Bröder

HOGREFE GÖTTINGEN · BERN · WIEN · PARIS · OXFORD · PRAG · TORONTO
CAMBRIDGE, MA · AMSTERDAM · KOPENHAGEN · STOCKHOLM

Prof. Dr. Arndt Bröder, geb. 1968. 1989–1995 Studium der Psychologie in Bonn. 1999 Promotion. Anschließend wissenschaftlicher Mitarbeiter an der Universität Bonn und am Max-Planck-Institut für Bildungsforschung in Berlin. 2005 Habilitation. 2005–2010 Professor für Psychologie am Max-Planck-Institut zur Erforschung der Gemeinschaftsgüter in Bonn und 2006–2010 Professor für Allgemeine Psychologie II an der Universität Bonn. Seit 2010 Professur für Allgemeine Psychologie an der Universität Mannheim. Arbeitsschwerpunkte: Experimentelle Gedächtnis- und Entscheidungsforschung.

Informationen und Zusatzmaterialien zu diesem Buch finden Sie unter
www.hogrefe.de/buecher/lehrbuecher/psychlehrbuchplus

Bibliografische Information der Deutschen Nationalbibliothek

Die Deutsche Nationalbibliothek verzeichnet diese Publikation in der Deutschen Nationalbibliografie; detaillierte bibliografische Daten sind im Internet über http://dnb.d-nb.de abrufbar.

© 2011 Hogrefe Verlag GmbH & Co. KG
Göttingen · Bern · Wien · Paris · Oxford · Prag · Toronto
Cambridge, MA · Amsterdam · Kopenhagen · Stockholm

http://www.hogrefe.de
Aktuelle Informationen · Weitere Titel zum Thema · Ergänzende Materialien

Umschlagabbildung: © Krzysztof Gawor – iStockphoto.com
Satz: ARThür Grafik-Design & Kunst, Weimar
Druck: AZ Druck und Datentechnik GmbH, Kempten
Printed in Germany
Auf säurefreiem Papier gedruckt

ISBN 978-3-8017-2143-5

Für meine Eltern

Inhaltsverzeichnis

Vorwort

Methodenlehre gehört traditionell nicht zu den Gebieten der Psychologie, in die sich die Studierenden voller Lust intrinsisch motiviert vertiefen. Das ist eigentlich kaum verständlich, denn gute Methoden können großen Spaß machen! Es ist eine intellektuelle und oft spielerische Herausforderung, für eine inhaltlich interessante Fragestellung eine möglichst informative empirische Untersuchung zu planen. Ein klarer Blick auf Stärken und Schwächen von Versuchsplänen und -durchführungen hilft auch dabei, die Fülle durch die Literatur geisternder Befunde kritisch zu beleuchten und ins rechte Licht zu setzen.

Vieles an methodischen Grundlagen lernt man im Studium „nebenbei" während der Beschäftigung mit Studien zu spezifischen psychologischen Inhalten. Das ist auch gut so, denn nur diese inhaltliche Einbettung macht klar, *warum* die Methodenlehre eine so wichtige Rolle in empirischer Forschung spielt und wofür man sie letztlich braucht. Methoden sind kein Selbstzweck, sondern dienen dem Ziel, die *Inhalte* der faszinierenden Wissenschaft Psychologie auf solidem Fundament weiterzuentwickeln. Neben der informellen Anhäufung von Methodenwissen ist eine systematische Einführung jedoch ebenso nötig, um die Begründungen verständlich zu machen, warum bestimmte Methoden zur Erkenntnisgewinnung verwendet werden, andere jedoch nicht.

Manche Lehrbücher der Experimentalmethodik und Versuchsplanung konzentrieren sich stark auf die wissenschaftstheoretischen Grundlagen und die formale Charakterisierung von Versuchsplänen. Andere sind eher anwendungsorientiert im Sinne einer kochrezeptartigen Darstellung. Beides entspricht nach meiner Erfahrung nicht den Bedürfnissen der „Normalanwender". Darunter verstehe ich aufgeschlossene und interessierte Studierende, die durchaus die theoretischen Konzepte hinter guter Versuchsplanung verstehen möchten, ohne jedoch zu tief in wissenschaftstheoretische Details einzusteigen. Auf der anderen Seite benötigen sie aber auch konkrete Tipps zur Ausgestaltung von Experimenten.

Dieser Band repräsentiert einen Mittelweg zwischen Grundlagenvermittlung und Anwendungshilfe. Dabei beschränkt sich der Inhalt im Wesentlichen auf die *experimentelle* und quasi-experimentelle Methode der Datengewinnung in der Psychologie.

Der erste Teil dieses Buchs (Kapitel 1 bis 4) legt begriffliche Grundlagen und wiederholt Konzepte, die für ein Verständnis der Logik hinter der Versuchsplanung unerlässlich sind. Insbesondere das dritte Kapitel versucht, die Sonderstellung des Experiments in den Naturwissenschaften und auch der Psychologie zu begründen.

Der zweite Teil des Buchs wird zunehmend konkreter und berichtet zunächst die grundlegenden Schritte, die bei der Durchführung empirischer Untersuchungen zu beachten sind (Kapitel 5) sowie dann die spezifischen Kontrolltechniken, die man einsetzt, um verlässliche Ergebnisse zu erhalten (Kapitel 6). Der Datenanalyse sowie der Verfassung des Versuchsberichts sind jeweils eigene Kapitel gewidmet (7 und 8). Weitere wesentliche Aspekte des Experimentierens, wie z.B. ethische Richtlinien oder Besonderheiten der Datenerhebung im Internet enthält Kapitel 9. Kapitel 10 schließlich enthält ein paar Vorschläge klassischer experimenteller Studien, deren Replikation im Rahmen eines experimentellen Praktikums interessant und durchführbar ist.

Der für Studierende hoffentlich nützliche Inhalt verdankt sein Zustandekommen unter anderem der „Erprobung" an einigen Kohorten von Studierenden in Bonn, die kritisches und aufmunterndes Feedback zu meinen Lehrveranstaltungen im Bereich der Versuchsplanung gegeben haben. Viele Kapitel des Buches wurden zudem von Julia Schütz, Christine Platzer und Marc Jekel aufmerksam und mit kritischem Blick gelesen. Allen verdanke ich sehr wertvolle Hinweise zur Verbesserung. Brigitte Kastenmeier half bei Schreibarbeiten, Recherchen und allerlei organisatorischen Dingen, die bei einem Projekt dieser Art anfallen.

Eine große Hilfe beim Schreiben dieses Buches war Nadine Nett, die mir bei Literaturrecherchen, Formulierungsverbessungen, Fragenformulierungen, der Pflege des Literaturverzeichnisses und Formatierungsfragen mit großem Engagement zur Seite stand.

Ulf-Dietrich Reips und Christian Montag danke ich herzlich für wertvolles inhaltliches „Coaching" bezüglich der Themen in Kapitel 9. Alle verbliebenen Fehler sind selbstverständlich dem Autor anzulasten, der sich über Hinweise zur Verbesserung freut (broeder@uni-mannheim.de).

Besonderer Dank gilt meinen akademischen Lehrern Jürgen Bredenkamp und Edgar Erdfelder, die in hervorragender und begeisternder Weise meinen Blick auf die spannenden Probleme der Wissenschaftstheorie und Versuchsplanung gelenkt haben. Ich hoffe, etwas von der Leidenschaft für gute Versuchsplanung an die Leserinnen und Leser weitergeben zu können.

Mannheim, Januar 2011   *Arndt Bröder*

Kapitel 1

Einleitung: empirische Psychologie

Inhaltsübersicht

Schlüsselbegriffe

- Psychologisches Alltagsdenken und wissenschaftliche Psychologie
- Ziele und Grundbegriffe wissenschaftlichen Denkens
- Der ideale und tatsächliche Forschungsprozess

„I would never die for my beliefs because I might be wrong"

Bertrand Russell

Der griechische Philosoph Aristoteles (384–322 v. Chr.) charakterisierte den Menschen als *zoon politikon*, also als ein geselliges Wesen. Wenn diese Bezogenheit auf das Soziale ein Hauptcharakteristikum von uns Menschen ist, so sollten wir erwarten, dass wir auch über ein angemessenes Maß an „psychologischem" Wissen verfügen. Schließlich sind wir in unserem alltäglichen Handeln darauf angewiesen, unser Gegenüber zu verstehen bzw. seine Reaktionen gegebenenfalls vorherzusehen. Neuere Befunde zur sogenannten „Theory of Mind" zeigen, dass Menschen z. T. sehr gut in der Lage sind, bestimmte Bewusstseinsinhalte anderer Personen zu erschließen, z. B. ihre Intentionen oder auch welche Informationen einer anderen Person bekannt sein müssten. In gewissem Umfang gilt das sogar für andere soziale Primaten (z. B. Brauer, Call & Tomasello, 2007; Melis, Call & Tomasello, 2006), während sehr kleine Kinder noch Schwierigkeiten haben, sich in die Perspektive anderer hineinzuversetzen (z. B. Perner, Stummer, Sprung & Doherty, 2002). Unsere „naive Psychologie" (engl. folk psychology) beherrschen wir damit deutlich besser als etwa naive Physik (Hecht & Bertamini, 2000; Hubbard, 1996; McCloskey & Kohl, 1983). Für psychologische Fragen sind wir also alle Experten. Vorausgesetzt unser „gesunder Menschenverstand" funktioniert ganz passabel – warum brauchen wir dann noch eine empirische Disziplin Psychologie und vor allem komplexe Methoden der Versuchsplanung und Statistik? Beides gehört traditionell nicht gerade zu den Lieblingsfächern von Psychologiestudierenden. Ich hoffe, die Leserinnen und Leser davon überzeugen zu können, dass ausgefeilte Methoden nicht nur notwendig für die Erkenntnisgewinnung sind, sondern auch Spaß machen.

Wir alle sind „naive Psychologen"

1.1 Alltagspsychologie

Es gibt vor allem drei Gründe, die eine objektive und systematische Psychologie erforderlich machen. Erstens sind unsere alltagspsychologischen Erklärungen oft *ad hoc* und taugen bei näherem Hinsehen weder für Erklärungen noch für Vorhersagen. Zweitens findet die Psychologie durchaus überraschende Erkenntnisse, die nicht immer mit unserer Alltagserfahrung übereinstimmen. Und drittens sind die menschliche Wahrnehmung und unser Denken durch zahlreiche systematische Verzerrungen und Interpretationen gekennzeichnet, die ungeprüft in unsere Alltagstheorien einfließen.

Bleiben wir beim Thema Ad-hoc-Erklärungen: Die Volksweisheit bietet viele Erklärungsansätze für die verschiedensten Phänomene. Lernen wir z. B. das glückliche Ehepaar X kennen, dessen Partner sehr unterschiedlich sind, wissen wir sogleich den Grund, denn Gegensätze ziehen sich bekanntlich laut Sprichwort an! Dass unsere Nachbarn, das Ehepaar Y, ebenfalls ein glückliches Paar sind, obwohl sie sehr ähnlich in Aussehen und Interessen sind, erklären wir leichthin mit der Weisheit „Gleich und Gleich gesellt sich gern". Ein weiteres Beispiel: Die Volksweisheit weiß, warum eine Gruppe von Personen an einer Aufgabe scheitert, die man alleine besser gelöst hätte: „Viele Köche verderben den Brei". Andererseits schafft man vieles in der Gruppe leichter – „Viele Hände machen schnell ein Ende". Dieser Widerspruch fällt im Einzelfall nicht auf, aber die Beispiele machen klar, dass unsere Volksweisheiten hier weder für eine Erklärung noch für eine Vorhersage taugen. Möchten wir vorhersagen, welche Partner sich attraktiv finden werden, oder wer eine Aufgabe besser löst (Gruppe oder Einzelperson), so liefern die widersprüchlichen Volksweisheiten dazu keinen Anhaltspunkt, welches Ereignis wohl eintreten wird. Ad-hoc-Erklärungen sind also für den Augenblick bzw. Einzelfall gemachte Plausibilitätsüberlegungen.

Genauso ist es mit einer *Post-hoc*-Erklärung, also einer Erklärung im Nachhinein: Eine Theorie, die nur auf diese Weise alles „erklären" kann, erklärt letztlich nichts, denn von einer guten Theorie erwarten wir, dass sie neben Erklärungen auch akkurate Vorhersagen erlaubt. Hier kann eine empirische Psychologie helfen herauszufinden, welche Variante des Sprichwortes stimmt oder noch genauer, *unter welchen Umständen* eher das eine oder das andere Sprichwort zutrifft. Demnach weiß man z. B. heute, dass der Erfolg einer Partner-

Alltagserklärungen sind ad hoc

schaft maßgeblich von der Ähnlichkeit der Partner in den meisten Aspekten abhängt, wobei die Ähnlichkeit hinsichtlich mancher Merkmale für die Partnerschaft von größerer Bedeutung ist als für andere Merkmale (Asendorpf & Banse, 2000). Ebenso gibt es manche Aufgabenkonstellationen, die von Gruppenarbeit profitieren, während die gemeinsame Bearbeitung bei anderen Aufgaben hinderlich ist (Zysno, 1998). Demnach trägt systematische psychologische Forschung zur Differenzierung, Systematisierung und Begründung unseres Wissens bei.

Differenzierung, Systematisierung und Begründung von Wissen

Manchmal wird der Psychologie der Vorwurf entgegengebracht, sie finde sowieso nur Dinge heraus, die jeder schon gewusst hat. Erstens ist ein solcher Vorwurf mit dem Rückschaufehler behaftet (s. u.) und zweitens muss unsere Alltagspsychologie selbstverständlich nicht immer falsch sein. Problematisch ist nur, dass wir kein Kriterium haben, um zu überprüfen, *wann* unsere Alltagstheorien etwas taugen und wann nicht. Hier hilft die empirische Forschung bei einer kritischen Überprüfung. Holz-Ebeling (1989) hat darüber hinaus 143 Schülerinnen und Schüler sowie 85 Studierende zu gut etablierten empirischen Befunden aus der empirischen Psychologie befragt und sie gebeten, die Ergebnisse der jeweiligen geschilderten Studien vorherzusagen. Der folgende Kasten bietet einen kleinen Selbsttest an, mit dem Sie Ihre Prognosefähigkeit überprüfen können. Holz-Ebeling (1989) fand große Unterschiede zwischen verschiedenen empirischen Phänomenen: Manche wurden von der Mehrheit der Versuchsteilnehmer korrekt vorhergesagt, andere jedoch nur von einer Minderheit oder gar von niemandem! Die Untersuchung lieferte also keinen Beleg dafür, dass die Psychologie immer nur Bekanntes bestätigt, sondern sie zeigt, wie überraschend psychologische Erkenntnisse oft sein können.

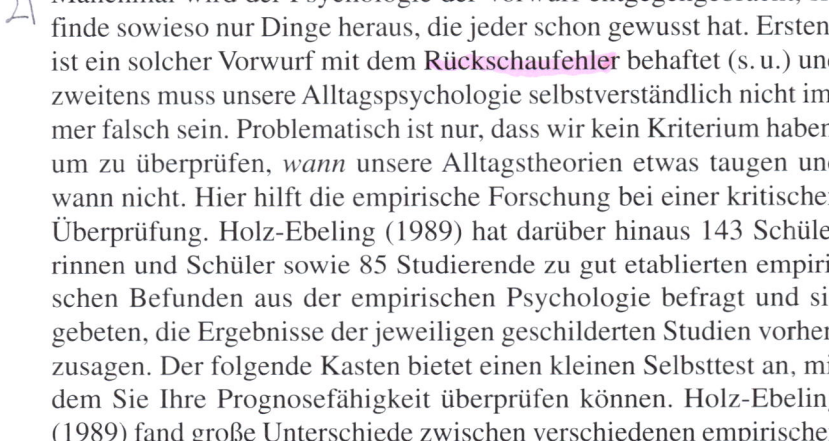

Selbsttest

Hier einige Fragen zum Testen Ihrer Prognosefähigkeit für psychologische Effekte (modifiziert nach Holz-Ebeling, 1989). Kreuzen Sie jeweils an, welches Ergebnis Sie erwarten würden.

1. Wenn Menschen sich vor einem kommenden Ereignis fürchten, neigen sie im Allgemeinen dazu
   a) die Anwesenheit anderer aufzusuchen,
   b) kein Effekt,
   c) die Anwensenheit anderer zu meiden.

2. Bekommt man in einem Gespräch Gelegenheit, seinem Ärger über jemanden Ausdruck zu verleihen, so
   a) verringert sich der Ärger,
   b) kein Effekt,
   c) steigert sich der Ärger.

3. Wird man Zeuge einer Notsituation, so
   a) erhöht sich die Hilfsbereitschaft, wenn andere Personen anwesend sind,
   b) kein Effekt der Anwesenheit anderer Personen,
   c) verringert sich die Hilfsbereitschaft, wenn andere Personen anwesend sind.

4. Wenn man die Leistung einer gut aussehenden Person beurteilen soll, neigt man zu einer
   a) positiveren Bewertung der Leistung,
   b) kein Effekt,
   c) negativeren Bewertung der Leistung.

5. Wenn man sich mit Mühe für ein Ziel eingesetzt hat und dann feststellt, dass das Ergebnis gar nicht so erstrebenswert ist, dann
   a) wertet man das Ziel weiter ab,
   b) kein Effekt
   c) wertet man das Ziel auf.

6. Erwartet und bekommt man eine Belohnung für eine Tätigkeit, die für sich genommen angenehm und interessant ist, so
   a) steigert das die Motivation, die Tätigkeit auszuüben,
   b) kein Effekt,
   c) verringert das die Motivation, die Tätigkeit auszuüben.

Die Lösung und den Prozentsatz korrekter Antworten bei Holz-Ebeling finden Sie auf S. 33.

Ein drittes Argument, um gegenüber unserer Alltagspsychologie skeptisch zu sein, sind die vielfältigen Wahrnehmungs-, Gedächtnis- und Denkfehler, denen Menschen unterliegen. Wir alle kennen verschiedene optische Täuschungen, die eindrucksvoll illustrieren, dass die physikalische Welt nicht einfach eins zu eins in unserem Bewusst-

Wahrnehmungs-, Denk- und Gedächtnisfehler

sein abgebildet wird (vgl. Abb. 1).[1] Vielmehr findet in unserem Gehirn eine dauernde Interpretation der hereinkommenden Information statt, und wir neigen dazu, Dinge entsprechend unserer Erwartungen wahrzunehmen (Palmer, 1975).

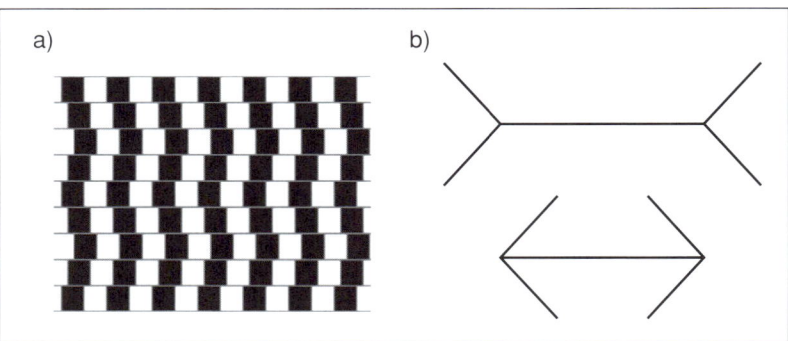

Abbildung 1: Optische Täuschungen (a) Die scheinbar schiefen Linien sind tatsächlich gerade; b) Die Linien erscheinen aufgrund der Winkel unterschiedlich lang (Müller-Lyersche-Täuschung)

Auch unsere Gedächtnisleistung unterliegt vielen systematischen Verzerrungen (Baron, 2008; Kahneman, Slovic & Tversky, 1982). Denken gemäß den Regeln der Logik und Denken in Wahrscheinlichkeiten gehört ebenfalls nicht zu den menschlichen Stärken (z. B. Wason, 1966). Eine beeindruckende Sammlung solcher kognitiver Täuschungen sowie den aktuellen Forschungsstand dazu findet man bei Pohl (2004). Ein frühes experimentelles Beispiel für die Interpretations- und Rekonstruktionsleistung im Gedächtnis ist eine Untersuchung von Carmichael, Hogan und Walter (1932), deren Ergebnis in Abbildung 2 illustriert ist. Die mehrdeutigen abstrakten Formen in der mittleren Spalte waren mehreren Personen gezeigt worden mit der Aufforderung, sie sich so originalgetreu wie möglich einzuprägen. Nach dem Einprägen erhielten zwei zufällig zugeteilte Gruppen von Teilnehmern die in Abbildung 2 gezeigten verbalen Beschreibungen als „Merkhilfen". Später wurden sie dann aufgefordert, die ursprünglichen Muster so exakt wie möglich wiederzugeben, wobei es zu den charakteristischen Verzerrungen kam, die in Abbildung 2 dokumentiert sind. Offenbar neigten die Teilnehmer dazu, die Zeichnungen im Sinne der Merkhilfen zu *rekonstruieren*, anstatt sie einfach

---

1 Beeindruckende Sammlungen optischer Täuschungen finden sich unter http://www.michaelbach.de/ot/ und http://www.panoptikum.net/optischetaeuschungen/opticalillusions.htm

aus dem Gedächtnis zu *reproduzieren.* Von diesen Interpretationen und ihrer Beeinflussung des Gedächtnisses kann man sich kaum befreien, der Einfluss scheint automatisch zu sein.

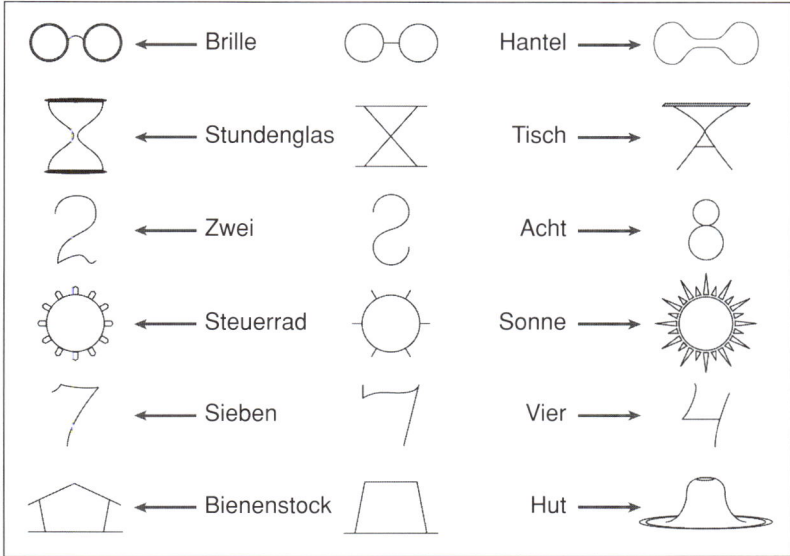

Abbildung 2: Der Einfluss verbaler „Erinnerungshilfen" auf die Reproduktion von visuellen Stimuli aus dem Gedächtnis (adaptiert aus Carmichael, Hogan & Walter, 1932)

Ein weiteres prominentes Beispiel ist der *Rückschaufehler,* wonach Ereignisse im Nachhinein betrachtet (wenn sie bereits eingetreten sind) viel wahrscheinlicher erscheinen als im Vorhinein – als hätte man es schon immer gewusst (s. Erdfelder, Brandt & Bröder, 2007). Wissenschaftlerinnen und Wissenschaftler sind natürlich auch nur Menschen, und durch eine strenge wissenschaftliche Methodik versuchen sie, sich gegen eigene Voreingenommenheit und Fehlinterpretationen zu schützen.

Rückschaufehler

Damit ist die Zielsetzung einer wissenschaftlichen Psychologie im Unterschied zur Alltagspsychologie zusammenfassend umrissen: Obwohl unser Alltagswissen nicht immer falsch sein muss, stellt es keine Kriterien zur Verfügung, woran seine Korrektheit oder Falschheit überprüft werden kann. Unsere Wahrnehmungen sind oft verzerrt. Die wissenschaftliche Methodik bemüht sich, diese Verzerrungen weitgehend auszuschließen und damit die Grundlage zu schaffen für eine systematische Erweiterung unseres Wissens über

Wissenschaft ist durch die Methode definiert, nicht durch den Inhalt

das Erleben, Verhalten und die Kognition des Menschen. Die Abgrenzung von Wissenschaft gegenüber „common sense" ist demnach nicht durch die Inhalte begründet, sondern durch die Methoden und die Art der Argumentation. So wird dem Philosophen Bertrand Russell (1872–1970) folgendes Zitat zugeschrieben: „Den Wissenschaftler kennzeichnet nicht, was er glaubt, sondern *wie* und *warum* er es glaubt." Das „warum" zielt darauf, dass bestimmte Qualitätsstandards an die *Begründungen* für Überzeugungen gelegt werden, das „wie" bezieht sich auf die Art, wie Wissenschaftler ihre Überzeugungen vertreten sollten: niemals dogmatisch, offen für Kritik und letztlich immer bereit, die eigenen Schlussfolgerungen zu hinterfragen.

1.2 Wissenschaftstheoretische Grundbegriffe und Anliegen der Psychologie

Methodologien begründen Methoden

Die Wissenschaftstheorie ist ein Zweig der philosophischen Erkenntnistheorie, die sich mit den Möglichkeiten und Bedingungen von Erkenntnis auseinandersetzt. Ausgehend von bestimmten Grundannahmen werden in der Wissenschaftstheorie grundlegende Qualitätskriterien und Zugangswege für wissenschaftliche Erkenntnisgewinnung formuliert, die in sogenannte fachübergreifende und fachspezifische Methodologien münden. Methodologien begründen, welche spezifischen *Methoden* der Erkenntnisgewinnung in einem Forschungsbereich sinnvoll und Erfolg versprechend sind. Hier sollen nur basale Konzepte vorgestellt werden, eine hervorragende tiefere Behandlung der Wissenschaftstheorie und Methodologie der Psychologie findet man bei Westermann (2000).

1.2.1 Ziele von Wissenschaft

Allgemeine Zielsetzungen von Wissenschaft nach Huber (2005)

1. Sammlung und Ordnung von Tatsachenwissen und
2. Formulierung von allgemeinen Theorien und Gesetzmäßigkeiten, die zur *Erklärung* und *Prognose* von Phänomenen dienen.

Beide Zielsetzungen dienen zunächst einem reinen Erkenntnisinteresse, können aber auch im Dienste einer dritten Zielsetzung von

Wissenschaft stehen, nämlich der Anwendung und Nutzbarmachung von Erkenntnissen. Der Sammlung und Ordnung von Tatsachenwissen begegnet man häufig: Dies kann die genaue Beschreibung und Einordnung neu entdeckter Arten in der Biologie sein, die Kartierung von Biotopen oder die Beschreibung der geologischen Struktur eines bestimmten Gebiets. In den Sozialwissenschaften mögen Meinungsumfragen dazugehören oder die Erfassung demografischer Daten z. B. durch das Statistische Bundesamt. In der Psychologie findet man diese Zielsetzung z. B. bei der Normierung von Tests an Eichstichproben oder der Dokumentation „typischer" Verläufe der motorischen oder kognitiven Entwicklung. Es ist das Ziel solcher Anwendungen, möglichst präzise und unverfälschte Beschreibungen wichtiger Merkmale eines interessierenden Gegenstandsbereiches zu erhalten. Das Produkt ist demnach rein deskriptiv (beschreibend). Die so erhaltene Datenbasis wird meist von Anwendern mit einer bestimmten Zielstellung genutzt (z. B. Beurteilung des Entwicklungsstandes eines Kindes anhand von Normen) oder bietet den Ausgangspunkt für Hypothesenbildung oder Hypothesenprüfung weiter gehender Fragestellungen.

Zielsetzung 1: präzise Deskription (Beschreibung)

Das zweite Ziel von Wissenschaft geht über die reine Sammlung, Dokumentation, Deskription und Ordnung von Tatsachen hinaus. Typischerweise erwarten wir, dass die Wissenschaft uns hilft, Phänomene *erklären* zu können. Wie wir im nächsten Kapitel sehen werden, beinhaltet eine wissenschaftliche Erklärung immer allgemeine Gesetzmäßigkeiten, die wiederum Bestandteile von oder Ableitungen aus Theorien sein können. Solche Gesetzmäßigkeiten gehen immer über die bereits erhobenen Daten hinaus und erheben auch Anspruch auf Gültigkeit für noch nicht untersuchte Fälle. Je sicherer das empirische Fundament ist, auf dem diese Gesetzmäßigkeiten aufgebaut sind, desto brauchbarer und glaubwürdiger ist die wissenschaftliche Erklärung.

Zielsetzung 2: Erklärung

Spiegelbildlich zur Erklärung ist eine weitere Zielsetzung von Wissenschaft oft die *Vorhersage*. Während die Erklärung auf allgemeine Gesetzmäßigkeiten Bezug nimmt, um eine Begründung für bereits eingetretene Ereignisse zu liefern, verwendet die Vorhersage solche Gesetzmäßigkeiten, um aus ihnen und vorliegenden Randbedingungen Ereignisse vorherzusagen. Wir kennen das alle von der Wettervorhersage. In der Psychologie wäre ein Beispiele dafür die Prognose über Rückfallgefahren bei Straftätern oder die voraussichtliche Wirksamkeit eines therapeutischen Verfahrens.

Zielsetzung 3: Anwendung auf praktische Probleme

Darüber hinaus sind Gesetze und Theorien nicht nur wichtig zur Erklärung und Prognose von Sachverhalten und zur Systematisierung von Wissen, sondern sie sind auch Grundlage für eine sinnvolle Anwendung der Wissenschaft auf praktische Probleme. Dies haben die Beispiele zur Prognose bereits verdeutlicht. Beispielsweise können empirisch gut bestätigte Gesetzmäßigkeiten der Lern- und Gedächtnispsychologie helfen, die Wissensvermittlung im Unterricht zu optimieren, oder Erkenntnisse der Wahrnehmungspsychologie können zur Gestaltung von Bedienungsoberflächen in Computerprogrammen eingesetzt werden.

Theorie und Praxis

Häufig hört man den Vorwurf, manche Erkenntnisse insbesondere der Grundlagenforschung seien „zu theoretisch", um praktisch relevant zu sein. Es wird damit der Eindruck erweckt „Theorie und Praxis" hätten wenig miteinander zu tun. Dies ist ein großes Missverständnis, denn jede Maßnahme, die im Anwendungskontext getroffen wird, folgt einer impliziten oder expliziten Theorie des Anwenders, warum er diese Maßnahme in diesem Kontext für Erfolg versprechend hält. Ein Psychotherapeut, der die Agoraphobie (Angst vor öffentlichen Plätzen) eines Patienten mittels einer Reizkonfrontationstherapie behandelt, folgt damit einer Theorie über deren Wirksamkeit, die entweder in wissenschaftlichen Erkenntnissen oder in seiner Erfahrung begründet sein kann. Ein anderer Therapeut, der die Agoraphobie mittels Traumanalyse, freier Assoziation und der Aufdeckung kindlicher Traumata behandelt, folgt offenbar einer anderen Theorie. Ein Ingenieur, der ein Messinstrument entwirft, wird dabei immer einer physikalischen Theorie folgen usw. Es gibt *also keine praktische Anwendung ohne Theorie*, und der Anwendungserfolg wird umso besser sein, je besser gestützt die dahinter stehende Theorie ist. Die Aufgabe der Wissenschaft im Anwendungskontext ist es daher, gut gestützte Theorien zur Verfügung zu stellen, aus denen Erfolg versprechende Handlungsanweisungen hergeleitet werden können. *Wenn theoretische Erkenntnisse den Praktiker nicht zufrieden stellen, liegt das nicht daran, dass der Praktiker keine Theorie braucht, sondern daran, dass die Theorie unzureichend und für die Anwendung zu verbessern ist.* In diesem Sinne ist das gewitzte Zitat zu verstehen, das dem Psychologen Kurt Lewin zugeschrieben wird: „Es gibt nichts Praktischeres als eine gute Theorie."

1.2.2 Rationalismus, Empirismus, Deduktivismus, Induktivismus, Falsifikation und Verifikation

In der erkenntnistheoretischen Diskussion kann man grob zwei Richtungen unterscheiden, die als *Rationalismus* und *Empirismus* bezeichnet werden. Die erste Position wurde in der Antike durch Platon (ca. 428–348 v. Chr.) und in der Neuzeit durch René Descartes (1596–1650) vertreten. Diese Richtung betont den Vorrang der Theorie vor den Daten beziehungsweise die Überlegenheit des Denkens gegenüber der sinnlichen Erfahrung als Erkenntnisquelle. Beide Philosophen gingen von angeborenen Ideen aus, die im Akte des Nachdenkens zu Erkenntnis führen können. Dem Verstand (ratio) kommt demnach die Hauptrolle in der Erkenntnis der Welt zu. Demgegenüber waren in der Antike Aristoteles (384–322 v. Chr.) und in der Neuzeit die britischen Empiristen, v. a. John Locke (1632–1704) der Auffassung, dass Welterkenntnis nur durch sinnliche Erfahrung – also Empirie – möglich sei. Locke ging davon aus, dass der Mensch bei Geburt eine *tabula rasa* (leere Tafel) sei, die erst im Laufe des Lebens durch Lernen und Erfahrung beschrieben werde. Der Streit zwischen Rationalisten und Empiristen ist nicht nur erkenntnistheoretisch von Bedeutung, sondern hat auch die Psychologie immer wieder beflügelt, beispielsweise in der Frage, welche kognitiven Leistungen angeboren sind und daher „von selbst" reifen und welche dagegen erlernt werden müssen.

Rationalismus versus Empirismus

Rationalistische Wissenschaftstheoretiker vertreten meist sogenannte deduktivistische Methodologien. Danach steht eine möglichst widerspruchsfreie Theorie oder Hypothese am Anfang, und den Beobachtungen – also der Empirie – kommt wesentlich die Funktion der kritischen Überprüfung dieser Theorie zu. Sprechen die Beobachtungen gegen die Theorie, muss diese modifiziert (oder gar verworfen) werden, sprechen sie dafür, kann die Theorie vorerst beibehalten werden. Für eher empiristisch orientierte Wissenschaftstheoretiker stehen möglichst vorurteilsfreie und objektive Daten bzw. Beobachtungen am Anfang, die so unverzerrt wie möglich zu protokollieren sind. Aus einer solchen Datensammlung lassen sich zuweilen allgemeine Gesetzmäßigkeiten herleiten, die in Theorien münden. Es findet also eine induktive Verallgemeinerung einzelner besonderer Beobachtungen auf allgemeinere Gesetzmäßigkeiten statt. Diese haben vor allem die Funktion, die Vielfalt der Beobachtungen in einer sparsamen und übersichtlichen Sprache zu ordnen. Je häufiger eine Beobachtung, die eine Theorie begründet, wiederholt werden kann, desto mehr steigt das Vertrauen in die Richtigkeit der Theorie. Diese auch als logischer

Deduktivistische und induktivistische Methodologien

Empirismus bekannte wissenschaftstheoretische Richtung wurde Anfang des 20. Jahrhunderts von Rudolf Carnap (1891–1970) und führenden Physikern vertreten, die die Physik auf ein sicheres empirisches Fundament stellen und rein theoretische Begriffe so weit wie möglich vermeiden wollten.

Poppers Kritik des Induktivismus

Sir Karl R. Popper

Fotograf: Frank Mächler
© picture-alliance/dpa

Der österreichisch-britische Philosoph Karl R. Popper (1902–1994) hat den Induktivismus der Positivisten aus mehreren Gründen kritisiert. Seine Hauptargumente waren, dass – erstens – Theorien mehr seien als bloße Zusammenfassungen von Befunden. Sie haben die Funktion, empirische Befunde zu erklären. Zweitens – das ist sein Hauptargument – kann ein induktiver Schluss vom Besonderen auf das Allgemeine niemals logisch gerechtfertigt werden, er ist immer mit der Unsicherheit behaftet, dass die nächste Beobachtung nicht mehr zu der Gesetzmäßigkeit passt (Popper, 1966).

Anders dagegen ist es mit sogenannten deduktiven Schlüssen: Ist ein solcher logischer Schluss valide, so muss die Schlussfolgerung wahr sein, wenn die Prämissen wahr sind. Demnach kann man niemals logisch sicher von den speziellen Beobachtungen (und seien es noch so viele) auf eine allgemeine Theorie schließen. Schon morgen könnte eine neue Beobachtung gegen die Theorie sprechen. Umgekehrt kann man aber aus einer allgemeinen Theorie *deduktiv* Vorhersagen über Beobachtungen ableiten. Wenn diese *nicht* eintreffen, dann kann man sicher auf die Falschheit der Theorie schließen![2] Diese *Falsifikation* (Beweis der Falschheit) einer Theorie ist logisch immer möglich, eine *Verifikation* (Beweis der Wahrheit) dagegen nicht (vgl. Kasten).

Falsifikation statt Verifikation

Daraus entstand Poppers berühmtes Falsifikationsprinzip: Wir können nie wissen, wann eine allgemeine Hypothese wahr ist, aber wir können herausfinden, ob sie falsch ist. Je stärker wir versucht haben,

---

2   Diese Aussage ist sehr stark vereinfacht, und weder Popper noch seine Nachfolger (z. B. Lakatos, 1974) hätten sie in dieser Form unterschrieben, da die Realität der Forschung komplizierter ist. Wie wir unten sehen werden, hängt ein Versuchsergebnis nicht nur von der geprüften Hypothese ab, sondern auch von zusätzlichen Annahmen oder Hilfshypothesen, die ebenfalls falsch sein könnten. Zur Verdeutlichung der dahinter stehenden Logik soll dieses Prinzip hier jedoch einmal so behauptet werden.

Logik der Falsifikation

Poppers Falsifikationsprinzip beruht auf der logisch gültigen Schlussform des sogenannten Modus tollens:

Prämisse 1: „Wenn die Theorie X wahr ist, dann folgt daraus Beobachtung B"
Prämisse 2: „Wir beobachten, dass B nicht eintritt"
Schluss: „Also ist Theorie X falsch"

Warum bestätigen die Beobachtungen B nicht die Theorie X? Dies wäre die logisch nicht gültige Schlussfolgerung der „Bejahung der Konsequenz"

Prämisse 1: „Wenn die Theorie X wahr ist, dann folgt daraus Beobachtung B"
Prämisse 2: „Wir beobachten B"
Schluss: ?

Daraus können wir nicht viel über die Wahrheit oder Falschheit der Theorie X schließen, denn vielleicht folgt B ja auch aus Theorie Y und aus Theorie Z.

Eine sehr gut lesbare und unterhaltsame Einführung in die Logik gibt Salmon (1983).

---

die Hypothese zu widerlegen, ohne dass uns das gelungen ist, umso mehr hat sich die Hypothese bewährt und kann vorläufig beibehalten werden. Sie wird erst dann durch eine neue Hypothese ersetzt, wenn sie (1) falsifiziert wurde und (2) eine bessere Hypothese zur Verfügung steht, die auch die neuen Befunde erklärt (s. Lakatos, 1974; Popper, 1966; Westermann, 1987; 2000). „Es gibt kein Kriterium, an dem wir die Wahrheit erkennen können – und insofern müssen wir dem Pessimismus recht geben. Aber es gibt Kriterien, die (wenn wir Glück haben) es uns ermöglichen, Irrtümer und Unwahrheiten als solche zu erkennen." (Popper, 1994, S. 41). Etwas griffiger formuliert es der Biologe Richard Dawkins (2009, S. 10): „(T)he best that scientists can do is fail to disprove things while pointig to how hard they tried." Ein weiterer Grund, das Induktionsprinzip abzulehnen, besteht darin, dass Beobachtungen oft mit mehreren Theorien oder Hypothesen übereinstimmen, und es nicht von vornherein feststeht, welche davon gestützt wird. So fanden z. B. Mayo, White und Eysenck (1978) Evidenz im Einklang mit einer astrologischen Hypothese.

Alternativerklärung und Entscheidungsexperiment

Pawlik und Buse (1979) zeigten aber, dass es für diese Evidenz eine *Alternativerklärung* (= andere Hypothese) gibt. Im Idealfall kann ein *Entscheidungsexperiment* durchgeführt werden, um eine der Hypothesen zu verwerfen (vgl. Kasten).

Verifikation und Falsifikation – ein Beispiel

Ein eindrucksvolles Beispiel dafür, dass die Bestätigung einer Hypothese keinesfalls deren Verifikation bedeutet, liefern die Studien zum Zusammenhang von astrologischem Sternzeichen und Persönlichkeit von Mayo, White und Eysenck (1978) und Pawlik und Buse (1979). Mayo et al. (1978) leiteten aus gängigen astrologischen Auffassungen die Hypothesen her, dass Menschen, die unter einem ungeradzahligen Sternzeichen geboren sind (Widder, Zwillinge, Löwe, Waage, Schütze, Wassermann) im Mittel extravertierter sind als die geradzahligen Sternzeichen. Zweitens sollten sogenannte „Wasserzeichen" (Krebs, Skorpion, Fische) im Mittel emotional labiler sein als die anderen. Mayo et al. (1978) untersuchten 2.324 Personen, die beim Erstautoren ein Horoskop angefordert hatten, mit einem Fragebogen, der das Ausmaß der Extraversion und der emotionalen Labilität erfasst. Sie fanden eine eindrucksvolle Bestätigung beider Hypothesen: Alle ungeradzahligen Sternzeichen lagen bezüglich Extraversion oberhalb des Mittelwerts, alle geradzahligen darunter. Ebenso lagen alle Wasserzeichen oberhalb des Emotionalitätsmittelwerts, die anderen Sternzeichen darunter (Ausnahme: Widder). Zwar war der Effekt nur sehr klein, wegen der riesigen Stichprobe aber statistisch signifikant. Beide Hypothesen über den Einfluss des Sternzeichens auf Charaktereigenschaften waren demnach bestätigt worden. Aber sind sie damit auch verifiziert?

Pawlik und Buse (1979) schlugen eine *Alternativerklärung* des Befundes vor. Sie argumentierten, dass die gewonnene Stichprobe wohl zum größten Teil aus astrologiegläubigen Personen bestand (sie hatten ja ein Horoskop angefordert), die womöglich die „typischen" Eigenschaften ihres Sternzeichens kannten und mindestens teilweise so verinnerlicht hatten, dass sie die Antworten im Fragebogen konsistent mit diesem Selbstbild gaben. Wenn diese Erklärung stimmt, sollte der Effekt *nicht* für Astrologie-ungläubige Versuchsteilnehmer auftreten. Pawlik und Buse (1979) rekrutierten 799 beliebige Personen, die sowohl den Persönlichkeitsfragebogen als auch einen Fragebogen zum Glauben an Astrologie ausfüllten. Wurden die Personen aufgrund des letzteren Bogens

> in astrologiegläubige und -ungläubige Personen eingeteilt, zeigte sich eine Replikation des Befundes von Mayo et al. (1978) ausschließlich für die gläubigen, nicht dagegen für die ungläubigen Personen. Die attributionstheoretische Alternativerklärung von Pawlik und Buse kann *beide* Befunde erklären, die astrologische Hypothese nur den von Mayo et al., daher (und aus anderen Gründen) ist die alternative Erklärung vorzuziehen.

Der „Idealfall" deduktivistischer Forschung sieht demnach so aus, dass aus einer übergeordneten Theorie konkrete Hypothesen abgeleitet werden. Diese sind in konkrete Erwartungen für empirische Beobachtungen zu übersetzen. Dafür müssen die meist unbeobachtbaren theoretischen Begriffe (z. B. Intelligenz) in empirisch fassbare Größen „übersetzt" werden (z. B. Anzahl gelöster Testaufgaben). Diesen Prozess nennt man auch Operationalisierung. Man führt das Experiment durch, protokolliert, ob die erwartete Beobachtung eingetroffen ist. Wenn die erwartete Beobachtung nicht eingetreten ist, fällt man ein Falsifikationsurteil, andernfalls fällt man ein (vorläufiges) Bewährungsurteil bzgl. der Hypothese. Dies ist schematisch in Abbildung 3 dargestellt.

Operationalisierung

Man sagt: die Hypothese hat sich bewährt

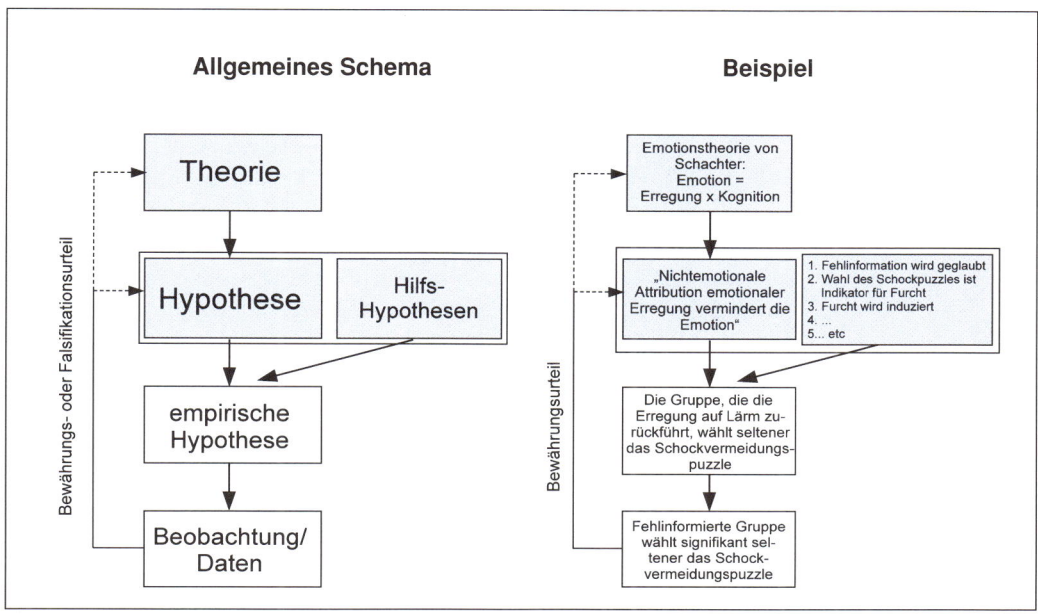

Abbildung 3: Herleitung einer Hypothese aus einer Theorie. Die Beobachtungen stützen die Hypothese oder passen nicht zu ihr. Rechts ein Beispiel (vgl. auch Kasten)

Hypothesenprüfung – ein Beispiel

Der in Abbildung 3 dargestellte Prozess soll anhand eines Experiments von Ross, Rodin und Zimbardo (1969) zur Emotionstheorie von Stanley Schachter (1964) verdeutlicht werden. Die übergeordnete Zwei-Faktoren-*Theorie* nimmt an, dass eine Emotion immer aus zwei Komponenten besteht, nämlich erstens einer physiologischen Erregung und zweitens einer subjektiven Erklärung, woher diese Erregung stammt (Kognition in Form einer Kausalattribution). Aus dieser Theorie lassen sich viele *Hypothesen* herleiten (s. Reisenzein, 1983), eine davon lautet: „Nicht-emotionale Attribution emotionaler Erregung vermindert die Stärke der Emotion." Im Klartext: Wenn ich emotional erregt bin, die körperliche Erregung aber auf eine nicht-emotionale Ursache zurückführe („Ich zittere, weil ich zu viel Kaffee getrunken habe"), ist meine Emotion schwächer ausgeprägt als bei einer emotionalen Ursachenzuschreibung („Ich zittere, weil ich Angst habe").

Ross et al. (1969) prüften diese Hypothese folgendermaßen: Zwei Versuchsgruppen wurde angekündigt, dass sie im Laufe des Experiments Elektroschocks erhalten würden, und sie wurden an entsprechende Elektroden angeschlossen. Zusätzlich wurde beiden Gruppen unangenehmer Lärm dargeboten. Die Experimentalgruppe wurde über die Auswirkung des Lärms fehlinformiert: Der Lärm verursache typischerweise Zittern, schwitzende Hände und ein flaues Gefühl im Bauch. Dies sind genau die Erregungssymptome, die man bei Furcht verspürt. Die Kontrollgruppe erhielt als angebliche Nebenwirkung des Lärms andere Symptome genannt. Alle Teilnehmer bekamen dann zwei Knobelaufgaben (Puzzles) zur Auswahl. Erfolgreiche Lösung des einen würde die Schocks verhindern, bei erfolgreicher Lösung des anderen würde man Geld gewinnen. Gemessen wurde, wie lange sich die Teilnehmer beider Gruppen mit dem Schockvermeidungspuzzle beschäftigen. Die *Beobachtung* zeigte, dass die fehlinformierte Gruppe sich im Durchschnitt deutlich weniger mit dem Schockvermeidungspuzzle beschäftigte als die Kontrollgruppe, woraus Ross et al. (1969) schlossen, dass diese Gruppe – hypothesengemäß – weniger Furcht empfand als die Kontrollgruppe. Laut Hypothese hat die fehlinformierte Gruppe ihre durch Furcht ausgelösten körperlichen Symptome auf den Lärm zurückgeführt und daher weniger Furcht verspürt. In dem Beispiel wird klar, dass die Übersezung der eigentlichen Hypothese (die viele unbeobachtbare Begriffe enthält) in eine *empirische Hypothese* nur mittels einer

Vielzahl von *Hilfshypothesen* (manchmal auch Operationalisierungshypothesen genannt) möglich ist. So muss man z. B. annehmen, dass die Ankündigung von Schocks wirklich Furcht erzeugt, dass die Teilnehmer die Fehlinformation über den Lärm glauben, dass die Gruppen sich nicht a priori unterscheiden und dass die Beschäftigung mit dem Schockvermeidungspuzzle tatsächlich ein Indikator für die Furchtintensität ist. Je besser die Hilfshypothesen begründet sind, desto sicherer ist das Bewährungs- oder Falsifikationsurteil in Bezug auf die interessierende Hypothese. Gute Versuchsplanung zielt wesentlich darauf ab, die Gültigkeit der Hilfshypothesen sicherzustellen.

Es sei hier kurz angemerkt, dass trotz der einfachen Logik ein Falsifikationsurteil nicht automatisch eine Falsifikation der Hypothese nach sich zieht. Zunächst ist zu prüfen, ob nicht beispielsweise Hilfsannahmen verletzt waren (fehlerhafte Messungen, Störbedingungen etc.). Außerdem sollte eine Theorie erst verworfen werden, wenn eine bessere zur Verfügung steht, in Abwandlung von Lewins Zitat: Lieber eine falsche, aber nützliche, als gar keine Theorie! Die interessierten Leserinnen und Leser seien hier auf Lakatos (1974) und Westermann (2000) verwiesen.

1.2.3 Der Forschungsprozess

Der tatsächliche Forschungsprozess in den empirischen Wissenschaften folgt weder einer rein induktiven noch einer rein deduktiven Methodologie, sondern kombiniert beide Ansätze. Es sei hier angemerkt, dass das *gemeinsame Ziel* beider Ansätze die Formulierung von allgemeinen Theorien ist. Oft stehen Beobachtungen über einen Gegenstandsbereich am Anfang, die dann zur Formulierung von Hypothesen oder Theorien führen. Diese wiederum werden in gezielten Experimenten streng überprüft. Heißt das, dass es egal ist, welcher der beiden Methodologien man folgt? Nein, denn die von Popper identifizierten Probleme des Induktivismus sind nicht zu leugnen. Zweckmäßig ist es aber, gemäß dem Physiker und Philosophen Hans Reichenbach (1891–1953) zwischen dem „Entdeckungszusammenhang" und dem „Begründungszusammenhang" in der wissenschaftlichen Forschung zu unterscheiden. Der Entdeckungszusammenhang bezieht sich auf das Stadium, in dem Hypothesen und Theorien zunächst einmal generiert werden. *Woher* eine Theorie kommt, ist letzt-

Entdeckungs- und Begründungszusammenhang

lich unerheblich: Sie mag einer Eingebung entspringen, dem Litera-
turstudium, Diskussionen mit Kollegen oder ersten systematischen
oder unsystematischen Beobachtungen. Gerade zu Beginn der Erforschung eines Gegenstandsbereichs wird es oft sehr hilfreich sein,
zunächst einmal so unvoreingenommen wie möglich zu beobachten
und Daten zu sammeln. Diese können dann eventuell auf bestimmte
Hypothesen und Theorien hinweisen. Im Entdeckungszusammenhang sind quasi alle Mittel recht, um Hypothesen zu generieren, wobei aber viele Wissenschaftler übereinstimmen würden, dass empirische Untersuchungen hier oft Erfolg versprechender sind als die
sogenannte „armchair science", also das reine Nachdenken im hei-
matlichen Sessel. Induktivistisches Vorgehen kann also Theorien
nicht beweisen oder wahrscheinlich machen, kann uns aber auf die
richtigen Ideen bringen. Sind jedoch Hypothesen oder Theorien erst
einmal aufgestellt (dabei ist es unerheblich, aus welcher Quelle sie
stammen), so tritt man in den „Begründungszusammenhang" ein, der
eine rigorose Prüfung der Theorien auf ihre Wahrheit oder Falschheit
verlangt. Hier ist dann die auf Popper begründete deduktivistische
Methodologie angebracht, da sie die genannten Schwierigkeiten des
Induktivismus vermeidet (s. Bredenkamp, 1980).

1.2.4 Die Ideale: Objektivität, Transparenz, Replizierbarkeit

Wir haben gesehen, dass Alltagswissen sich häufig durch fehlende
Systematik und Objektivität, mangelnde Nachvollziehbarkeit und
Ad-hoc-Erklärungen auszeichnet. In Abgrenzung dagegen strebt die
wissenschaftliche Psychologie Objektivität, Transparenz und Replizierbarkeit an. Alle Begriffe sollen kurz erläutert werden.

Objektivität =
konsensfähige Daten

Objektivität bezieht sich auf die Daten, die zur Argumentation über
Hypothesen herangezogen werden. Als objektiv gelten Daten dann,
wenn verschiedene Forscherinnen und Forscher sich darüber einig
sein können, dasselbe Phänomen wahrzunehmen. So kann man sich
z. B. leicht darüber einig sein, wie lange die Reaktionszeit einer Versuchsperson auf einen Reiz hin war, welche Antwortalternative sie in
einem Fragebogen angekreuzt hat oder welche Angaben sie über
ihren Gefühlszustand gemacht hat. Schwieriger wird es in Situationen, in denen Verhalten zu interpretieren ist. Untersucht man beispielsweise aggressives Verhalten bei Kindern und beobachtet deren
Interaktion im Klassenraum, so mag man z. B. beobachten, dass ein

Kind dem anderen einen Vogel zeigt. Aus verschiedenen Gründen – z. B. der theoretischen Ausrichtung, die sie favorisieren – könnten verschiedene Beobachter unterschiedlicher Meinung darüber sein, ob dies als „aggressives Verhalten" zu werten ist oder nicht. In diesem Fall muss es das Ziel sein, die Ereignisse so interpretationsfrei wie möglich zu protokollieren, so dass alle sich über das Gesehene einig sein können – ob sie sich über die *Interpretation* des Beobachteten einig sind, steht auf einem anderen Blatt. Nur auf Basis von objektiven empirischen Daten in diesem Sinne ist eine wissenschaftliche Diskussion möglich.[3]

Transparenz der empirischen Untersuchungen, der Daten und der daraus gezogenen Schlüsse ist ein weiteres Ideal wissenschaftlichen Arbeitens. Da wir – wie Popper schrieb – nur aus unseren Irrtümern lernen können, ist die *Kritisierbarkeit* von Schlussfolgerungen durch andere Forscherinnen und Forscher absolut notwendig für den Fortgang jeder Wissenschaft. Dazu gehört, dass bei der Schilderung von Versuchsergebnissen möglichst alle Karten auf den Tisch zu legen sind: Hypothesen, Operationalisierungen, Materialien, Durchführung, Teilnehmer, verwendete Maße, statistische Auswertungen und Schlussfolgerungen müssen in nachvollziehbarer Weise offengelegt werden. Nur so wird es anderen Wissenschaftlerinnen und Wissenschaftlern ermöglicht, die Befunde in ihren eigenen Labors zu replizieren und mögliche Schwachstellen in der Argumentation (egal an welcher Stelle) zu identifizieren. Empirische Arbeiten in Fachzeitschriften enthalten daher die oft sehr ausführlichen Dokumentationen der Experimente nicht etwa, um die Leser zu langweilen, sondern um diese Transparenz herzustellen! Die Zeitschriften der American Psychological Association verlangen von jedem Autor die Selbstverpflichtung, alle Rohdaten mindestens 10 Jahre zu archivieren und auf Anfrage Kollegen und Kolleginnen für eventuelle Reanalysen zur Verfügung zu stellen. Diese vorbildliche Politik hätte Herrn Popper mit Sicherheit sehr erfreut. Die Praxis mancher begehrter Wissenschaftsjournale wie „Science" und „Nature", die methodischen Details publizierter Arbeiten nur noch als „Zusatzmaterial" im Internet

Marginalie: Transparenz = Nachvollziehbarkeit und damit Kritisierbarkeit

---

3 Wie Popper (1966) überzeugend argumentiert hat, sind Beobachtungen nie objektiv im Sinne von „theoriefrei". Immer werden wir durch implizite oder explizite theoretische Annahmen geleitet, z. B. bei der *Auswahl* von Dingen, die wir beobachten wollen (s. Greve & Wentura, 1997). Theoriefreie Beobachtung (wie vom Positivismus gefordert) ist daher eine Fiktion. Objektivität im Sinne der Beobachterübereinstimmung ist jedoch möglich und anzustreben.

zur Verfügung zu stellen, ist meines Erachtens ein äußerst schädliches Signal. Die Methoden sind der *Kern* wissenschaftlichen Arbeitens, nicht dessen lästiges Anhängsel![4]

Replizierbarkeit = Wiederholbarkeit von Befunden

Die Forderung nach *Replizierbarkeit* zielt darauf ab, dass empirische Phänomene nur dann als gesicherte Befunde zu behandeln sind, wenn sie sich im Prinzip wiederholen (replizieren) lassen. So wird ausgeschlossen, dass es sich um Zufallsbefunde handelt. Am günstigsten ist es dabei, wenn die Befunde in verschiedenen Labors mit unterschiedlichen Methoden wiederholbar sind (konzeptuelle Replikation), da so die Wahrscheinlichkeit verringert wird, dass ein Labor immer denselben systematischen Fehler macht oder eine spezielle Form der Methode für einen gefundenen Effekt verantwortlich ist.

Auch diese Aspekte fasst Richard Dawkins (2009, S. 138) wieder sehr griffig zusammen: „One of the nice things about science is that it is a public activity. Scientists publish their methods as well as their conclusions, which means that anybody else, anywhere in the world, can repeat their work. If they don't get the same results, we want to know the reason why." (S. 138)[5]

Zusammenfassung

Zu Beginn dieses Kapitel wurde gezeigt, dass Alltagspsychologie viele widersprüchliche Erklärungen für dieselben Phänomene bereit hält, weshalb sie weder die Phänomene erklären noch vorhersagen kann. Durch wissenschaftliche Methodik kann nicht nur herausgefunden werden, unter welchen Umständen welche Erklärung gilt, sondern auch Erklärungen gefunden werden, die das Ziel haben, frei von kognitiven Verzerrungen zu sein.

Die Ziele der Psychologie – Sammlung und Ordnung von Tatbeständen, Aufstellung von Theorien und Gesetzmäßigkeiten zur Erklärung und Vorhersage, und die Anwendung dieser Erkenntnisse

---

4 Wie sehr die mangelnde Durchsichtigkeit von Methoden den Erkenntnisfortschritt behindern kann, haben kürzlich Vul et al. (2009) in einem viel beachteten und diskutierten Artikel zu Scheinbefunden in den sozialen Neurowissenschaften aufgezeigt.

5 Eine Ausnahme ist hier oft die angewandte Forschung z. B. von Unternehmen, die wirtschaftlichen Interessen dient und in verwertbaren Patenten etc. resultieren soll. Für alle von öffentlichen Geldern finanzierte Grundlagenwissenschaft ist der Idealfall der Transparenz jedoch einzufordern.

– werden durch eine Kombination aus deduktiven und induktiven Methoden erreicht. Diese Mischung geht auf die philosophischen Strömungen des Rationalismus (Denken als Erkenntnisquelle) und des Empirismus (Erkenntnis nur durch sinnliche Wahrnehmung) zurück. Rationalisten überprüfen ihre Theorien kritisch an Daten (deduktive Vorgehensweise), während Empiristen induktiv verfahren, also Hypothesen und Theorien erstellen aufgrund der Analyse von Daten. Hierbei ist entscheidend, dass nur geprüft werden kann, ob eine universelle Aussage falsch ist, sie jedoch nicht endgültig als wahr bewiesen werden kann (Falsifikationsprinzip). Der Forschungsprozess sollte so transparent und objektiv wie möglich dokumentiert werden, um Kritik, Replikationen und Verbesserungen möglich zu machen.

Fragen

1. Überlegen Sie, welche widersprüchlichen Volksweisheiten Sie kennen und ob Sie bereits empirische Befunde zu diesen Themen kennen. Können Sie sich vorstellen wie man diese Volksweisheiten als präzise Hypothesen in einem Experiment gegenüberstellen könnte?
2. Was sind die Zielsetzungen der Wissenschaft „Psychologie"?
3. Hypothese: Niedriger sozioökonomischer Status ist ursächlich für Kriminalität. Vorausgesetzt es gäbe einen korrelativen Zusammenhang, wären dafür noch Alternativerklärungen vorstellbar?
4. Was ist das Falsifikationsprinzip, und warum sah Popper darin die einzige sichere Möglichkeit zur Erkenntnisgewinnung?
5. Erläutern Sie die Begriffe Objektivität, Transparenz und Replizierbarkeit!

Lösungshinweise finden Sie unter
www.hogrefe.de/buecher/lehrbuecher/psychlehrbuchplus

Lösung des Selbsttests auf Seite 16

Lösungen (der Anteil korrekter Antworten bei Holz-Ebeling, 1989, ist jeweils in Klammern angegeben): 1a (30 %), 2c (18 %), 3c (53 %), 4a (84 %), 5c (13 %), 6c (0 %)

Kapitel 2

Grundbegriffe und wissenschafts-theoretische Grundlagen

Inhaltsübersicht

- Der zentrale Begriff der Variablen
- Wozu dienen Hypothesen und Theorien?
- Interne Validität, externe Validität und andere Validitätsbegriffe
- Die Rolle statistischer Hypothesentests im Erkenntnisprozess

In diesem Kapitel werden bestimmte zentrale Begriffe präzisiert, die uns in diesem Buch und der Fachliteratur häufig begegnen. Das Ziel ist es, neben konkreten Beispielen die abstraktere Fachbegrifflichkeit beherrschen zu lernen. Die Begriffe werden nur insofern behandelt, als sie für das Verständnis und die eigenständige Planung von experimentellen Untersuchungen notwendig sind. Eine vertiefende Behandlung der wissenschaftstheoretischen Konzepte findet man bei Westermann (2000) und Erdfelder und Bredenkamp (1994).

2.1 Variablen

„Variable" als zentraler Begriff

In der wissenschaftlichen Literatur findet sich immer wieder der Begriff der Variablen. Dies ist ganz allgemein die Bezeichnung für jede Größe, die unterschiedliche Werte oder Ausprägungen annehmen kann. So sind z. B. Körpergröße, Intelligenz, Extraversion oder die Schuhgröße Messwerte, die für jede Person unterschiedlich ausfallen können. Andere Variablen, wie z. B. die Körpertemperatur oder der Blutalkoholgehalt, variieren nicht nur zwischen Personen, sondern auch zwischen Zeitpunkten bei derselben Person. Das Ziel wissenschaftlichen Arbeitens besteht darin, gesetzmäßige Zusammenhänge zwischen Variablen zu identifizieren, um sie für wissenschaftliche Erklärungen und Vorhersagen nutzen zu können. Besonders interessant sind hier kausale Erklärungen: Sie ermöglichen es, auf die Ursache der Veränderung einer Variablen hinzuweisen und damit die Frage nach dem „Warum" zu klären. Wissenschaftliche Gesetzmäßigkeiten stellen immer eine Beziehung zwischen verschiedenen Variablen her. Wir kennen das aus physikalischen Formeln. So beschreibt z. B. das Fallgesetz $s = \frac{1}{2}gt^2$ den Weg, den ein fallender Gegenstand im Schwerefeld der Erde in Abhängigkeit von der Zeit zurücklegt. In dieser Gleichung gibt es eine Konstante g, nämlich die Erdbeschleunigung, sowie die zwei Variablen Weg s und Zeit t, die von dem Gesetz in Beziehung gesetzt werden. Ebenso beschreibt die berühmte Gleichung $F = m \times a$ von Isaac Newton, wie die Variable Kraft (F) von den Variablen Masse (m) und Beschleunigung (a) abhängt. In der Psychologie reicht die Präzision der Theorien (oder die Messgenauigkeit der Variablen) oft nicht aus, um sie in mathematische Formeln zu fassen. Aber auch hier werden Variablen miteinander in Beziehung gesetzt. So setzt z. B. die schon in Kapitel 1 besprochene Zweifaktorentheorie der Emotion die Art der Kausalattribution für körperliche Erregung mit der Qualität der Emotion in Beziehung (vgl. den Kasten auf Seite 28). Es lassen sich zahlreiche weitere Beispiele finden, etwa, dass Frustration Aggression erzeugt, wie es Dollard et al. (1939) behaupteten. Hier sind das Vorhandensein oder Nicht-Vorhandensein von Frustration und Aggression die beiden Variablen, für die ein Zusammenhang behauptet wird. Ein weiteres Beispiel ist die Beobachtung, dass die episodische Gedächtnisleistung mit dem Alter abnimmt. Hier wird die Abhängigkeit der Variablen Gedächtnisleistung von der Variablen Lebensalter beschrieben. Die Liste ließe sich beliebig fortsetzen, offenbar dreht sich in der Wissenschaft alles um Variablen.

2.1.1 Arten von Variablen

Man kann Variablen nach verschiedenen Inhaltsdimensionen unterscheiden. So ist eine wichtige Unterscheidung die zwischen qualitativen und quantitativen Variablen. Qualitative Variablen sind z. B. das Geschlecht einer Person, ihre Haarfarbe oder ihr Beruf. Hier ergibt es keinen Sinn zu behaupten, ein Merkmal der einen oder anderen Person treffe in einem stärkeren Maße zu. Qualitative Variablen entsprechen in der Messtheorie den Nominalskalen (vgl. Kapitel 7.1).

Qualitative und Quantitative Variablen

Im Gegensatz zu den qualitativen Variablen ermöglichen quantitative Variablen eine Abstufung über das Ausmaß, in dem ein bestimmtes Merkmal auf eine Person zutrifft, z. B. die Intelligenz, die Anzahl aggressiver Verhaltensweisen pro Zeiteinheit, das Körpergewicht usw. Quantitative Variablen ermöglichen es, Personen oder Zeitpunkte hinsichtlich der Ausprägung der Variablen in eine Rangfolge zu bringen. In der Messtheorie sind dies Ordinalskalen, Intervallskalen und Rationalskalen. Ordinalskalen ermöglichen es dabei lediglich, eine Rangfolge hinsichtlich der Merkmalsausprägungen herzustellen. Intervall- und Rationalskalen erlauben darüber hinaus die Interpretation von Abständen zwischen Messwerten. Kurze Einführungen in die Grundlagen der Messtheorie und verschiedene Skalen bieten Czienskowski (1996) und Sedlmeier und Renkewitz (2008).

Latente und
manifeste Variablen

Eine weitere Unterscheidung trifft man zwischen sogenannten latenten und manifesten Variablen. Latente Variablen nennt man solche, die nicht der direkten Beobachtung zugänglich sind. Häufig sind dies theoretische Begriffe wie etwa die Intelligenz, die Aggressivität oder die Stärke einer Gedächtnisspur. Beispielsweise gehen wir davon aus, dass Intelligenz eine Eigenschaft ist, die Menschen in größerem oder geringerem Maße zukommt (also eine quantitative Variable). Direkt beobachtbar ist Intelligenz aber nicht. Wir können sie nur indirekt aus Verhaltensäußerungen erschließen, z. B., indem wir eine Person intelligent handeln sehen oder indem wir auf kontrollierte Art und Weise versuchen, ihre Intelligenz mit einem Test zu erfassen. Ebenso ist Aggressivität eine nicht direkt beobachtbare Eigenschaft, die wir einer Person zuschreiben mögen. Aggressivität beschreibt dabei eine Tendenz, in bestimmten Situationen aggressiv zu handeln. Auch hier führt nur eine Beobachtung manifesten (aggressiven) Verhaltens zur Schlussfolgerung über diese nicht beobachtbare zugrunde liegende Variable (Aggressivität).

Manifeste Variablen
als Indikatoren
latenter Variablen

Im Gegensatz zu den latenten Variablen oder theoretischen Begriffen stehen die manifesten Variablen. Diese sind mittels Messung oder Beobachtung objektiv zugänglich. So können wir z. B. klar feststellen, wie viele und welche Testaufgaben in einem Intelligenztest eine Person gelöst hat. Genauso könnten wir beobachten, wie viele aggressive Verhaltensweisen pro Zeiteinheit jemand verübt hat.[6] Verwenden wir die Anzahl gelöster Testaufgaben, um auf die Intelligenz zurückzuschließen oder die Anzahl aggressiver Verhaltensweisen, um die Aggressivität zu erfassen, so benutzen wir diese manifesten Variablen als *Indikatoren* für die dahinter liegenden theoretischen Konstrukte. Den Vorgang, eine nicht beobachtbare latente Variable durch beobachtbare Indikatoren zu erfassen, nennt man *Operationalisierung* der latenten Variablen. Das Problem der Operationalisierung und Messung latenter Variablen stellt eine Grundherausforderung der empirischen Psychologie dar. Die Entwicklung valider (gültiger) und reliabler (genauer) Messinstrumente erfordert umfangreiche theoretische und empirische Arbeit (Bühner, 2006; Fisseni, 2004).

Unabhängige und
abhängige Variablen

Eine weitere zentrale Unterscheidung betrifft die zwischen sogenannten *unabhängigen* und *abhängigen* Variablen. Dies ist zunächst eine theoretische Unterscheidung. Von der unabhängigen Variablen nimmt

---

6   Dies setzt natürlich ein klares Kategoriensystem voraus, in dem definiert ist, was als aggressive Verhaltensweise zu zählen ist (vgl. Kapitel 3).

man an, dass sie einen (kausalen) Einfluss auf die abhängige Variable ausübt. Dies ist meist zunächst eine Vermutung, die erst empirisch erhärtet werden muss. Beispielsweise könnte man der Auffassung sein, dass die unabhängige Variable Lerndauer sich kausal auf die später erhobene abhängige Variable Gedächtnisleistung auswirkt. Hier ist ein umgekehrt wirkender kausaler Zusammenhang kaum möglich, da die Gedächtnisprüfung zeitlich nach der Lernphase stattfindet. Dennoch ist zunächst gar nicht erwiesen, dass es überhaupt einen Zusammenhang zwischen Lerndauer und Gedächtnisleistung gibt. Dies wäre empirisch zu prüfen. In anderen Fällen mag unsere Theorie eine Kausalrichtung nahe legen, aber es kann sich in der Praxis als schwierig erweisen, diesen Kausalzusammenhang nachzuweisen. Ein Beispiel dafür ist die Theorie von Abramson, Seligman und Teasdale (1979), wonach die Neigung, stabil und situationsübergreifend die Schuld für negative Ereignisse bei sich selbst zu suchen („pessimistischer Attributionsstil") das Entstehen von Depressionen begünstigt. Zwar fanden sich in vielen Untersuchungen wie vorhergesagt die Korrelationen zwischen Attributionsstil und Depressivität, aber diese sagen noch nichts über die Richtung eines möglichen Kausalzusammenhangs aus, denn vielleicht sind die Attributionen eher eine Folge der Erkrankung als deren Ursache. Weder Attributionen noch Depressionen lassen sich experimentell manipulieren, daher ist eine Überprüfung des Wirkungszusammenhangs schwierig.

Kausalitätsprüfung

Wie wir noch sehen werden, ist bei einem Experiment die Zuordnung von unabhängiger und abhängiger Variable eindeutig. Hier wird vom Versuchsleiter eine der Variablen (UV) gezielt verändert (manipuliert), um die Auswirkung auf die abhängige Variable (AV) zu beobachten. Beim vermuteten Zusammenhang von Lerndauer und Gedächtnisleistung würde der Experimentator beispielsweise Bedingungen mit unterschiedlich langer Lerndauer vergleichen und die jeweilige Auswirkung auf die Gedächtnisleistung feststellen. Die abhängige Variable ist typischerweise die Größe, die wir erklären wollen, und die unabhängige Variable ist ein möglicher Kandidat für eine Kausalerklärung.

2.1.2 Störvariablen

Der Begriff der Störvariablen mutet zunächst etwas seltsam an, denn der Begriff scheint ja zu implizieren, dass es sich um etwas Schlechtes handelt. Es handelt sich jedoch dabei um einen rein technischen

Störvariable ist ein Terminus technicus

Begriff, und Störvariablen sind im theoretischen Sinne nicht gut oder
schlecht per se, sondern werden „störend" nur im Kontext einer spezifischen empirischen Untersuchung. Typischerweise gibt es eine
Vielzahl von Variablen, die eine uns interessierende abhängige Variable kausal beeinflussen. Nehmen wir erneut das Beispiel aus der
klassischen Physik: frei fallende Körper im Schwerefeld der Erde.
Typischerweise ist ein fallender Körper in unserer Atmosphäre einer
Vielzahl von Einflüssen ausgesetzt, die seine Bewegung beeinflussen, z. B. dem Luftwiderstand, Luftströmungen und -zirkulationen,
Magnet- und elektrischen Feldern. All diese Kräfte und Einflüsse
können neben der Schwerkraft der Erde die Bewegung des Körpers
mitbestimmen. Stellen Sie sich nun vor, Sie möchten exakt das Fallgesetz bestimmen, also die Abhängigkeit des zurückgelegten Weges
von Erdbeschleunigung und Zeit. Sie würden in diesem Fall eine
Versuchsanordnung wählen, bei der möglichst keine störenden Einflüsse von außen vorliegen, wie z. B. Magnetfelder und elektrische
Felder oder Luftwiderstand und Luftströmungen. Diese Variablen
sind, wie gesagt, durchaus für sich theoretisch interessant und mögen
in anderen Forschungskontexten sogar den Fokus unserer Aufmerksamkeit auf sich ziehen. Im Kontext einer Untersuchung, die das
Fallgesetz möglichst genau bestimmen möchte, sind sie jedoch störend, und man muss sorgfältige Maßnahmen treffen, diese Variablen
bei seinen Messungen auszuschalten. Nehmen wir ein Beispiel aus
der Psychologie. Einer der Pioniere der experimentellen Psychologie,
Hermann Ebbinghaus (1850–1909) unternahm eine Reihe experimenteller Untersuchungen, um den genauen Zeitverlauf des Vergessens
zu dokumentieren und zu erfassen. Sein Ziel war es, eine mathematische Gesetzmäßigkeit zu formulieren, die das Ausmaß des Vergessens als Funktion der seit dem Lernen verstrichenen Zeit darstellt.
Die in Abbildung 4 dargestellte Vergessenskurve zeigt einen anfangs
steilen und später flacheren Verlauf und hat sich in vielen Kontexten
replizieren lassen (s. Bahrick, Bahrick & Wittlinger, 1975; Rubin &
Wenzel, 1996).

Es herrscht übrigens auch heute noch keine Einigkeit über die beste
mathematische Funktion zur Beschreibung dieses typischen Verlaufs
(Rubin & Wenzel, 1996). Wie man sich leicht vorstellen kann (und
wie wir heute aus vielen Untersuchungen wissen), wird die Gedächtnisleistung zu einem Zeitpunkt von einer Vielzahl von Variablen ab-
hängen. Dazu gehören beispielsweise die Sinnhaftigkeit und Menge
des gelernten Materials, das Alter der Versuchsperson (Vp), ihr Er-
müdungszustand, eventuell die Tageszeit, die Art des verwendeten

*Meist wirken
viele Ursachen
auf eine AV*

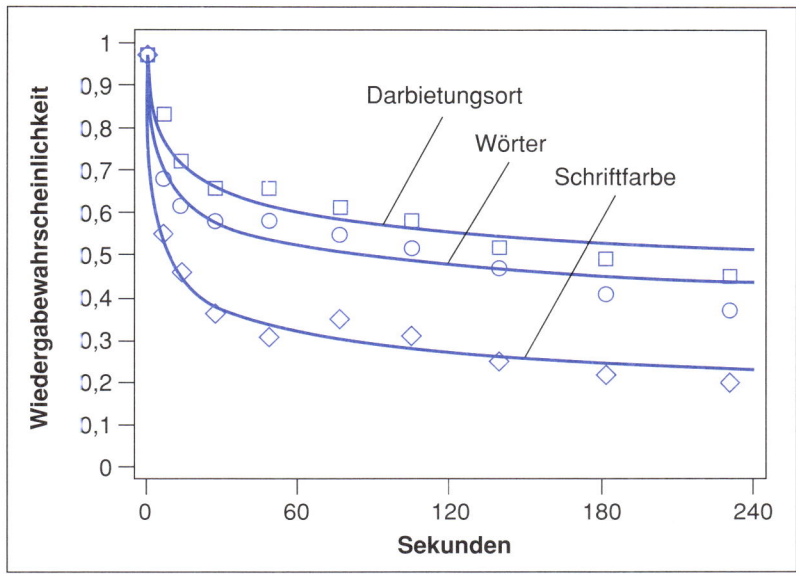

Abbildung 4: Kurven des Vergessens von Wörtern (Kreise), deren Schrift-
farbe (Rauten) und Darbietungsort auf dem Bildschirm
(Quadrate) als Funktion der verstrichenen Zeit in einem kon-
tinuierlichen Reproduktionsparadigma (Bröder & Vogt, un-
veröffentlichte Daten)

Tests, die Dauer des Lernens, die die Vp auf das Material verwendet
hat, der Bildungsstand der Versuchsperson sowie die Lernstrategie,
die beim Einprägen verwendet wurde, und so weiter und so fort. Die
unabhängige Variable, die Ebbinghaus interessierte – nämlich die seit
dem Lernen vergangene Zeit – ist also nur eine unter sehr vielen. Will
man eine exakte Beziehung zwischen der unabhängigen und der
abhängigen Variablen erfassen, ist es nötig, die Vielzahl der anderen
Einflussfaktoren in der empirischen Untersuchung in ihrem Einfluss
auf die AV weitgehend auszuschalten oder wenigstens zu kontrollieren. Ausschalten kann man die Einflüsse z. B. durch Konstanthaltung
oder Elimination. So eliminierte Ebbinghaus die Einflussvariable der
Sinnhaftigkeit des Materials dadurch, dass er lange Listen sinnloser
Silben lernte. Andere Einflussgrößen versuchte er konstant zu halten.
Beispielsweise bemühte er sich, immer zur gleichen Tageszeit zu
lernen. Die in diesem Buch zu besprechenden Techniken für eine gute
Versuchsplanung (vgl. v. a. Kapitel 3 und 5) dienen letztlich alle der
Kontrolle von Störvariablen, die das Auffinden exakter Relationen
zwischen der interessierenden UV und der AV erschweren.

Kontrolle der
Störvariablen als Ziel
des Experiments

2.2 Erklärung, Gesetz, Hypothese, Theorie

2.2.1 Was ist eine wissenschaftliche Erklärung?

Unter „Erklärungen" verstehen wir normalerweise so verschiedene Dinge wie z. B. Erläuterungen von Begriffen oder Geräten oder die Angaben von Ursachen von Ereignissen oder Gründen für Handlungen. Der wissenschaftliche Erklärungsbegriff hat die engere Bedeutung der kausalen Erklärung, in der Ursachen für Sachverhalte anzugeben sind. In der Einleitung hatten wir gesagt, dass unsere spontanen Erklärungen von Phänomenen (auch des Verhaltens unserer Mitmenschen) häufig *ad hoc* seien. Dies bedeutet, dass wir uns in der Situation, in der wir etwas „erklären" wollen, eine scheinbar passende Variante aus einem Strauß möglicher Hypothesen aussuchen. Wie die Beispiele verschiedener Volksweisheiten gezeigt haben, ist unser Alltagswissen flexibel genug, im Nachhinein für alles eine Erklärung parat zu haben. Von wissenschaftlichen Erklärungen verlangen wir dagegen, dass sie auf *systematisches* Wissen zurückgreifen und zugleich auch Prognosen ermöglichen. Wenn wir in einer spezifischen Situation (bezeichnet mit A für Antezedenzbedingung) ein Verhalten S (für Sachverhalt) beobachten und erklären möchten, so fordert eine wissenschaftliche Erklärung immer die Bezugnahme auf eine *allgemeine Gesetzmäßigkeit G*, nach der S aus A folgt.[7] Dies verhindert *Ad hoc*-Erklärungen, weil damit gleichzeitig impliziert wird, dass unter vergleichbaren Umständen A wieder Verhalten S auftreten sollte. Wenn wir beispielsweise beobachten, dass ein Kind sich vor Hunden fürchtet *(S)*, verlangt dies eine Erklärung. Hierfür könnten wir auf mehrere empirisch gut gestützte Gesetzmäßigkeiten zurückgreifen, die die Entstehung von Furcht erklären können. Beispielsweise mag das Gesetz G_1 der klassischen Konditionierung hier hilfreich sein, das man umschreiben könnte mit „Wenn ein Organismus wiederholt aversive Erfahrungen in Gegenwart eines neutralen Reizes macht, so assoziiert er die negative Erfahrung mit dem Reiz und zeigt künftig Furcht vor dem Reiz." Ebenso könnte die Furcht auch durch Modelllernen erworben worden sein, denn wir wissen *(G$_2$)*, dass Furcht vor Reizen auch erworben werden kann, wenn Modellpersonen oder -tiere beobachtet wurden, die ebenfalls Furcht vor

Wissenschaftliche Erklärung = Ursachenerklärung

Erklärung eines Sachverhalts aus allgemeinem Gesetz und Antezedenzbedingung

---

7 Häufig finden sich auch die Bezeichnungen „Randbedingungen" für Antezedenzbedingungen und „Explanandum" (lat. „das zu Erklärende") für den Sachverhalt. Die Allgemeine Gesetzmäßigkeit zusammen mit den Antezedenzbedingungen wird dann als „Explanans" bezeichnet (lat. „das Erklärende").

dem Reiz zeigten (Mineka, Davidson, Cook & Keir, 1984). Welches Gesetz soll nun im beobachteten Einzelfall zur Erklärung herangezogen werden? Das kann erst beantwortet werden, wenn die Antezedenzbedingungen A identifiziert wurden. Es müsste festgestellt werden, ob das Kind wiederholte negative Erfahrungen in Gegenwart von Hunden gemacht hat (A_1) oder ob es in der Vergangenheit eine furchtsame Modellperson beobachtet hatte (A_2) oder gar beides. Existieren gut bestätigte Gesetze und findet man die notwendigen Antezedenzbedingungen, die mit ihnen gemeinsam den Sachverhalt S vorhersagen, so hat man eine wissenschaftliche Erklärung des Sachverhalts geleistet.[8]

Diese Forderung an eine wissenschaftliche Erklärung heißt *deduktiv-nomologische* Erklärung oder Hempel-Oppenheim-Schema nach den Wissenschaftstheoretikern Carl G. Hempel (1905–1997) und Paul Oppenheim (1885–1977). Es wird im folgenden Kasten näher erläutert.

Erklärungsschema nach Hempel und Oppenheim

Deduktiv-nomologisches Erklärungsschema

Eine wissenschaftliche Erklärung des Sachverhalts S (z. B. Hans ist aggressiv) verlangt Ein allgemeines Gesetz, das den Sachverhalt als Folge bestimmter Antezedenzbedingungen A („Wenn eine Person frustriert wird, reagiert sie aggressiv") darstellt. Formal ist dies eine Implikation der Form $A \rightarrow S$. Der Sachverhalt ist wissenschaftlich erklärt, wenn folgender logische Schluss gezogen werden kann:

Allgemeines Gesetz G: $A \rightarrow S$
Antezedenzbedingung A: A
Schlussfolgerung: Ergo: S

Im Beispiel:

Allgemeines Gesetz G: Wenn Menschen frustriert werden, reagieren sie aggressiv
Antezedenzbedingung A: Hans wurde soeben frustriert
Schlussfolgerung: Ergo: Hans reagiert aggressiv

---

8 Festzustellen, ob in der Vergangenheit Antezedenzbedingungen vorlagen oder aktuell welche vorliegen, kann im Einzelfall sehr schwierig oder gar unmöglich sein. Oft wird man deren Vorliegen vermuten müssen. In solchen Fällen kann man vermutete wissenschaftliche Erklärungen des Sachverhalts S vorschlagen, wenn man auf gut bewährte Gesetze zurückgreifen kann.

Den Sachverhalt nennt man auch häufig das „Explanandum" (lat. das zu Erklärende). Allgemeines Gesetz und Antezedenzbedingungen werden gemeinsam als „Explanans" (lat. das Erklärende) bezeichnet.

Um als wissenschaftlich gelten zu können, müssen die Erklärungen bestimmte *Qualitätskriterien* aufweisen (die sogenannten Adäquatheitsbedingungen):
1. *G* und *A* müssen empirischen Gehalt haben, d.h., sie müssen empirisch falsch sein können,
2. der Schluss von *G* und *A* auf *S* muss logisch korrekt sein, und
3. das Gesetz *G* muss „wahr" sein.

Punkt 3 können wir gemäß Poppers Erkenntnis nie sicher wissen, daher ersetzen wir „wahr" gewöhnlich mit „empirisch gut bewährt". Je bewährter, desto besser (s. Westermann, 2000, für eine tiefere Diskussion).

Die Forderung nach allgemein gültigen Gesetzmäßigkeiten in wissenschaftlichen Erklärungen verhindert die Willkürlichkeit alltäglicher Erklärungen und etabliert Qualitätsstandards. Gleichzeitig wird damit ein wesentliches Ziel empirischer Forschung verständlich, nämlich die Formulierung und strenge Prüfung von allgemeinen Gesetzen, da diese gemäß des Hempel-Oppenheim-Schemas die Grundlage jeder wissenschaftlichen Erklärung und Vorhersage von Einzelereignissen darstellen. Sie stellen damit eine systematische Wissenssammlung zur Verfügung.

Differentielle Psychologie und das Hempel-Oppenheim-Schema

Während z. B. die Allgemeine Psychologie – wie der Name schon sagt – nach universellen Funktionsmerkmalen des Menschen forscht, widmet sich die Differentielle und Persönlichkeitspsychologie explizit der Unterschiedlichkeit zwischen Menschen. Das Hempel-Oppenheim-Schema verlangt jedoch „allgemeine Gesetzmäßigeiten" in einer Erklärung. Heißt das, dass die Differentielle und Persönlichkeitspsychologie keine wissenschaftlichen Erklärungen liefen kann? Natürlich nicht! Hier liegt eine Vermischung zweier Bedeutungen des Begriffes „allgemein" vor. Die Allgemeinheit der Gesetze, die das Hempel-Oppenheim-Schema der Erklärung fordert, bezieht sich auf *allgemeine Zusammenhänge zwischen Variablen*, nicht auf universelle Eigenschaften von Menschen. Beispielsweise nimmt die Persönlichkeitstheorie von Eysenck (1973) explizit an, dass Menschen sich auf der Dimension „Extraversion vs. Introversion" unterscheiden. Er behauptet weiterhin (Gesetz *G*), dass das Ausmaß der Extraversion negativ mit der Konditionierbarkeit mit aversiven Reizen (z. B. Lidschlussreflex-Konditionierung) korreliert sei. Finden wir also einen leicht konditionierbaren Menschen *(S)*, der zudem geringe Extraversion aufweist *(A)*, können wir *S* aus *G* und *A* problemlos wissenschaftlich erklären, ohne dass jemals Gleichheit der Menschen angenommen werden muss. Die Struktur wissenschaftlicher Erklärungen unterscheidet sich also nicht zwischen Allgemeiner Psychologie sowie Differentieller und Persönlichkeitspsychologie.

2.2.2 Was sind Hypothesen?

Psychologinnen und Psychologen sind vorsichtige und skeptische Menschen, die gerne scheinbar feste Evidenz hinterfragen, und wir hatten gesehen, dass Hypothesen nie endgültig verifizierbar sind. Das Wort „Gesetz" suggeriert dagegen etwas Unumstößliches. Das mag der Grund sein, weshalb in der Psychologie selten von Gesetzen die Rede ist (z. B. das Weber-Fechnersche Gesetz der Wahrnehmung oder das Potenzgesetz des Fertigkeitserwerbs, Haider & Frensch, 2002), sondern meist von Hypothesen. Formal sind beide dasselbe, nämlich Behauptungen über bestimmte (kausale) Zusammenhänge zwischen Variablen. Unter einer Hypothese versteht man jedoch eine vorläufige Vermutung über diesen Zusammenhang, ein Gesetz ist damit eine besonders gut empirisch bewährte Hypothese. Wo genau die Grenze zwischen beiden zu ziehen ist, kann kaum genau festgelegt werden, und mir scheint das eine weniger wichtige terminologische Frage zu sein. Wichtiger ist es, zwischen verschiedenen Arten von Hypothesen zu unterscheiden.

Hypothesen sind Gesetzesvermutungen

Universelle und Existenzhypothesen. Universelle Hypothesen beziehen sich auf eine potenziell unbegrenzte, aber klar definierte Klasse von Objekten oder Personen, für die ein behaupteter Variablenzusammenhang gelten soll. Es müssen nicht notwendig „alle" Menschen mit einer universellen Hypothese gemeint sein. Wichtig ist nur, dass eine offene Population definiert wird, z. B. „alle Menschen", „Nutzer der deutschen Sprache", „Kinder zwischen 3 und 5 Jahren" etc. Das

Universelle und Existenzhypothesen

schließt auch frühere und künftige Dreijährige ein, die aktuell nicht zu dieser Klasse gehören. Geschlossene Populationen wären dagegen „alle Abiturienten des Jahrgangs 2010" oder „Kinder des Jahrgangs 2003 im Kindergarten ‚Wühlmäuse' in Berlin-Marzahn". Hypothesen, die sich auf geschlossene Populationen beziehen, sind zwar nicht verboten, aber wissenschaftlich auch nicht besonders interessant. Da sie nur für begrenzte Bereiche gültig sind, können sie nicht Bestandteil allgemeiner Erklärungen sein.

Existenzhypothesen sind in der Psychologie relativ selten anzutreffen. Sie behaupten, dass eine bestimmte Kombination von Merkmalen existiert oder existieren kann, z. B. wenn von zwei Gehirnfunktionen angenommen wird, sie seien funktionell und anatomisch separiert. Dann sollte es potenziell die Schädigung jeder einzelnen Funktion ohne Beeinträchtigung der anderen möglich sein, und es wird die mögliche Existenz derartiger Patienten postuliert. In der Physik kommen Existenzhypothesen häufiger vor, beispielsweise die postulierte (und noch nicht nachgewiesene) Existenz des Higgs-Bosons, eines Elementarteilchens, das vom Standardmodell der Elementarteilchenphysik vorhergesagt wird, aber noch nicht nachgewiesen wurde (s. Kane, 2006).

Unterschiedliche Arten des Variablenzusammenhangs

Form des Zusammenhangs. Wenn zwischen einer UV und AV ein Zusammenhang postuliert wird, so legt die Art der beteiligten Variablen (qualitativ oder quantitativ) oft schon fest, welche Zusammenhangsarten in der Hypothese formuliert werden können. Man kann
- nominale,
- ordinale und
- quantitativ-funktionale Zusammenhänge

unterscheiden. Nominale Hypothesen können häufig als Konditionalaussage der Form „Wenn X, dann Y" ($X \rightarrow Y$) formuliert werden. Beispiele sind die Hypothesen „Wenn Frustration, dann Aggression" oder „Wenn Kinder früher Misshandlung ausgesetzt werden, werden sie im Jugendalter meist verhaltensauffällig". Ordinale Hypothesen verlangen, dass sowohl die UV als auch die AV mindestens auf Ordinalskalenniveau erfasst werden können. Sie haben verbal die Form „je mehr X, desto mehr Y" (Formal: $(X_i \geq X_j) \rightarrow (Y_i \geq Y_j)$)[9]. Ein Beispiel wäre „Je elaborierter die Verarbeitung des Lernmaterials, desto besser die Gedächtnisleistung" oder die hypo-

---

9 Möglich ist natürlich auch „Je mehr X, desto *weniger* Y".

thetische quantitative Variante „Je größer die Frustration, desto stärker die Aggression". Wenn die Variablen mindestens auf Intervallskalenniveau gemessen werden, sind auch Hypothesen möglich, die einen bestimmten Funktionszusammenhang $Y = f(X)$ postulieren, etwa das schon erwähnte Weber-Fechner-Gesetz, wonach die Empfindungsstärke logarithmisch mit der physikalischen Reizintensität steigen soll oder das Potenzgesetz des Fertigkeitserwerbs. Hypothesen sind umso präziser, je quantitativer sie sind, denn damit sind viel bessere Prognosen möglich. Ebenso können sie (wenn sie falsch sind) auch leichter widerlegt werden, da es viel mehr mögliche Datenkonstellationen gibt, die ihnen widersprechen. Gemäß der Terminologie von Karl Popper (1966) steigt mit der Menge der Falsifikationsmöglichkeiten der *empirische Gehalt* einer Hypothese, und aus seiner Sicht sind solche „kühnen" Hypothesen immer vorzuziehen.

Empirischer Gehalt

Gelegentlich findet man in Lehrbüchern die Einteilung in *Zusammenhangs- versus Unterschiedshypothesen*. Ein Beispiel für erstere könnte z.B. lauten „Extraversion korreliert negativ mit aversiver Konditionierbarkeit" (Eysenck, 1973), letztere z.B. „Männer zeigen stärkere sexuelle Eifersucht als Frauen" (Buss et al., 1992). Es sollte aber auf einer konzeptuellen Ebene klar sein, dass *alle* (universellen) Hypothesen Zusammenhangshypothesen sind! Lediglich auf einer technischen Ebene der Hypothesenprüfung kann es manchmal hilfreich sein, eine Zusammenhangshypothese als Unterschiedshypothese zu formulieren. Bezogen auf die oben genannten Beispiele könnte man auch formulieren „Extravertierte sind schlechter aversiv konditionierbar als Introvertierte" (Unterschiedshypothese) oder „Das Ausmaß sexueller Eifersucht korreliert mit dem Geschlecht" (Zusammenhangshypothese). Die Unterscheidung kann also im rein technischen Kontext der Hypothesenprüfung sinnvoll sein, auf konzeptueller Ebene ist sie aber irrelevant.

Alle Hypothesen sind Zusammenhangshypothesen

2.2.3 Was ist eine Theorie?

Der Begriff der „Theorie" wird in der psychologischen Literatur keineswegs einheitlich verwendet, und auch in der Wissenschaftsphilosophie gibt es unterschiedliche Konzeptionen, die z.B. Westermann (2000) diskutiert. Hier wollen wir lediglich den kleinsten gemeinsamen Nenner charakterisieren, ohne auf spezifische Probleme bestimmter Auffassungen einzugehen.

Theorien sind
Systeme von
Aussagen

> **Begriffsklärung: Theorie**
>
> Eine Theorie ist ein mehr oder weniger zusammenhängendes System von Hypothesen bzw. potenziellen Gesetzesaussagen zu einem Gegenstandsbereich. Aus diesem können meist weitere Hypothesen abgeleitet werden, die dann einer Prüfung zugänglich gemacht werden können. Theorien liefern damit für konkrete Hypothesen weitere Begründungen und sind somit potenzielle wissenschaftliche Erklärungen der Phänomene, auf die sie sich beziehen.

Theorien sind also meist mehr als eine einzelne Hypothese, man fordert von ihnen mindestens Widerspruchsfreiheit und empirischen Gehalt. Das Auffinden der „wahren" Theorie eines Gegenstands ist das ultimative Ziel empirischer Forschung. Neben der Erklärung von Sachverhalten und übersichtlichen Strukturierung eines Wissensbereichs leisten Theorien noch einen weiteren wichtigen Dienst: sie regen Forschungsfragestellungen an und definieren häufig erst, welche Fragen sinnvoller Weise gestellt werden können.

2.3 Validität psychologischer Untersuchungen

Validität = Gültigkeit
der Schlussfolgerung
aus einer Studie

Die in diesem Buch beschriebenen Versuchspläne beziehen sich hauptsächlich auf hypothesen- oder theorietestende Verfahren, vornehmlich Experimente. In diesem Fall liegt eine Hypothese über den Zusammenhang von Variablen vor, die empirisch überprüft werden soll. Entscheidend ist, dass unsere empirische Hypothesenprüfung mit möglichst hoher Wahrscheinlichkeit zu einem *korrekten Schluss* bezüglich der Wahrheit oder Falschheit der Hypothese führen soll. Die Versuchsplanung soll also gewährleisten, dass wir eine falsche Hypothese mit hoher Wahrscheinlichkeit verwerfen (= Strenge der Untersuchung), wogegen eine wahre Hypothese mit hoher Wahrscheinlichkeit beibehalten werden soll (= Fairness der Untersuchung). Anders ausgedrückt: Fehlschlüsse wie Scheinbestätigungen falscher Hypothesen oder Scheinfalsifikationen wahrer Hypothesen sollen möglichst vermieden werden. Je besser dies gewährleistet ist, desto *valider* (gültiger) ist der Schluss, den wir aus den Ergebnissen ziehen. Vereinfachend spricht man davon, dass dann die Untersuchung an sich valide ist; alle Maßnahmen guter Versuchsplanung zielen darauf ab, dies zu erreichen. In einer berühmten und wegweisenden Arbeit zur Versuchsplanung in den Sozialwissenschaften unterschieden Campbell und Stanley (1963) zwischen der *internen* und der *externen* Validität empirischer Untersuchungen. Da beide Begriffe die Methodenliteratur durchziehen und insbesondere über die Interpretation der externen Validität Uneinigkeit bzw. Unklarheit herrscht, werden wir uns der Unterscheidung im Folgenden genauer widmen, eine eingehendere Behandlung findet man in Bröder (2004).

2.3.1 Interne Validität

In etwas präzisierter Abwandlung gegenüber Campbell und Stanley (1963) ist eine Untersuchung genau dann intern valide, wenn die beobachteten Änderungen in einer AV eindeutig (kausal) auf die Variation in der interessierenden UV zurückgeführt werden können. In der Terminologie, die wir schon kennen, heißt das, dass ein vorgefundener Zusammenhang zwischen AV und UV nur auf der UV beruhen darf und nicht auf einer möglicherweise mit ihr *konfundierten* (= vermischten) Störvariablen.

Interne Validität: Schluss auf Verursachung durch die UV

Die Idee ist im Prinzip einfach zu verstehen: Eine Konfundierung liegt immer vor, wenn eine Störvariable mit der UV korreliert ist. Nehmen wir z. B. an, Sie wollten die Wirksamkeit eines neuen Medikaments mit der herkömmlichen Behandlung für eine Krankheit vergleichen. Sie bilden zwei Gruppen von Patienten, eine Experimentalgruppe (EG: neues Medikament) und eine Kontrollgruppe (KG: herkömmliche Behandlung), behandeln diese jeweils und erfassen die Schwere der Krankheitssymptome nach drei Tagen. Falls sich dann herausstellen sollte, dass die Symptome bei dem neuen Medikament stärker zurückgegangen sind, können Sie *nur dann* auf die bessere Wirksamkeit des neuen Medikaments schließen, wenn Ihre Gruppeneinteilung keine systematische Korrelation mit einer potenziellen Störvariablen aufweist. Anders ausgedrückt: Die Gruppen dürfen sich nicht systematisch hinsichtlich einer Variablen unterscheiden. Nehmen wir z. B. an, ein Arzt hätte die Gruppen aufgeteilt und alle weniger stark erkrankten Personen in die EG eingeteilt, die schwereren Fälle dagegen tendenziell in die KG mit traditioneller Behandlung, etwa um hier kein Risiko einzugehen. In diesem Fall wäre vollkommen unklar, ob die geringere Schwere der Symptome in der EG nach drei Tagen auf die UV „Art der Behandlung" oder die Störvariable „Schwere der Erkrankung" zurückzuführen sind. Im schlimmsten Falle könnte es sogar passieren, dass dann die EG aufgrund dieser Störvariablen *bessere* Ergebnisse erzielt als die KG, obwohl das neue Medikament *schlechter* wirkt als die herkömmliche Therapie. Dies wäre der Fall, wenn der positive Effekt der Störvariablen stärker ist als der negative Effekt der UV. Man nennt das Phänomen der scheinbaren Umdrehung von Effekten „Simpsons Paradox". Ein aus Bröder (2006) entnommenes hypothetisches (aber realistisches) Rechenbeispiel findet sich im Kasten auf Seite 67 in Kapitel 3. Eine *Konfundierung* (Vermischung) von Variablen liegt also vor, wenn die interessierende UV mit einer SV korreliert.

Simpsons Paradox

Im genannten Beispiel ist die konfundierende Variable offensichtlich, und niemand würde dem Ergebnis einer solchen Studie über den Weg trauen. Häufig sind die Störvariablen aber viel subtiler, so dass man gar nicht an sie gedacht hätte. Ein eindrucksvolles Beispiel findet sich im folgenden Kasten.

Die Tücke möglicher Störvariablen und warum man Randomisierung braucht

Störvariablen lauern überall, wo man sie niemals vermutet hätte!

Vor Jahren wollte ein Forschungspraktikant in Bonn den von Gigerenzer und Hoffrage (1995) berichteten Befund replizieren, dass Vpn weniger Fehler bei Wahrscheinlichkeitsaufgaben (sogenanntes Bayes-Theorem) machen, wenn die Zahlen in den Aufgaben nicht als Wahrscheinlichkeiten (z. B. p = 0,80), sondern als natürliche Häufigkeiten dargestellt sind (800 von 1.000). Der Praktikant übernahm die publizierten Aufgaben der Autoren und verteilte sie während einer Lehrveranstaltung. Eine Hälfte der Vpn erhielt die Aufgaben im Wahrscheinlichkeitsformat, die andere Hälfte im Häufigkeitsformat. Zu unserem Erschrecken trat bei der Datenauswertung genau das Gegenteil des erwarteten Ergebnisses ein: Die Häufigkeitsgruppe schnitt schlechter ab als die Wahrscheinlichkeitsgruppe. Was war geschehen?

Durch nachträgliche Recherche wurde klar, dass der Praktikant die Wahrscheinlichkeitsaufgaben in den vorderen Reihen des Hörsaales verteilt hatte, die Häufigkeitsaufgaben in den hinteren Reihen. Er wollte dadurch verhindern, dass die Vpn die verschiedenen Versionen bemerken und ging davon aus, dass der Sitzplatz „zufällig" sei. Damit hatte er sich aber vermutlich eine Reihe von Störvariablen eingehandelt, die eventuell Simpsons Paradox hervorriefen, denn der Sitzplatz wird von Studierenden eben nicht vollkommen zufällig ausgewählt: Wenn man annimmt, dass der von Studierenden gewählte Sitzplatz mit dem Interesse, der Motivation, der Müdigkeit, dem Zu-spät-kommen usw. korreliert ist, dann saßen evtl. in den hinteren Reihen die generell weniger interessierten oder motivierten Personen, die *trotz* des Häufigkeitsformats schlechter abschnitten als die Studenten in den vorderen Reihen! Der Motivationseffekt der Störvariable war somit größer als der Effekt des Antwortformats und rief Simpsons Paradox hervor.

Wir wiederholten das Experiment mit einem anderen Kurs und echter Randomisierung, und die Welt war im Sinne von Gigerenzer und Hoffrage (1995) wieder in Ordnung – wir replizierten deren Ergebnis!

Im Kapitel 6 über Kontrolltechniken werden wir Methoden kennenlernen, mit denen man einzelne Störvariablen kontrollieren kann. Das Beispiel im obigen Kasten zeigt jedoch, dass man einer Störvariablen nicht unbedingt a priori ansieht, ob sie relevant ist, und dass man offenbar nie alle denkbaren Störvariablen gleichzeitig im Blick haben kann. Man könnte immer einige übersehen haben. Die einzige Kontrolltechnik, die simultan den Einfluss *aller* systematischen Störvariablen ausschaltet, ist die *Randomisierung*. Bei der Randomisierung werden die Vpn den Untersuchungsbedingungen zufällig zugewiesen. Wenn jede Vp mehrere Bedingungen durchläuft, dann muss die Reihenfolge der Bedingungen zufällig zugewiesen werden. Nur diese Zufallsaufteilung stellt (auf lange Sicht) sicher, dass es keinerlei systematische Korrelation zwischen irgendeiner Störvariablen und der UV gibt.[10] Die Eigenschaft der Randomisierung, die systematische Kovariation aller potenziellen Störvariablen mit der UV auszuschalten, verleiht ihr eine besondere Stellung unter den Kontrolltechniken: *Nur* in randomisierten Untersuchungen kann eine Korrelation zwischen UV und AV kausal interpretiert werden. Alle nicht randomi-

---

10 Die Einschränkung „auf lange Sicht" ist hier nötig, denn in einem konkreten Experiment kann natürlich auch bei Zufallsaufteilung *durch Zufall* ein Unterschied zwischen Gruppen entstehen. Die Wahrscheinlichkeit dafür wird aber umso geringer, je größer die Untersuchungsgruppen sind. Außerdem ist es überaus unwahrscheinlich, dass in einem weiteren Experiment dasselbe Ungleichgewicht bezüglich derselben Störvariablen entstünde. Daher sind experimentell gefundene Effekte immer zunächst (am besten mehrfach) zu replizieren, bevor man sie als gegeben betrachtet.

sierten Untersuchungen sind als Korrelationsstudien einzustufen, bei denen es potenziell konfundierende Störvariablen geben kann (Bredenkamp, 1980). Insofern ist Randomisierung die wichtigste Maßnahme zur Herstellung interner Validität und sollte immer angestrebt werden, wenn sie machbar und ethisch vertretbar ist.

2.3.2 Externe Validität

Externe Validität: Unabhängigkeit des Befundes von spezifischer Situation

Neben der Randomisierung werden wir noch andere Maßnahmen kennenlernen, mit denen sich die interne Validität empirischer Untersuchungen erhöhen lässt. Über diese Maßnahmen herrscht bei Vertretern unterschiedlicher wissenschaftstheoretischer Richtungen auch hohe Einigkeit. Deutlich anders ist das bei der externen Validität. Campbell und Stanley (1963, S. 175) schreiben: „Externe Validität stellt die Frage nach der *Generalisierbarkeit*: Auf welche Populationen, Umstände, Behandlungsvariablen und Messvariablen kann dieser Effekt verallgemeinert werden?". Gelegentlich wird hier auch von „ökologischer Validität" gesprochen.

Der Ausgangspunkt dieser Frage ist erstens, dass wir für wissenschaftliche Erklärungen – wie oben dargelegt – allgemeine Gesetzmäßigkeiten benötigen, die nicht nur beschränkt für besondere Umstände gültig sind. Zweitens geht es um die Frage der *Anwendung*: Lassen sich die oft in sehr kontrollierten und künstlichen Laborsituationen gewonnen Erkenntnisse auch im meist viel komplexeren Feld außerhalb des Labors anwenden? Beispielsweise erscheint es auf den ersten Blick fraglich, ob am Tierversuch gewonnene Lerngesetze der Konditionierung in der Therapie psychischer Störungen relevant sein können oder ob die von Herrmann Ebbinghaus entdeckten Gesetzmäßigkeiten des Vergessens auch in Alltagssituationen gelten, in denen wir es eben meist nicht mit sinnfreiem Lernmaterial zu tun haben.

Laut Campbell und Stanley (1963) stehen interne und externe Validität in einem Spannungsverhältnis, denn externe Validität erfordere „realitätsnähere" Stimuli, Untersuchungsumgebungen usw., um die Generalisierbarkeit zu erhöhen. Dadurch lässt aber die Kontrolle von Störvariablen nach, und eine geringere interne Validität ist die Folge. Es sei also ein Kompromiss anzustreben zwischen interner und externer Validität, wobei im Zweifel der internen Validität der Vorzug zu geben ist. Dies ist im Wesentlichen die Standardauffassung zur externen Validität, die es in vielen Lehrbüchern nachzulesen gibt und die in gewisser Regelmäßigkeit zu erhitzten Debatten darüber führt, welche Art der Validität höher zu gewichten sei (s. Bröder, 2004).

Aus einer an der Methodologie Poppers orientierten deduktivistischen Perspektive ist diese Konzeption der externen Validität jedoch sehr problematisch (Bredenkamp, 1980; Gadenne, 1976). Erstens können unter spezifischen Bedingungen gewonnene empirische *Resultate niemals* auf andere Bedingungen, Reize, Personen etc. verallgemeinert werden. Die Übertragung eines Arguments vom Besonderen auf das Allgemeine ist ein sogenannter induktiver Schluss (s. Salmon, 1983), der nicht logisch gerechtfertigt werden kann. Allgemeingültigkeit verlangen wir von den Hypothesen bzw. Gesetzen, die wir formulieren, nicht von konkreten Untersuchungsresultaten. Diese Allgemeingültigkeit bleibt aber laut Popper immer hypothetisch und kann nur in neuen Kontexten immer wieder erneut geprüft werden. Wir nehmen sie an, so lange sie nicht widerlegt ist und keine bessere Hypothese vorliegt. Laut Gadenne (1976) ist die externe Validität bedroht, wenn sogenannte *Moderatorvariablen* vorliegen[11], die die Allgemeingültigkeit einer Hypothese einschränken. Diese Moderatorvariablen zeigen demnach eine *Interaktion* (Wechselwirkung) mit der interessierenden UV. Eine Wechselwirkung liegt immer vor, wenn die Stärke oder gar Richtung des Einflusses der UV auf die AV von der Ausprägung einer dritten Variablen abhängt. So könnte es z. B. sein, dass eine bestimmte Hypothese nur für eine besondere Gruppe A von Personen gültig ist, nicht aber für andere. Wenn ich die Hypothese dann immer wieder an genau dieser Gruppe A von Personen teste, bewährt sich die Hypothese scheinbar immer wieder, obwohl sie in ihrer allgemeinen Form nicht gültig ist. Dasselbe könnte der Fall sein für Effekte, die nur in bestimmten Labors auftreten, nur bei ganz bestimmten Arten von Reizen etc. Ein Beispiel für eine Scheinbestätigung einer vermutlich falschen Hypothese haben wir mit der Astrologie-Untersuchung von Mayo et al. (1978, vgl. den Kasten auf Seite 26 in Kapitel 1) bereits kennengelernt: Die aus der Astrologie hergeleitete Hypothese wurde scheinbar bestätigt. Die Erweiterung auf nicht astrologiegläubige Personen durch Pawlik und Buse (1979) zeigte jedoch, dass „Astrologiegläubigkeit" den Zusammenhang zwischen UV (Sternzeichen) und den AVn (Extraversion, emotionale Labilität) moderierte und daher letztlich eine Alternativhypothese nahe gelegt wurde.

Externe Validität aus deduktivistischer Sicht

Moderatorvariablen können die externe Validität bedrohen

---

11 Er nennt sie Störbedingungen 2. Art

Externe Validität erreichen wir nach der deduktivistischen Auffassung nicht dadurch, dass wir die Untersuchungen den intendierten Anwendungssituationen „irgendwie" ähnlicher machen. Es gibt auch kaum sinnvolle Kriterien, nach denen eine solche „Ähnlichkeit" zu definieren wäre. Vielmehr erreichen wir sie durch eine *systematische Variation* potenzieller Moderatorvariablen (z. B. verschiedene Populationen, unterschiedliche Operationalisierungen der UVn und AVn). Wie Abelson (1995) es ausdrückt: „You don't see the dust if you don't move the couch." Dieses Verfahren nennt man die *konzeptuelle Replikation* von Hypothesentests, und es hat gegenüber der Verwendung vermeintlich „realitätsnaher" Settings die Vorteile der Beibehaltung eines hohen Maßes an Kontrolle sowie der potenziellen Lokalisierung von wichtigen Variablen, die die Gültigkeit der geprüften Hypothese beeinflussen. Externe Validität ist ebenso wie die interne Validität auf die Vermeidung von Scheinbestätigungen und Scheinfalsifikationen gerichtet und demnach genauso wichtig! (Bredenkamp, 1980; s. Bröder, 2004, für eine ausführlichere Begründung).

2.3.3 Andere Validitätsbegriffe und Arten von Störvariablen

Neben den recht umfassenden Begriffen der internen und externen Validität existieren in der Literatur einige spezifischere Validitätsbegriffe, die zum Teil etwas unterschiedlich verwendet werden und im Folgenden nur kurz erläutert werden sollen. Es gibt demnach nicht „die" Validität einer Untersuchung, sondern unterschiedliche Aspekte der Validität, die alle die Aussagekraft der Untersuchung beeinflussen.

Konstruktvalidität: Wie gut repräsentieren die empirischen Variablen die theoretischen?

Konstruktvalidität. Diese Validitätsart wird bei Westermann (2000) als Variablenvalidität bezeichnet und bei Bredenkamp (1980) als ein Aspekt der Variablenvalidität. Hierbei geht es um die Frage, ob die empirisch verwendeten UVn und AVn die psychologischen Konstrukte angemessen repräsentieren, die in der Hypothese angesprochen werden. Psychologische Variablen wie Aggression, Intelligenz, Extraversion, Stärke der Gedächtnisspur usw. bezeichnen unbeobachtbare (latente) Variablen. Für eine empirische Prüfung müssen diese durch *Operationalisierung* in beobachtbare Variablen übersetzt werden. So kann die Menge der pro Zeiteinheit beobachteten feindseligen Interaktionen ein Indikator für Aggression sein oder die Anzahl gelöster Testaufgaben in einem Intelligenztest ein Indikator für Intelligenz (vgl. Kapitel 2.1.1). Bei den UVn ist darauf zu achten, dass eine

Manipulation auch die in der Hypothese vorausgesetzten Prozesse verursacht. Im genannten Beispiel von Ross et al. (1969, vgl. Abb. 3) müssen z.B. die Annahmen erfüllt sein, dass die Ankündigung von Elektroschocks Furcht induziert, dass die Fehlinformation tatsächlich zu einer Lärmattribution der Erregung führt und dass die Bearbeitung des Schockvermeidungspuzzles empfundene Furcht reflektiert. Wir haben diese Operationalisierungsannahmen Hilfshypothesen genannt, Gadenne (1976) nennt sie Untersuchungsvoraussetzungen. Es ist klar, dass die Untersuchung umso valider ist, je besser die empirischen Variablen die theoretischen repräsentieren und diese Hilfshypothesen erfüllt sind. Für viele psychologische AVn stehen angemessen validierte und standardisierte Messinstrumente zur Verfügung (z.B. Brickenkamp, 1997), und auch zur Manipulation von UVn sollte man zunächst die Literatur nach bewährten und validierten Verfahren konsultieren. Eine Hypothesenprüfung mit bewährten Verfahren ist der Verwendung ad hoc konstruierter empirischer Variablen vorzuziehen. Liegen keine bewährten Indikatoren und Manipulationen vor (wegen neuer theoretischer Konstrukte oder Kritik an bestehenden Operationalisierungen), führt kein Weg an einer eigenen Konstruktion vorbei. Hierbei helfen beispielsweise generelle Prinzipien guter Testkonstruktion (Bühner, 2006; Fisseni, 2004).

Populationsvalidität. Es ist darauf zu achten, dass die Versuchspersonen aus der Population stammen, für die die Hypothese Gültigkeit beansprucht. Hierbei ist jede Versuchsperson aus der angesprochenen Population gleichermaßen repräsentativ. Bei der Prüfung allgemeingültiger Hypothesen ist es nicht notwendig, „repräsentative" Stichproben zu ziehen, die in allen Aspekten der Grundgesamtheit ähneln (z.B. Zufallsstichproben). Dies ist nur in Situationen anzustreben, in denen tatsächlich Aussagen über Populationsparameter gemacht werden sollen, ohne dass ein Hypothesentest angestrebt ist (z.B. Meinungsumfragen oder Ermittlung des Durchschnittseinkommens). Die Prüfung einer Hypothese über Variablenzusammenhänge kann dagegen ohne Probleme auch mit selektierten Stichproben vorgenommen werden, da *jede* Person aus der Grundgesamtheit eine Prüfinstanz für die Hypothese ist. Es spricht also nichts dagegen, eine Hypothese z.B. aus der Wahrnehmungspsychologie ausschließlich an Studierenden zu überprüfen. *Strenger* im Sinne höherer externer Validität ist die Hypothesenprüfung allerdings, wenn die Hypothesen an verschiedenen Gruppen von Personen überprüft wird, wobei der Kontrollfaktor „Gruppe" als Moderatorvariable fungieren und auf mögliche Einschränkungen der Allgemeingültigkeit der Hypothese hinweisen könnte.

Validität des statistischen Schlusses. Häufig werden Signifikanztests durchgeführt, um zu entscheiden, ob bestimmte aus einer Hypothese abgeleitete Beobachtungen eingetroffen sind oder nicht. Die Signifikanztestvalidität ist bedroht, wenn z. B. nicht das optimale statistische Verfahren ausgewählt wird, wenn Voraussetzungen zur Anwendung des Verfahrens verletzt sind oder erhaltene Ergebnisse falsch interpretiert werden.

Ökologische Validität

Ökologische Validität. Dieser Begriff wird meist synonym für externe Validität verwendet. Allerdings taucht er meist in der naiven Variante der „Alltagsnähe" auf, die weiter oben kritisiert wurde.

2.4 Wozu statistische Tests?

Manche psychologischen Hypothesen beziehen sich auf Zusammenhänge von Variablen, die zwischen Individuen variieren, z. B. Extraversion und Konditionierbarkeit, Intelligenz und Zufriedenheit oder Geschlecht und Eifersucht. Hier ist es einsichtig, dass eine Prüfung statistisch erfolgen muss, da zu prüfen ist, ob über Personen hinweg eine Korrelation zwischen den Variablen besteht.

Psychologische und statistische Hypothesen sind nicht dasselbe!

Sehr häufig beziehen sich psychologische Hypothesen jedoch auf Vorgänge *innerhalb* von Individuen. Typische Hypothesen sind z. B. „Lernen von neuem Material beeinträchtigt die Erinnerung an vorher gelerntes Material" (retroaktive Hemmung), „Mehrmalige Konfrontation mit einem Reiz führt zu einer positiveren Bewertung desselben" (Zajonc, 1968) oder „Eine externe Belohnung für eine Tätigkeit vermindert die intrinsische Motivation für diese Tätigkeit" (Deci, Koestner & Ryan, 1999). Die Liste lässt sich beliebig fortsetzen. Statistische Hypothesen sind demgegenüber etwas vollkommen anderes, denn sie machen keine Aussagen über Individuen, sondern über hypothetische Populationen. Warum testen wir Hypothesen über Individuen dennoch häufig mittels Signifikanztest, die Gruppen von Individuen betreffen?[12]

Das hat meistens pragmatische Gründe. Könnte man für jede Vp problemlos die UV manipulieren und die Auswirkung auf die AV fehlerfrei beobachten, so könnte man die Hypothesen in der Tat an einzelnen Individuen prüfen und brauchte keine Signifikanztests.

---

12 Das Konzept des Signifikanztests wird in Kapitel 4 ausführlicher behandelt.

Häufig steht dem jedoch entgegen, dass erstens die AV nicht fehler-frei messbar ist und zweitens Mehrfachmessungen wegen Lern-, Er-müdungs- und vor allem Sensitivierungseffekten problematisch sind. Manchmal ist es auch logisch unmöglich, zwei voneinander unbeein-flusste Messungen vorzunehmen wie z. B. bei der Hypothese zur ret-roaktiven Hemmung. Ich kann nicht an ein und derselben Vp prüfen, wie gut ihr Gedächtnis für eine Liste A ist, ohne dass sie Liste B gelernt hat und erneut nach Lernen der Liste B. Ein Test wäre wie ein erneuter Lerndurchgang, der den zweiten Test klar beeinflusst. In diesen Fällen nehmen wir Zuflucht zu dem Hilfsmittel statistischer Tests. Wir können demnach ersatzweise zwei Gruppen vergleichen, von denen die eine Liste B nach Liste A gelernt hat (EG), die andere nicht (KG). Wenn die Gruppen sich außer in der Behandlung in kei-nem anderen Merkmal systematisch unterscheiden (Hilfshypothese!), dann *folgt* aus der psychologischen Hypothese logisch die statistische Hypothese, dass die EG im Durchschnitt schlechter abschneiden sollte als die KG. Bestätigt ein Signifikanztest diese Vorhersage und haben wir die Gültigkeit der Hilfshypothese durch adäquate Ver-suchsplanung (hier z. B. Randomisierung und gleichlange Behaltens-intervalle) sichergestellt, ist das indirekt ein bestätigendes Ergebnis für die psychologische Hypothese.

Statistische Tests testen psychologische Hypothesen indirekt

> **Merke:**
>
> Statistische Hypothesen sind nicht identisch mit psychologischen Hypothesen, wir können sie aber als indirekte Hilfsmittel benut-zen, wenn sie sich aus den psychologischen Hypothesen herleiten lassen und wir die dazu nötigen Hilfshypothesen durch vernünftige Versuchsplanung sicherstellen (s. Bredenkamp, 1972, 1986; vgl. Abb. 4).

Zusammenfassung

Die Psychologie möchte Gesetzmäßigkeiten im Verhalten und Erleben von Menschen beschreiben. Viele psychologische Varia-blen sind aber nicht direkt messbar (latente Variablen), so dass ein messbarer Indikator für sie gefunden werden muss (Operationali-sierung).

Die Vermutung eines gesetzmäßigen Zusammenhangs von Varia-blen nennt man eine Hypothese. Durch die Herleitung statistischer

Hypothesen aus den psychologischen Hypothesen können letztere indirekt (mittels Signifikanztests) überprüft werden. Damit dies möglich ist, müssen die Hilfshypothesen, die dazu benötigt werden, möglichst valide sein. Dazu gehört die Kontrolle sogenannter Störvariablen. Hohe interne Validität bedeutet, dass die beobachteten Änderungen in einer AV eindeutig (kausal) auf die Variation in der interessierenden UV zurückgeführt werden können. Dahingegen repräsentiert eine hohe externe Validität die Generalisierbarkeit der Hypothese auf andere Bedingungen. Zusätzlich gibt es noch einige weitere Aspekte der Validität einer psychologischen Untersuchung, – z.B. die Konstruktvalidität, die Populationsvalidität, die Validität des statistischen Schlusses – die bei der Durchführung einer Studie optimiert werden sollten.

Fragen

1. Erklären Sie die Begriffe „manifeste" und „latente" Variable.
2. Überlegen Sie sich eine Operationalisierung für die latenten Variablen „Aggressivität" und „Selbstbewusstsein".
3. Was versteht man unter einem Gesetz in der Wissenschaft?
4. Nennen und erläutern Sie die verschiedenen Validitätsarten, die Sie kennen.
5. Was ist eine psychologische Hypothese?
6. Warum werden psychologische Hypothesen häufig an Gruppen überprüft und nicht an Einzelpersonen?

Lösungshinweise finden Sie unter
www.hogrefe.de/buecher/lehrbuecher/psychlehrbuchplus

Kapitel 3

Experiment und experimentelle Versuchsplanung

Inhaltsübersicht

- Was macht eine Studie zum „Experiment"?
- Warum „Randomisierung" so bedeutsam ist
- Nicht experimentelle empirische Erhebungsverfahren
- Die Grundbegriffe der experimentellen Versuchsplanung
- Klassische und nützliche Versuchspläne

> The ultimate test of a scientific hypothesis is experiment.
> Experiment specifically means that you don't just wait for nature
> to do something, and passively observe it and see what it correlates with.
> You go there and *do* something. You *manipulate.* You *change* something,
> in a systematic way, and compare the result with a ‚control'
> that lacks the change, or you compare it with a different change.
>
> *Richard Dawkins, 2009, S. 66*

Aktive Manipulation Das Eingangszitat von Richard Dawkins grenzt das Experiment von anderen empirischen Methoden ab, da es die *aktive Manipulation* einer Variablen enthält, um die Auswirkung dieser Variation auf eine andere Variable zu beobachten. Dies erlaubt unter bestimmten Bedingungen den Rückschluss auf eine kausale Beziehung zwischen manipulierter (UV) und beobachteter Variable (AV). Die Macht dieser Möglichkeit der Schlussfolgerung durch echtes Experimentieren demonstriert Dawkins mit dem hypothetischen Beispiel der „Kirchenglockentäuschung": Wenn in einem Ort zwei Kirchen A und B stehen, wobei die Uhr der Kirche A etwas vorgeht, so würde ein außerirdischer Beobachter vielleicht schlussfolgern, dass das Glockenläuten von A dasjenige von B verursacht. Es geht ihm ja immer voraus, und B beginnt mit Sicherheit zu läuten, kurz nachdem A angefangen hat. Es läge also eine perfekte Korrelation vor. Wir wissen aber im Unterschied zum außerirdischen Beobachter, dass die dahinter stehende Theorie falsch ist, denn die Sequenz A-B ist darauf zurückzuführen, dass beide Uhren die gleiche gemeinsame Variable messen (Uhrzeit), wenn auch etwas zeitverzögert. Das Läuten beider Glocken hat also eine gemeinsame Ursache. Die *einzige Möglichkeit* des Außerirdischen, seine kausale Hypothese streng empirisch zu prüfen, bestünde darin, Glocke A zum Klingen zu bringen (oder ihr Läuten zu verhindern) und zu schauen, was daraufhin mit Glocke B passiert. Das einfache Sammeln weiterer Beobachtungen würde stattdessen lediglich immer mehr Fälle zu Tage fördern, die seine falsche Hypothese scheinbar bestätigen.

In der Anfangsphase der empirischen Psychologie wurde nahezu jede empirische Untersuchung psychischer Phänomene als „experimentell" bezeichnet. Diese sehr breite Definition wurde dann durch eine engere und präzisere ersetzt, die im ersten Abschnitt des Kapitels erläutert wird. Im zweiten Abschnitt wird das Experiment neben anderen Datenerhebungsmethoden eingeordnet und von diesen abgegrenzt. Ein eigener Abschnitt wird dann dem Merkmal der Randomisierung gewidmet werden, da dieser unter allen Techniken der Störvariablenkontrolle eine herausgehobene theoretische Bedeutung zukommt. Danach lernen wir Grundbegriffe der Versuchsplanung kennen, insbesondere den des *Faktors*, den wir durch eine Schilderung verschiedener Arten von Faktoren erläutern. Der fünfte Abschnitt versucht, die Logik hinter der Theorie experimenteller Effekte direkt auf das statistische Verfahren der Varianzanalyse zu beziehen, das zu den am weitesten verbreiteten Analysemethoden gehört. Zwar können je nach Art der Daten auch andere Verfahren der Datenauswertung zur Anwendung kommen, die dahinter stehende Logik ist aber immer ähnlich. Der letzte Abschnitt stellt einige „klassische" Versuchspläne dar.

Breite versus präzise Definition des Experiments

3.1 Definition des Experiments

Beginnen wir diesen Abschnitt mit einer Definition, die die Besonderheiten des Experiments in Abgrenzung zu anderen empirischen Methoden der Psychologie herausstellt:

> **Definition: Experiment**
>
> Das Experiment ist eine empirische Methode der systematischen Beobachtung bzw. Erfassung (mindestens) einer abhängigen Variablen (AV), um zu prüfen, ob sie von (mindestens) einer unabhängigen Variablen (UV) kausal beeinflusst wird. Dazu wird die UV aktiv variiert und der Einfluss von Störvariablen auf die AV kontrolliert. Wesentlich ist die Randomisierung, d.h. die zufällige Zuordnung der Versuchspersonen zu den Versuchsbedingungen bzw. die zufällige Reihenfolge von Versuchsbedingungen.

Die Definition enthält die von den meisten Autoren genannten Bestimmungsstücke, die das Experiment von anderen empirischen Methoden wie z.B. Korrelationsstudien und Quasi-Experimenten abgrenzen, nämlich aktive Variation einer UV und Kontrolle von Störvariablen.

Das letztgenannte Kriterium der Randomisierung wird nicht von allen Autoren genannt (z. B. Sarris, 1990; Sarris & Reiß, 2005), andere dagegen halten die Randomisierung für eines der wesentlichsten Merkmale (z. B. Bredenkamp, 1980; Hager, 1987; Westermann, 2000). In diesem Buch wird die letztere Sprachregelung vertreten: Der Randomisierung kommt eine derart hohe theoretische Bedeutung zu, dass nur kontrollierte Studien, die diese Maßnahme enthalten, als echte Experimente bezeichnet werden. Im Folgenden sollen die Merkmale des Experiments im Einzelnen kurz erläutert werden, bevor wir der Randomisierung einen eigenen Abschnitt (vgl. Kapitel 3.2, siehe auch Kapitel 6.2.1) widmen.

Systematische Beobachtung

Die Einschränkung „systematisch" kennzeichnet ein Merkmal, das allgemein wissenschaftliche von alltäglicher Beobachtung unterscheidet. Greve und Wentura (1997) bemerken, dass im Gegensatz zu einer zufälligen Wahrnehmung von Sachverhalten eine *Beobachtung* immer mit der Absicht angestellt wird, bestimmte Annahmen zu überprüfen. Dazu werden bestimmte Beobachtungsaspekte ausgewählt. An einem Alltagsgeschehen erläutert könnte ich z. B. beim Nachhausekommen merken, dass die Rollläden des Nachbarn heruntergelassen sind und schlussfolgern, dass er in Urlaub ist. Dies wäre eine einfache Wahrnehmung eines Sachverhalts und eine daraus generierte Hypothese. Zur Überprüfung der Hypothese würde ich dann evtl. die nächsten Tage gezielt Aspekte beobachten, die zur Prüfung meiner Hypothese dienen (Ändert sich der Rollladenstatus? Häuft sich Post im Briefkasten? etc.). Damit ist eine Beobachtung jedoch noch nicht wissenschaftlich bzw. systematisch. Für *wissenschaftliche Beobachtungen* fordern Greve und Wentura weiterhin, dass erstens der Plan besteht, die erhaltenen Daten zu protokollieren und auszuwerten und dass zweitens weitgehende Objektivität angestrebt wird. Die Bedeutung der Objektivität wurde in Kapitel 1 erläutert und kann durch eine möglichst genaue Definition eines Kategoriensystems (welche Verhaltensweisen sind relevant, und wie lassen sie sich ordnen?) und gute Schulung von Beobachtern erreicht werden.

In der Psychologie als Verhaltenswissenschaft wird die direkte oder (durch Kameras) technisch vermittelte Beobachtung immer eine große Rolle spielen, aber die systematische Erfassung von Verhal-

Beobachtung = geplante Wahrnehmung mit Intention

Beobachtungsprotokoll und Datenauswertung

tensdaten ohne eine direkt beobachtende Person ist natürlich auch oft möglich, z. B. die Aufzeichnungen von Antworten und Reaktionszeiten von Probanden in einem Computerexperiment oder die Erfassung physiologischer Veränderungen bei der Präsentation von Furcht auslösenden Reizen. Hier kann von systematischer Beobachtung gesprochen werden, selbst wenn niemand im wörtlichen Sinne beobachtet.

Theoretische Trennung unabhängiger und abhängiger Variablen

Wir haben in Kapitel 2 gelernt, dass wissenschaftliche Gesetze oder Hypothesen oft Kausalzusammenhänge zwischen Variablen konstatieren. Solche Hypothesen benennen demnach eine unabhängige (oder beeinflussende) und eine abhängige (oder beeinflusste) Variable. Ein Experiment wird man hauptsächlich dann durchführen, wenn eine derartige Hypothese mit angenommener Kausalrichtung vorliegt.

Aktive Variation bzw. Manipulation der UV

Während die beiden erstgenannten Kriterien für viele Arten empirischer Untersuchungen zutreffen, ist die aktive Variation der interessierenden UV ein wesentliches Merkmal des Experiments und macht einen Großteil seiner Stärke aus. Es ist unmittelbar einleuchtend, dass ein beobachteter Zusammenhang zwischen zwei Variablen zwar vereinbar ist mit der Vorstellung, dass eine der Variablen die andere beeinflusst, deutlich informationshaltiger ist jedoch ein Vorgehen, in dem der Experimentator *aktiv* die UV beeinflussen und die direkte Auswirkung auf die AV beobachten kann. Wenn die UV die AV kausal beeinflusst, dann sollte eine willkürlich herbeigeführte Veränderung der UV auch zu vorhersagbaren Änderungen in der AV führen. Dieses Vorgehen ist in den Naturwissenschaften selbstverständlich, und die Logik des Experiments wurde von den Pionieren der empirischen Psychologie übernommen.

Willkürliche Variation der UV ist informativer als reine Beobachtung

Wenn wir also in der Psychologie vermuten, dass z. B. die Lerndauer die Behaltensleistung beeinflusst, die Stärke der Empfindung logarithmisch mit der Reizgröße wächst oder die Hilfsbereitschaft von der Art der Attribution abhängt, dann besteht die Methode der Wahl im Experiment: Die Lerndauer, die Reizgröße oder auch die Art der Attribution werden systematisch variiert, um unter kontrollierten Bedingungen die Auswirkungen auf die Behaltensleistung, die Empfindungsstärke oder respektive die gezeigte Hilfsbereitschaft zu beobachten.

Selbstverständlich gibt es in der Psychologie viele theoretische UVn, die nicht experimentell manipuliert werden können, entweder aus logischen oder aus ethischen Gründen. Beispielsweise ist es nicht möglich, jemandes Geschlecht, Alter oder Intelligenz experimentell zu verändern. In anderen Fällen ist es theoretisch möglich, aber ethisch nicht vertretbar, z. B. bei Hypothesen über die Auswirkungen von Hirnschäden auf bestimmte kognitive Fähigkeiten. Hier käme (hoffentlich!) niemand auf die Idee, diese Schäden experimentell hervorzurufen, um die Auswirkung zu beobachten, weshalb wir auf klinische Studien mit Patienten angewiesen sind, die diese Schäden zeigen. Diese sogenannten quasi-experimentellen Studien (in denen die UV nicht unter der Kontrolle des Forschers steht) sind wertvolle Datenquellen. Sie sind in der Interpretierbarkeit gegenüber dem Experiment jedoch eingeschränkt, da die Konfundierung (= Vermischung) der UV mit Störvariablen (SVn) nicht ausgeschlossen ist.

Kontrolle von Störfaktoren

Im Allgemeinen versteht man unter einem Experiment eine Beobachtungsmethode, die unter möglichst „kontrollierten" Bedingungen stattfindet, d. h., der Forscher kann die Umstände, unter denen die Beobachtung stattfindet, weitgehend gestalten. Dadurch ist es möglich, bestimmte Störfaktoren (z. B. unvorhergesehene Ereignisse, Beleuchtung, Lärmbelastung) von vornherein auszuschließen oder konstant zu halten. Dies ist bei sogenannten Laborexperimenten mehr oder weniger ausgeprägt der Fall. Bei „Feldexperimenten", die in der natürlichen Umgebung von Personen stattfinden, oder neuerdings auch bei Web-basierten Experimenten gibt man einen Teil dieser Kontrolle auf. Von Experimenten spricht man in diesen Fällen nur, wenn eine UV aktiv manipuliert wird und Randomisierung stattfindet. Mit verschiedenen Kontrolltechniken befassen sich spätere Abschnitte (vgl. Kapitel 6), wir beginnen mit der theoretisch wichtigsten Kontrolltechnik, der Randomisierung.

3.2 Zur Bedeutung der Randomisierung

In unserer Definition des Experiments wird die Randomisierung als Kennzeichen besonders hervorgehoben. Man versteht darunter die zufällige Zuordnung von Versuchspersonen zu verschiedenen Versuchsbedingungen. Oder, falls jede Versuchsperson alle Bedingungen durchläuft (ein sogenannter Messwiederholungs-Versuchsplan), die zufällige Reihenfolge der Versuchsbedingungen für jede am Versuch teilnehmende Person. Warum ist Randomisierung aber so wichtig?

Sonderstellung der Randomisierung

Die kurze Antwort lautet: Weil nur in einem randomisierten Versuchsplan Veränderungen in der AV als *kausal* durch die Manipulation der UV hervorgerufen interpretiert werden können! In jedem nicht randomisierten Versuchsplan besteht prinzipiell die Möglichkeit, dass Effekte in der AV durch eine mit der UV korrelierte, verborgene Störvariable hervorgerufen wurden, nicht aber durch die UV selbst. Wir haben eine solche Konfundierung (Vermischung) der UV mit einer Störvariablen als Bedrohung der internen Validität bezeichnet. Warum das so ist, versuche ich anhand von Beispielen zu erläutern.

Abbildung 5 verdeutlicht noch einmal, wie Störvariablen erster Art zu Fehlschlüssen über den Zusammenhang zwischen UV und AV führen können.

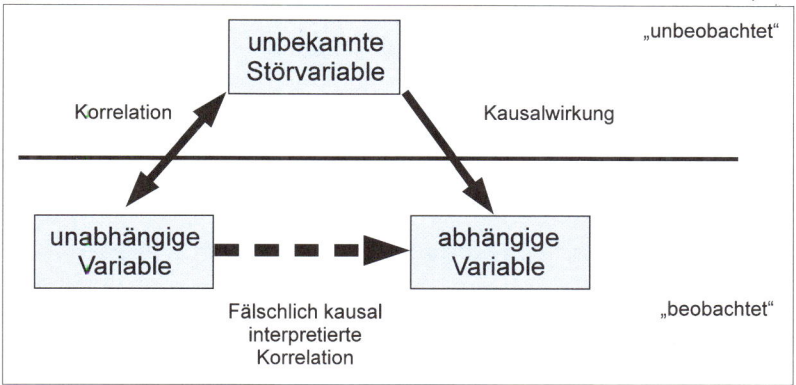

Abbildung 5: Störbedingungen 1. Art

Typischerweise beobachten wir die UV und AV sowie deren gemeinsame Veränderung. Wir können jedoch *nur dann* eindeutig darauf schließen, dass eine Veränderung in der AV durch die UV verursacht wurde, wenn wir ausgeschlossen haben, dass die UV mit irgendeiner anderen Variablen korreliert ist, die ebenfalls die AV beeinflusst. Wenn eine solche Korrelation zwischen UV und der Störvariablen SV besteht wie in Abbildung 5, dann wäre es immer möglich, dass die UV keinerlei echten Einfluss auf die AV hat, wir dies aber aufgrund des beobachteten Zusammenhangs fälschlicherweise vermuten.

Ein Beispiel für Konfundierung

Ein Beispiel soll dies verdeutlichen: Nehmen wir an, Sie wollen zwei psychotherapeutische Techniken A und B in ihrer Wirksamkeit vergleichen. Selbstverständlich geht das am besten, wenn Sie zwei Gruppen von vergleichbaren Patienten nehmen, von denen eine die Therapie A erhält, die andere Therapie B. Nach Abschluss der Behandlungen erfassen Sie verschiedene Maße des Wohlbefindens und der Symptomverbesserungen (AVn) und stellen fest, dass es den Patienten mit Therapie A deutlich besser geht als denen mit Therapie B. Können Sie daraus schließen, dass A tatsächlich die bessere Behandlung ist? Die Antwort lautet: Das hängt *ausschließlich* davon ab, wie die Gruppeneinteilung vorgenommen wurde!

Nehmen wir an, Sie hätten in Ihrer Studie den Patienten selbst die Wahl gelassen, welcher Therapie sie sich unterziehen möchten. Dann könnten Sie keinesfalls aus Ihrem Ergebnis schließen, dass Therapie A besser ist. Sie wüssten nämlich nicht, ob sich Patienten, die A oder B wählen, in irgendeiner weiteren Hinsicht systematisch unterscheiden. Eine mögliche Interpretation ist in Abbildung 6 dargestellt. Vielleicht ist es so, dass die stärker therapiemotivierteren (oder gebildeteren oder reicheren oder weniger kranken etc.) Patienten dazu neigen, sich eher für Therapie A zu entscheiden. Da die Therapiemotivation (die Bildung, der soziale Status, der Gesundheitszustand) maßgeblich den Therapieerfolg mitbestimmen, könnte der gefundene Unterschied also auf jeder dieser möglichen Variablen beruhen, ohne dass Therapie A wirklich besser ist als Therapie B. Da in Therapie A im Durchschnitt die Motivierteren gelandet sind, die unabhängig von der Art der Therapie größere Verbesserungen zeigen, erscheint dem Beobachter Therapie A als die bessere.

Schlimmer noch: Je nach Art des Zusammenhangs kann sich sogar die *Richtung* des beobachteten Effekts umdrehen, d.h., Therapie A könnte für jeden einzelnen Patienten *schlechter* sein als Therapie B, würde aber aufgrund der Störvariablen ins Gegenteil verkehrt. Wir haben dieses intuitiv oft etwas schwer zu verstehende Phänomen in Kapitel 2 als „Simpsons Paradox" kennengelernt (vgl. Kasten).

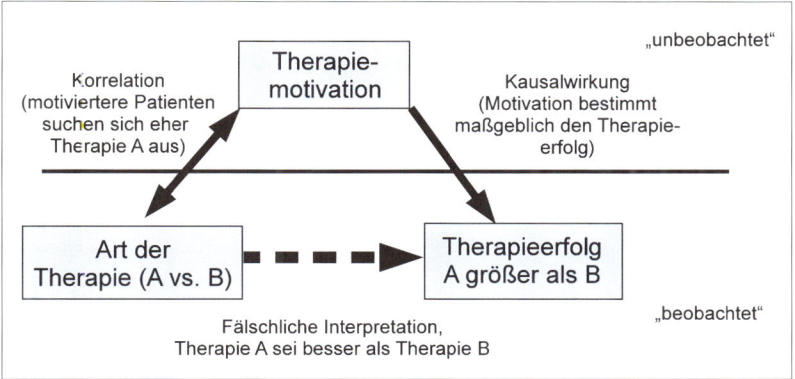

Abbildung 6: Möglicher Fehlschluss in einer nicht randomisierten Thera-piewirkungsstudie, in der die Patienten die Therapie selbst wählen, wobei sich die motivierteren Patienten eher für The-rapie A entscheiden (z. B. weil sie mehr aktive Teilnahme verlangt).

Ein Beispiel für Simpsons Paradox (aus Bröder, 2006)

In einer Studie mit Krebspatienten seien zwei Gruppen mit je 50 Patienten verglichen worden, die entweder mit konventionel-ler Therapie A oder einer neuen Bestrahlungsmethode B behan-delt wurden. In Gruppe A gibt es nach fünf Jahren 30 Überlebende (60 %), in Gruppe B dagegen 41 (82 %), was auf eine signifikante Überlegenheit der neuen Therapieform B hinzuweisen scheint ($\chi^2(1) = 5.88$, $p < .05$). Die Patienten wurden den Gruppen jedoch nicht zufällig zugewiesen, sondern ein Arzt entschied jeweils über die Gruppenzugehörigkeit. Wegen einer größeren physischen Belastung durch die neue Therapie B hatte er die (unwillentliche!) Neigung, diese Behandlung hauptsächlich Patienten mit gutem körperlichem Allgemeinzustand zuzuweisen. Dies sind aber ten-denziell auch die Patienten in einem früheren Krankheitsstadium, so dass die in Tabelle 1 dargestellte Gruppenaufteilung entstand.

Nimmt man nun an, dass die Überlebensrate für Therapie A 95 % im Frühstadium der Krankheit beträgt und 50 % in Spätstadien, so erhält man die tatsächlich beobachtete Zahl von Überlebenden von $10 \times 95\% + 40 \times 50\% = 30$. Die Überlebensraten seien für Therapie B sowohl im Früh- als auch im Spätstadium um 5 Pro-zentpunkte *schlechter* als für Therapie A, also 90 % und 45 %. Dennoch ergibt sich die anscheinend bessere Wirkung von $40 \times 90\% + 10 \times 45\% = 41$. *Diese ist aber ein Effekt des in dieser*

Tabelle 1: Hypothetische Aufteilung der Therapiegruppen nach dem Urteil eines Arztes

Verborgene Drittvariable: Stadium der Krankheit (durch nicht randomisierte Aufteilung entstanden)	Therapie	
	A	B
Frühstadium	n=10	n=40
Heilungsrate	95%	90%
Spätstadium	n=40	n=10
Heilungsrate	50%	45%
Gesamt	n=50	n=50
beobachtete Heilungsrate	59%	81%

Gruppe überrepräsentierten Frühstadiums der Krankheit und kein Erfolg der Therapie B, die unter allen Bedingungen schlechter ist als A. Das Phänomen der scheinbaren Umkehrung eines Effekts durch die Wirksamkeit einer verborgenen dritten Variablen heißt „Simpsons Paradox" und kann nur durch Randomisierung vermieden werden.

Wir werden weiter unten einige Kontrolltechniken näher kennenlernen, mit denen sich einzelne Störvariablen ausschalten lassen. Beispielsweise könnte man in einem Gedächtnisexperiment verschiedene Versuchsgruppen hinsichtlich des Alters vergleichbar machen (parallelisieren), um auszuschließen, dass Leistungsunterschiede auf Altersunterschiede zurückzuführen sind. Diese Verfahren sind wichtig und können die Aussagekraft von Studien maßgeblich erhöhen, aber sie haben einen entscheidenden Nachteil: Sie beziehen sich immer nur auf eine (oder wenige) SVn, die darüber hinaus auch noch bekannt sein müssen. Wie das Therapiebeispiel aber gezeigt hat, könnten sich die Patienten, die sich für Therapie A entscheiden, in beliebig vielen Merkmalen von denen unterscheiden, die tendenziell B wählen. Wir wüssten nicht einmal, wonach wir genau suchen müssten.

Randomisierung: Alle auf einen Streich

Hier kommt die Randomisierung als Eier legende Wollmilchsau ins Spiel, die quasi alle Störbedingungen 1. Art „auf einen Streich" erledigt. Eine echte Zufallsaufteilung der Vpn auf die Bedingungen verhindert, dass es bezüglich *jeder beliebigen* denkbaren Störvariablen systematische Unterschiede zwischen den Versuchsbedingungen gibt. Kurz: Die Randomisierung setzt auf lange Sicht die Korrelation einer UV mit allen denkbaren Störvariablen auf Null, d. h., es kann keine systematische Korrelation der UV mit einer Störvariablen geben.[13] Daher kann ein wiederholt mit randomisierten Experimenten gefundener Effekt der UV auf die AV nur auf deren kausalen Einfluss beruhen!

> **Merke:**
>
> Experimentelle Versuchsplanung zielt darauf ab, die systematische Variation von Störfaktoren mit der UV („Konfundierung") zu verhindern. Die Randomisierung ist besonders wichtig, da sie die einzige Maßnahme ist, die das simultan für alle denkbaren Störfaktoren leistet.

3.3 Eine Klassifikation empirischer Untersuchungen

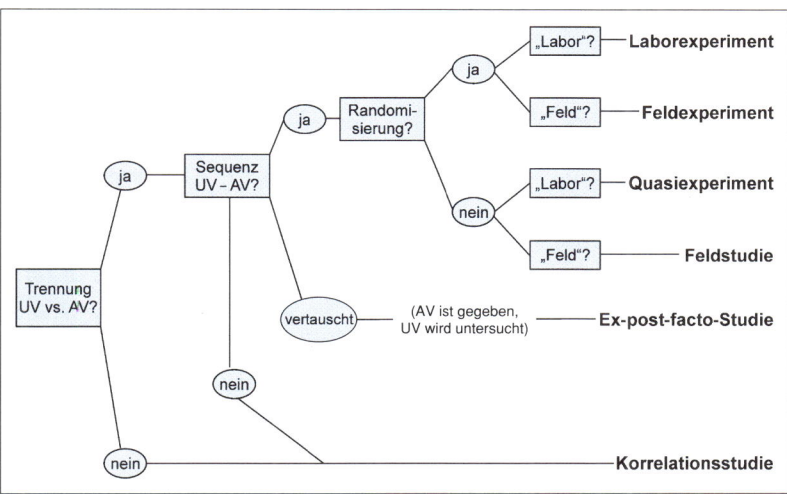

Abbildung 7: Klassifikation psychologischer Untersuchungen (modifiziert nach Hager, 1987)

---

13 Die Einschränkung „auf lange Sicht" bedeutet hier, dass in einem *bestimmten* Experiment natürlich auch einmal zufällig eine ungleiche Verteilung entstehen kann, z. B., dass die Vpn in der Bedingung A im Durchschnitt älter sind als in Bedingung B, vor allem wenn die Stichproben klein sind. Falls also ein experimentelles Ergebnis einmal zufällig auf solch einer SV-Wirkung beruhen sollte, wird sie bei einer Wiederholung des Experiments mit ziemlicher Sicherheit ausbleiben. Dies ist ein Grund, warum Replikationen von Versuchsergebnissen wichtig sind.

Hager (1987) hat verschiedene empirische Versuchspläne der Psychologie systematisiert (vgl. Abb. 7). Er unterscheidet danach, ob eine Trennung zwischen UV und AV vorliegt, ob eine zeitliche Sequenz im Sinne der Kausalrichtung vorliegt, ob randomisiert wird, und in welcher Umgebung (auch „Setting" genannt) die Untersuchung stattfindet (Labor versus Feld). Die Abgrenzung zwischen Labor und Feld ist keine scharfe Trennlinie, sondern eher ein fließender Übergang. Feldstudien und -experimente spielen sich weitgehend in einer „natürlichen" oder auch der gewohnten sozialen Umgebung der untersuchten Individuen ab, während das Labor eine künstlich hergestellte und oft absichtlich reduzierte Umgebung darstellt. Letztere ermöglicht mehr Kontrolle, erstere ermöglicht die Beobachtung von Verhaltensweisen, die unter natürlichen Bedingungen auftreten. In der Klassifikation aus Abbildung 7 nimmt das Ausmaß der Kontrolle von Störfaktoren tendenziell von oben nach unten ab.

„Labor" versus „Feld": keine scharfe Trennlinie

Nähere Beschreibungen der einzelnen Arten von Untersuchungsmethoden sowie Hilfen zur Planung solcher Studien finden sich z. B. bei Bortz und Döring (2006) und Rudinger (in Vorb.). Da hier der Schwerpunkt auf dem Experiment liegt, werden die anderen Methoden nur kurz charakterisiert, beginnend mit der einfachen Korrelationsstudie.

Begriffsklärung: Korrelationsstudie

Von einer Korrelationsstudie spricht man, wenn keine Manipulation einer UV vorgenommen wird, sondern lediglich der statistische Zusammenhang von Variablen untersucht wird. Dafür werden an denselben Personen je mehrere Variablen erhoben bzw. gemessen und deren Korrelation bestimmt.[14]

Korrelation und Kausalität

Typisch wäre hier die Erforschung des Zusammenhangs verschiedener Persönlichkeitsvariablen wie z. B. Extraversion und Risikoverhalten oder Intelligenz und Arbeitsgedächtnis. Besteht solch eine Korrelation zwischen zwei Variablen A und B, dann kann jedoch nicht eindeutig auf eine Wirkrichtung geschlossen werden, denn A könnte B beeinflussen oder umgekehrt. Es ist auch möglich, dass sich

---

14 „Korrelation" wird hier ganz allgemein im Sinne eines statistischen Zusammenhangs verwendet. Je nach Art der erhobenen Variablen (Skalenniveau) gibt es unterschiedliche Maßzahlen, die das Ausmaß des Zusammenhangs quantifizieren (s. Bortz, 2005)

A und B gar nicht gegenseitig beeinflussen, sondern lediglich beide von einer (oder mehreren) dritten Variablen beeinflusst werden, die man gar nicht miterhebt (vgl. Abb. 8).

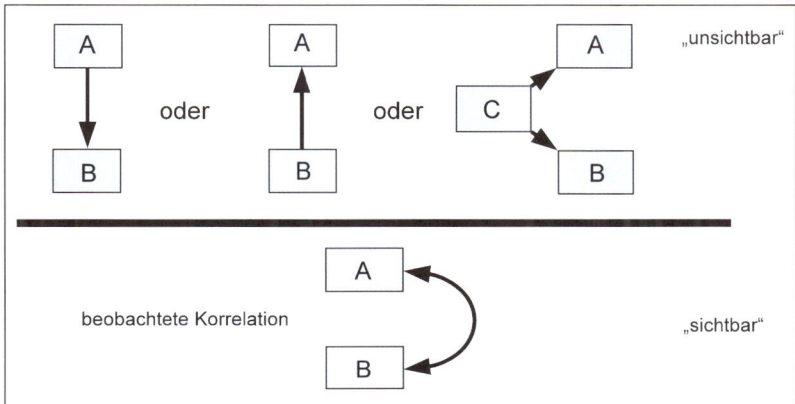

Abbildung 8: Mögliche Kausalmodelle einer beobachteten Korrelation zwischen zwei Variablen A und B

Warum eine hohe Korrelation keine kausale Interpretation zulässt

Manchmal scheint eine Korrelation „offensichtlich" kausal zu sein. Für die 40 bevölkerungsreichsten Länder der Erde besteht gemäß der Daten aus dem „World Almanac Book of Facts 1993" eine Korrelation von $r = .69$ zwischen der Anzahl der Ärzte pro Einwohner und der durchschnittlichen Lebenserwartung der Bevölkerung. Man ist geneigt, hier einen Ursache-Wirkungs-Zusammenhang anzunehmen: Je mehr Ärzte, desto länger die Lebenserwartung.

Allerdings ist die Korrelation zwischen der *Anzahl der Fernsehgeräte pro Einwohner* und der Lebenserwartung fast genauso hoch! ($r = .62$) Erhöht demnach auch Fernsehen die Lebenserwartung?

Offenbar ist hier ein vernünftigeres Modell, die wirtschaftliche Entwicklung der Länder und damit einhergehende Änderungen der Lebensweise (Ernährung, Bildung, medizinische Versorgung) als dahinterstehende Variablen anzunehmen, die *sowohl* die Anzahl der Fernsehgeräte *als auch* die Anzahl der Ärzte *als auch* die Lebenserwartung beeinflusst. Ob die Ärztezahl *zusätzlich kausal* auf die Lebenserwartung wirkt, kann alleine aufgrund der Korrelation nicht geschlossen werden. Es ist sogar im Prinzip denkbar

> (wenn auch nicht sehr wahrscheinlich), dass mehr Ärzte der Le-
> benserwartung schaden, aber dieser Nachteil durch die anderen
> Vorteile der wirtschaftlichen Entwicklung überkompensiert wird.
> Dann läge Simpsons Paradox vor.

Auch wenn eine theoretische Trennung zwischen UV und AV vorliegt, „bestätigt" ein gefundener Zusammenhang in einer Korrelationsstudie nicht die angenommene Kausalrichtung. Allerdings wäre
das replizierbare Fehlen eines Zusammenhangs problematisch für
eine kausale Hypothese über UV und AV. Beides kann man sich
anhand der anfangs eingeführten „Kirchenglockentäuschung" verdeutlichen. Auch in Korrelationsstudien mit speziellen Designs lassen sich aber kausale Hypothesen untersuchen (sogenannte „Crossed-
lag-panel"-Analysen, s. Kenny, 1979).

Quasi-Experiment Eine Korrelationsstudie, bei der eine nur in wenigen Stufen aus-
geprägte theoretische UV vorliegt, wird als *Quasi-Experiment*
bezeichnet, wenn sie im kontrollierten Laborsetting stattfindet,
andernfalls spricht man von einer Feldstudie. Typisch sind hier
beispielsweise Fragen nach Geschlechtsunterschieden. Würde man
z.B untersuchen, ob sich Jungen und Mädchen in der Qualität Ihrer
Sozialbeziehungen oder ob sich Stadt- und Landbewohner in ihrer
Lebenszufriedenheit unterscheiden, würde man eine Feldstudie
wählen. Da wir weder das Geschlecht noch den Wohnort randomisieren können, könnten gefundene Unterschiede auch hier nicht
kausal interpretiert werden. Vielleicht ziehen glückliche Menschen
ja bevorzugt aufs Land anstatt dass das Landleben glücklich macht.
Quasi-Experimente in kontrollierten Labordesigns könnten die
Hypothese testen, dass Introvertierte besser aversiv konditionierbar
sind als Extravertierte (z.B. Paisey & Mangan, 1988). Hier würde
man eine Stichprobe aufgrund von Fragebögen in zwei Gruppen
einteilen und deren aversive Konditionierbarkeit z.B. mit einer
Lidschlusskonditionierung messen. Dabei wird ein leichter Luftstoß
auf das Auge gegeben, der von einem Signalreiz (Licht oder Ton)
angekündigt wird. Bei dieser „klassischen Konditionierung" lernen
Organismen, den Lidschlussreflex schon auf den Signalreiz hin
auszuführen.

Aber nicht nur bestehende Unterschiede zwischen Personen werden
quasi-experimentell untersucht. Manchmal bezieht sich eine Hypothese auch auf unterschiedliche Reize. So kann z.B. aus der Theorie

der dualen Kodierung von Paivio (1991) die Hypothese hergeleitet werden, dass bildhafte Wörter (Tulpe, Katze, Hammer) besser erinnert werden als wenig bildhafte (Justiz, Handel, Neid). Erstere können sozusagen in zwei Speicherformaten abgelegt werden (verbal und bildhaft) und haben daher einen Abrufvorteil gegenüber den nur verbal kodierbaren Wörtern. Auch hier können wir Wörtern das Attribut „Bildhaftigkeit" nicht randomisiert zuweisen, sondern wir müssen auf bestehende Unterschiede zwischen Wörtern zurückgreifen. Damit entsteht aber notwendiger Weise wieder das Problem, dass die Wörter sich auch in anderen Aspekten (SVn) unterscheiden können.

Zuletzt soll noch kurz die *Ex-post-facto-Studie* erwähnt werden. Hier wird untersucht, ob ein bestehender Unterschied in einer AV auf frühere Unterschiede in einer UV zurückgeführt werden kann. Beispielsweise könnte die Frage interessieren, ob exzessiver Fernsehkonsum in der Kindheit delinquentes Verhalten im Jugendalter verursacht. In der Ex-Post-Facto-Studie geht man von der AV aus, d. h., man vergleicht jugendliche Delinquente und Kontrollpersonen, die nicht auffällig wurden. Dann versucht man (z. B. durch Befragung der Eltern) an verlässliche Daten über den Fernsehkonsum in der Kindheit heranzukommen. Findet man einen Unterschied, so entspricht das der Hypothese. Auch hier gilt aber selbstverständlich, dass der Fernsehkonsum nicht die Ursache der Delinquenz sein muss, da es noch viele andere Dimensionen gibt, auf denen sich die delinquenten und nicht delinquenten Personen unterscheiden könnten. Beispielsweise könnten sowohl Delinquenz als auch exzessiver Fernsehkonsum in der Kindheit ihre gemeinsame Ursache in einer emotionalen Vernachlässigung durch die Betreuungspersonen haben, ohne dass sie untereinander kausal verbunden sind.

Als Fazit lässt sich festhalten, dass es eine Reihe von wichtigen empirischen Verfahren der Erkenntnisgewinnung gibt, auf die die Psychologie nicht verzichten kann. Wann immer es theoretisch und praktisch möglich sowie ethisch unbedenklich ist, sollte dem kontrollierten und randomisierten Experiment der Vorzug gegeben werden, da dieses Verfahren die strengste Prüfung wissenschaftlicher Kausalaussagen ermöglicht. Hier beschränken wir uns auf experimentelle und quasi-experimentelle Versuchsplanung, die für die oberen drei Zweige in Abbildung 7 relevant ist. Informationen über nicht experimentelle Versuchsplanung und Evaluationsmethoden enthalten Bortz und Döring (2006) und Rudinger (in Vorb.).

Ex-post-facto-Studie

3.4 Grundbegriffe der Versuchsplanung

Faktor = Operatio-
nalisierung der UV

Der zentrale Begriff der Versuchsplanung ist der des *Faktors*. Dabei ist der Faktor die in einer bestimmten empirischen Untersuchung realisierte Operationalisierung der UV. Als UV wird hier eine theoretische – nicht direkt beobachtbare – Variable bezeichnet, die laut Hypothese auf eine theoretische AV einwirken soll. Die Konkretisierung der UV in der empirischen Untersuchung ist dann der Faktor, jede einzelne konkrete Ausprägung des Faktors nennt man eine *Faktorstufe*.

Faktorstufe =
spezifische Aus-
prägung der UV-
Operationalisierung

Abbildung 9 zeigt das am Beispiel der Theorie der Verarbeitungstiefe von Craik und Lockhart (1972). Die Autoren nehmen an, dass die Stärke der Gedächtnisspur z. B. für Wörter von der semantischen Tiefe abhängt, mit der das Material während des Lernens verarbeitet wurde. Kurz: Je stärker die Auseinandersetzung mit dem Bedeutungsgehalt des Materials (UV), desto fester die Gedächtnisrepräsentation (AV). Eine typische Operationalisierung der UV besteht nun darin, dass man unterschiedlichen Gruppen von Vpn bei der Konfrontation mit dem Lernmaterial unterschiedliche Aufgaben gibt, die verschieden tiefe semantische Verarbeitung induzieren sollen wie bspw. das Zählen der Buchstaben (geringe semantische Verarbeitungstiefe), das Finden eines Reimworts (mittlere Tiefe) oder die Beurteilung, ob das Wort einen Satz sinnvoll ergänzt (tiefe Verarbeitung). Als Maß für die Stärke der Gedächtnisrepräsentation kann man z. B. die Menge der Wörter verwenden, die die Person ohne Hilfe wiedergeben kann (freie Reproduktion). Das typische Ergebnis solcher Studien sind stützende Befunde, die den Gedächtnisvorteil semantisch tiefer verarbeiteten Materials nahe legen.[15] Hier entspricht der UV „Verarbeitungstiefe" also ein Faktor „Art der Lernaufgabe" mit drei Faktorstufen (Buchstaben zählen vs. Reimwörter finden vs. Satzrahmen beurteilen).

Der Begriff des Faktors (oder auch der UV) impliziert, dass etwas variieren muss, d. h., es muss mindestens zwei Ausprägungen der UV bzw. zwei Stufen des Faktors geben, die miteinander verglichen werden. Würde die UV in unsere Untersuchung nicht variiert, könnte ja auch keine Kovariation mit der AV festgestellt werden. Untersuchungen mit nur einer Versuchsbedingung bzw. ohne Variation der

---

15 Die Theorie wird in dieser Form heute nicht mehr für korrekt gehalten und hat
    einige Modifikationen erfahren (s. Baddeley, Eysenck & Anderson, 2009).

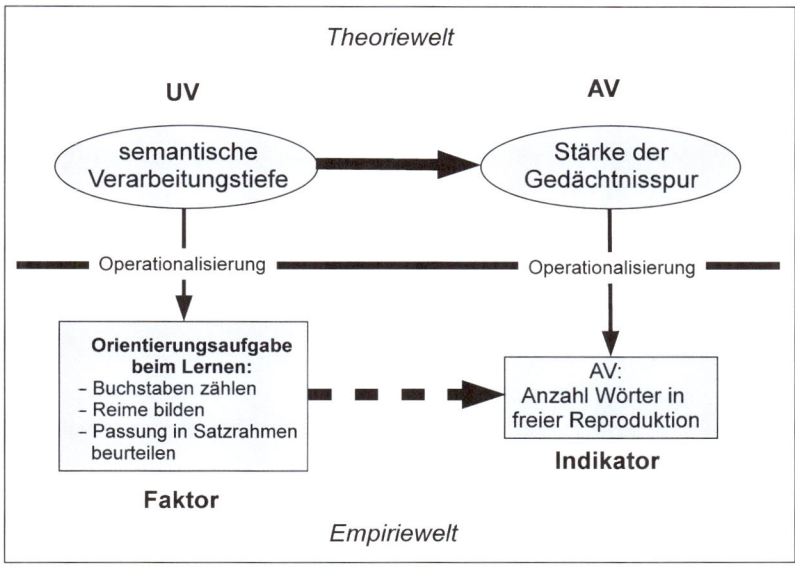

Abbildung 9: Operationalisierung – theoretische und empirische Variablen im Experiment am Beispiel eines Experiments zur semantischen Verarbeitungstiefe

UV werden als „vorexperimentelle Anordnung" oder „One-group-one-shot"-Designs bezeichnet und sind zur Überprüfung von Hypothesen gänzlich ungeeignet. Sie können verwendet werden, um z. B. in Vorstudien die Verwendbarkeit des Versuchsmaterials zu testen oder um Normierungsdaten über Testleistungen oder für Versuchsmaterial zu erheben, aber wissenschaftliche Fragen über Variablenzusammenhänge lassen sich damit nicht beantworten.

Arten von Faktoren

Der Faktor „Art der Lernaufgabe" in Abbildung 9 lässt sich leicht als *experimenteller Faktor* realisieren: Die Versuchsleiterin bzw. der Versuchsleiter kann erstens die Versuchsbedingung aktiv manipulieren, indem sie unterschiedliche Lerninstruktionen gibt und deren Einhaltung überprüft. Zweitens wird sie die Vpn zufällig auf diese Lernbedingungen aufteilen – also randomisieren. Experimentelle Faktoren nennt man auch **Behandlungs- oder Treatment-Faktoren,** weil die Vpn unterschiedlich „behandelt" werden. Hier geschieht dies im Sinne unterschiedlicher Instruktionen. Von Treatmentfaktoren zu unterscheiden sind dann *quasi-experimentelle* Faktoren (auch Grup-

Treatmentfaktoren versus quasi-experimentelle Faktoren

penfaktoren oder Blockfaktoren genannt), bei denen die Faktorstufen nicht manipulierbar sind und von den Vpn schon „mitgebracht" werden (Geschlecht, Schulbildung, Art der Erkrankung etc.).

Arten experimenteller Faktoren

Variation innerhalb oder zwischen Versuchspersonen

Plant man ein Experiment mit einem experimentellen Faktor, so muss man entscheiden, ob die Manipulation der UV *interindividuell* oder *intraindividuell* erfolgt. Eine interindividuelle Manipulation (auch: Between subjects-Manipulation) ist der typische Vergleich verschiedener Gruppen, im einfachsten Fall einer Experimental- und einer Kontrollgruppe. Die Vpn werden den verschiedenen Versuchsbedingungen randomisiert zugeordnet, und man vergleicht nachher die Gruppen. Bei einer intraindividuellen Manipulation (auch: Within subjects-Manipulation) durchläuft jede Vp *alle* verschiedenen Bedingungen oder Treatments. Man vergleicht dann die AV *derselben* Personen unter den verschiedenen Bedingungen. Solche Faktoren werden daher auch als Messwiederholungsfaktoren bezeichnet.

Messwiederholung ist effizient

Die Within subjects-Manipulation hat gegenüber Gruppenvergleichen immense Vorteile. Da jede Vp sozusagen ihre eigene Kontrollperson ist, fallen zufällige Personenunterschiede viel weniger stark ins Gewicht, und statistische Tests haben eine deutlich höhere Teststärke zur Entdeckung von Unterschieden. Das kommt daher, dass die zufälligen Unterschiede zwischen Personen in diesen Designs nicht als unerklärte Restvarianz („Fehlervarianz") behandelt werden, sondern als Varianz, die auf einem impliziten „Personenfaktor" beruht. Die geschätzte Fehlervarianz ist daher kleiner und die Effektvarianz, die auf die UV-Variation zurückgeht, kann leichter im „Rauschen" der Restvarianz entdeckt werden (s. Bortz, 2005). Intraindividuelle Pläne sind deshalb meist ökonomischer und effizienter.

Messwiederholung ist methodisch anspruchsvoll

Allerdings müssen bei intraindividuellen Plänen auch einige zusätzliche Komplikationen berücksichtigt werden, die das Experimentieren anspruchsvoller machen. Beispielsweise kann es Ermüdungs- und Lerneffekte geben, die das Ergebnis verfälschen, wenn die Reihenfolge der Versuchsbedingungen nicht randomisiert (oder besser: ausbalanciert) wird. Auch ist es oft nicht möglich, mehrmals dasselbe Material zu verwenden, so dass auch Materialeffekte durch Ausbalancieren zu kontrollieren sind. Techniken des Ausbalancierens lernen wir in Kapitel 6 kennen.

Zur Illustration: Stellen Sie sich den Faktor aus Abbildung 9 als intraindividuellen Faktor vor: jede Vp lernt einen Teil der Wörter mit Buchstabenzählen, einen anderen Teil mit dem Finden von Reimwörtern und das letzte Drittel durch Beurteilung der Satzpassung. Das hätte die genannten großen Vorteile, brächte aber folgendes Problem: Natürlich können Sie die Vpn nicht dreimal dieselben Wörter unter verschiedenen Bedingungen lernen lassen, da jeder Lerndurchgang für ein Wort den nächsten für dasselbe Wort beeinflussen würde. Demzufolge müssten Sie in jeder Lernbedingung andere Wörter präsentieren. Nun unterscheiden sich Wörter aber untereinander darin, wie gut man sie sich merken kann, und Unterschiede zwischen den Bedingungen wären dann mit Unterschieden zwischen den Wörtern konfundiert. Das kann man verhindern, indem man dafür sorgt, dass über die gesamten Versuchspersonen hinweg jedes Wort gleich häufig in jeder Versuchsbedingung vorkommt. Dies eben erreicht man durch Ausbalancierung (vgl. Kapitel 6). So sind intraindividuelle Versuchspläne im Allgemeinen etwas komplizierter, die höhere Effizienz ist den größeren Planungsaufwand aber meist wert.

Idee des Ausbalancierens

Es gibt jedoch auch Situationen, in denen sich eine intraindividuelle Manipulation überhaupt nicht anbietet, weil man annehmen muss, dass eine Messung der AV die andere Messung beeinflusst. Ein Beispiel wären Meinungsäußerungen, die oft durch einen Hang zum konsistenten Antworten beeinflusst sind. Aufgaben, in denen große Lern-, Übungs- oder Ermüdungseffekte zu erwarten sind, eignen sich ebenfalls nicht gut. Zuletzt sind ein großes Problem sogenannte „Demand Characteristics" (Orne, 1962). Das sind Hypothesen, die sich Vpn über den Zweck des Experiments machen, welche dann ihr Verhalten beeinflussen können.

Messwiederholungen sind manchmal unangebracht

In der Emotionspsychologie werden z. B. gelegentlich Stimmungen durch Filme oder Musik induziert. Man erfragt dann die Stimmung der Vp vor und nach dem Film, um zu prüfen, ob die Stimmungsinduktion gewirkt hat. Dieses Vorgehen ist als äußerst naiv zu bezeichnen, denn jede halbwegs intelligente Vp wird erkennen, dass der Film ihre Stimmung beeinflussen sollte und wird ggf. gemäß dieser Hypothese antworten. Ob das eine tatsächliche Stimmungsänderung widerspiegelt ist dabei sicher mehr als zweifelhaft.

Fazit

Intraindividuelle Versuchspläne sind weitaus ökonomischer und daher meist vorzuziehen. Dies erfordert im Normalfall einige zusätzliche Maßnahmen an Experimentierkunst, stellt aber kein grundsätzliches Problem dar. Allerdings muss man sich die Verwendung von Messwiederholungsplänen in manchen Fällen sehr gut überlegen, wenn Artefakte zu erwarten sind.

Feste und Zufallsfaktoren

Experimentelle Faktoren können als „Zufalls-" oder „feste" Faktoren konzipiert werden (oft unübersetzt als random vs. fixed factors). Bei Zufallsfaktoren stellt die Menge der realisierten Faktorstufen eine „Zufallsauswahl" der theoretisch möglichen Faktorstufen dar. Typischerweise ist der Personenfaktor im Messwiederholungsdesign ein Zufallsfaktor. Feste Faktoren sind dagegen solche, bei denen eine solche Zufallsauswahl nicht stattfindet.

Hinter der Auswertung von Zufallsfaktoren steht eine etwas andere statistische Theorie und Zielsetzung als bei festen Faktoren: Aus einer theoretischen Population P denkbarer Faktorstufen werden p Stufen zufällig ausgewählt, und der erhaltene Effekt ist eine Schätzung des Effekts der gesamten Population von Faktorstufen. Dahinter steht das Bestreben, erhaltene Ergebnisse auf nicht explizit realisierte Situationen zu „generalisieren", man schließt von der Stichprobe der p Faktorstufen auf die gesamte Menge P von theoretisch möglichen Faktorstufen.

In theorietestenden Experimenten, die theoretische UVn beinhalten, sollten Zufallsfaktoren keine Rolle spielen. Die Operationalisierung der UV ist so zu wählen, dass eine möglichst strenge und faire Prüfung der Hypothese möglich ist. In einer deduktivistischen Methodologie ist eine „Generalisierung" von Befunden nicht vorgesehen, weil diese logisch nicht zu rechtfertigen wäre (Bredenkamp, 1980; Westermann, 2000). Vielmehr ist ein Experiment eine Prüfinstanz für die Hypothese.

Zudem ist es für theoretische Variablen (z. B. Verarbeitungstiefe, Frustration, Kausalattribution etc.) logisch unmöglich, eine Population möglicher Ausprägungen in Faktorstufen zu konstruieren oder auch nur zu definieren, aus der eine echte „Zufallsauswahl" von Faktorstufen gezogen werden könnte. Für den Normalfall des Hypothesen testenden Experiments sind demnach Zufallsfaktoren entweder nicht realisierbar oder – aus einer deduktivistischen Perspektive – auch gar nicht nötig, um die gewünschten Schlüsse zu ziehen. Daher werden Zufallsfaktoren hier nicht weiter behandelt, und der interessierte Leser sei auf weiterführende Literatur verwiesen (s. Czienskowski, 1996; Hays, 1988; Henning & Muthig, 1979; Kirk, 1995).

Faktorkombinationen

Bislang haben wir die einfache Situation betrachtet, in der der Einfluss *einer* UV auf die AV zu testen war. Die einfachste Variante ist ein Experiment oder Quasi-Experiment mit einem zweistufigen Faktor, z. B. einer Experimental- und einer Kontrollgruppe. Das Experiment in Abbildung 9 enthält einen dreistufigen Faktor. Häufig lassen sich aus einer Theorie Hypothesen über mehrere UVn und deren Auswirkung auf die AV herleiten. Oder es tritt der Fall ein, dass zwei konkurrierende Theorien unterschiedliche UVn für wichtig erachten. In diesem Fall könnte man natürlich für jede UV ein separates Experiment planen. Es ist jedoch sowohl ökonomischer als auch informativer, die UVn innerhalb eines Versuchsplans zu kombinieren. Manche Theorien machen auch Aussagen über die *Wechselwirkungen* verschiedener UVn bezüglich einer AV. Solche Hypothesen kann man ausschließlich in kombinierten Designs testen.

Kreuzrelation. Ein vollständig gekreuzter Versuchsplan kombiniert alle m Faktorstufen eines Faktors A mit allen n Faktorstufen eines anderen Faktors B. Es entstehen also $m \times n$ Bedingungskombinationen. Dies ist zunächst nur ein formaler Rahmen, wobei es unerheblich ist, ob es sich um experimentelle Faktoren, Blockfaktoren oder quasi-experimentelle Faktoren handelt. Tabelle 2 zeigt das Schema anhand eines dreistufigen Faktors A und eines zweistufigen Faktors B.

Kombinationen von Faktoren sind informativ

Vollständig gekreuzte Faktoren: faktorieller Versuchsplan

Tabelle 2: Ein zweifaktorieller Plan mit dreistufigem Faktor A und zweistufigem Faktor B (3×2-Plan)

		Faktor A		
		a_1	a_2	a_3
Faktor B	b_1	Y_{11}	Y_{21}	Y_{31}
	b_2	Y_{12}	Y_{22}	Y_{32}

Es empfiehlt sich als Notation, die Faktoren mit Großbuchstaben zu benennen und die Faktorstufen mit entsprechenden Kleinbuchstaben, die durch eine Indizierung nummeriert sind. Jede Faktorstufen*kombination* kann dann eindeutig durch die in den Zellen der Tabelle 2 dargestellte Notation identifiziert werden, „Y" symbolisiert den Messwert der AV.

Faktorieller Versuchsplan

In Tabelle 2 könnten z. B. die Faktorstufen des Faktors A drei unterschiedliche Unterrichtsformen für Mathematik sein, deren Erfolg verglichen werden soll. Faktor A hieße dann „Art des Unterrichts". Faktor B könnte die Dauer des Unterrichts markieren mit $b_1 = 1$ Schuljahr und $b_2 = 3$ Schuljahre. Als AVn wählen Sie verschiedene Indikatoren der mathematischen Fähigkeiten. Wenn Sie eine solche Studie durchführten, wäre a priori klar, dass Faktor A ein between-subjects-Faktor sein muss: Sie können dieselben Personen nicht unabhängig voneinander mit verschiedenen Unterrichtsformen für dieselben Inhalte unterrichten, da jede natürlich das Ergebnis der anderen beeinflussen würde. Faktor B ließe sich dagegen wohl als Within-subjects-Faktor realisieren, indem Sie alle Schüler drei Jahre unterrichten, aber nach einem Jahr eine Zwischenerfolgsmessung durchführten. Neben der oben genannten verbesserten Teststärke liegt der weitere Vorteil auf der Hand, dass Sie in diesem Falle nur drei Gruppen von Schülern benötigen anstatt sechs. Ein gekreuzter Versuchsplan, der auch *faktorieller Plan* genannt wird, kann eine Fülle von Informationen über Wechselwirkungen liefern, die bei separater Untersuchung der UVn verborgen geblieben wären (vgl. Kasten).

Wechselwirkungen können auf Moderatoren hinweisen

Insbesondere sogenannte disordinale Wechselwirkungen (s. u.) sind von großer theoretischer Bedeutung, da sie auf Moderatorvariablen hinweisen, die die Art des Zusammenhangs zwischen UV und AV verändern und damit die Allgemeingültigkeit einer Hypothese über UV und AV einschränken (vgl. Kasten).

Informative Muster faktorieller Versuchspläne

Vereinfacht wird angenommen, dass Sie zwei Therapieformen 1 und 2 (zweistufiger Faktor A) bezüglich ihrer Wirksamkeit vergleichen und ebenso zwei Stufen der Therapiedauer (Faktor B) damit vollständig kreuzen, so dass ein 2×2-faktorieller Plan entsteht.

Es können sich idealisiert verschiedene Haupteffekte und Wechselwirkungen ergeben.

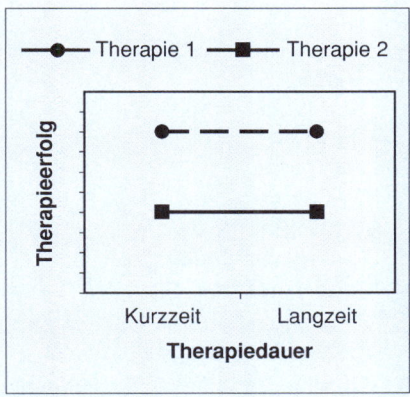

Abbildung 10a:
Haupteffekt der Therapieart, kein Effekt der Therapiedauer, keine Wechselwirkung: Therapie 1 ist besser als Therapie 2, bei keiner der Therapien bringt die längere Behandlung zusätzlichen Nutzen

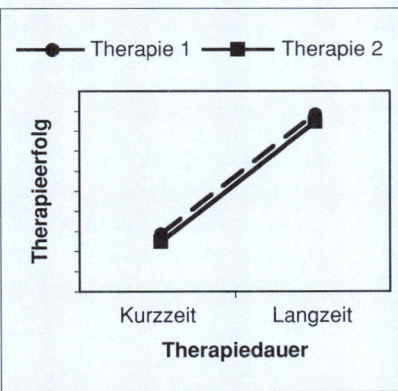

Abbildung 10b:
Haupteffekt der Dauer, kein Effekt der Therapieart, keine Wechselwirkung: Die Therapien unterscheiden sich nicht, aber Langzeitbehandlungen zeigen mehr Nutzen als Kurzzeitbehandlungen

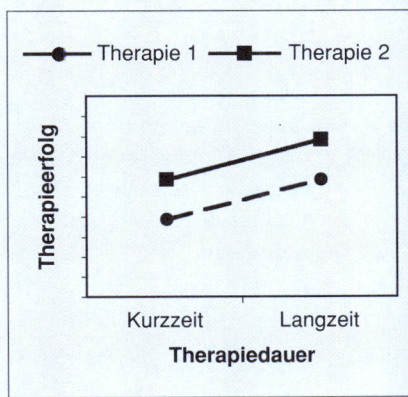

Abbildung 10c:
Zwei additive Haupteffekte, keine Wechselwirkung: Therapie 1 ist besser als Therapie 2, und längere Behandlungen sind für beide Therapien im gleichnen Ausmaß erfolgreicher als kürzere

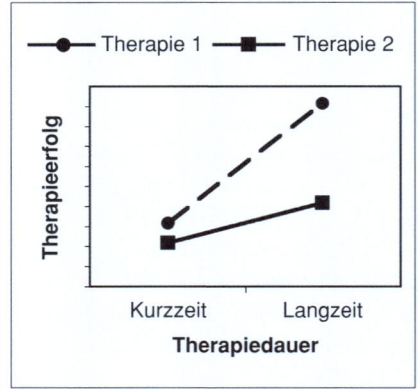

Abbildung 10d:
Ordinale Interaktion 1: ein kleiner Unterschied der Therapiearten bei Kurzzeitbehandlung, aber ein großer Unterschied bei Langzeitbehandlung

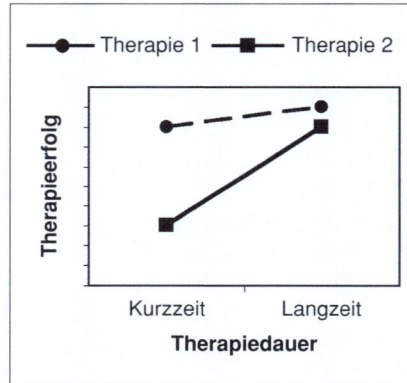

Abbildung 10e:
Ordinale Interaktion 2: ein großer Unterschied in der Kurzzeitbehandlung, der nach längerer Behandlung geringer wird

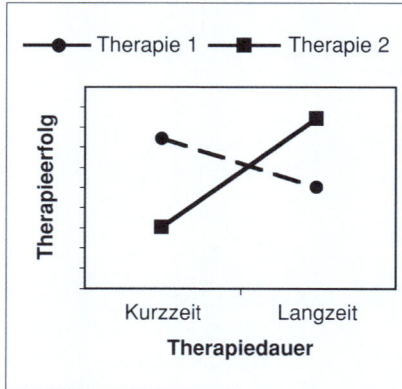

Abbildung 10f:
Disordinale Interaktion: Therapie 1 ist besser als 2 in der Kurzzeitbehandlung aber schlechter in der Langzeitbehandlung

Es sollte deutlich werden, wie viel mehr Informationen ein faktorieller Plan im Vergleich zu separaten einfaktoriellen Plänen liefern kann.

Nicht selten kann aus einer Theorie direkt eine Wechselwirkung zwischen zwei UVn vorhergesagt werden, die dann nur in einem faktoriellen Versuchsplan getestet werden kann. Ein plakatives Beispiel ist das Experiment von Godden und Baddeley (1975) zur Hypothese der Enkodierspezifität (ES) von Tulving (1975). Vereinfacht gesagt, besagt die ES, dass nicht die Umstände des Lernens *per se* oder die Umstände des Gedächtnistests *per se* die Güte der Gedächtnisleistung bestimmen. Vielmehr komme es darauf an, wie gut Lern- und Abrufsituation übereinstimmen. Godden und Baddeley (1975) ließen Taucher Wortlisten entweder unter Wasser oder am Strand lernen (Faktor 1 „Lernumgebung": Wasser vs. Strand) und verlangten später freie Reproduktionen (Wiedergabe aller Wörter, die einem noch einfallen) entweder wieder unter Wasser oder am Strand (Faktor 2: „Testumgebung"). Es ergab sich die durch ES vorhergesagte Wechselwirkung in Abbildung 11: Weder war das Lernen an Land oder unter Wasser generell besser oder schlechter, noch war die Wiedergabe in einer der beiden Umgebungen generell besser oder schlechter, sondern der Erfolg hing von der Übereinstimmung zwischen Lern- und Testphase ab. Die hier berichtete Wechselwirkung heißt *disordinal*, weil sich die Reihenfolge der Mittelwerte bzgl. einer UV umkehrt, wenn die andere UV einen anderen Wert annimmt.

Beispiel für eine Wechselwirkung

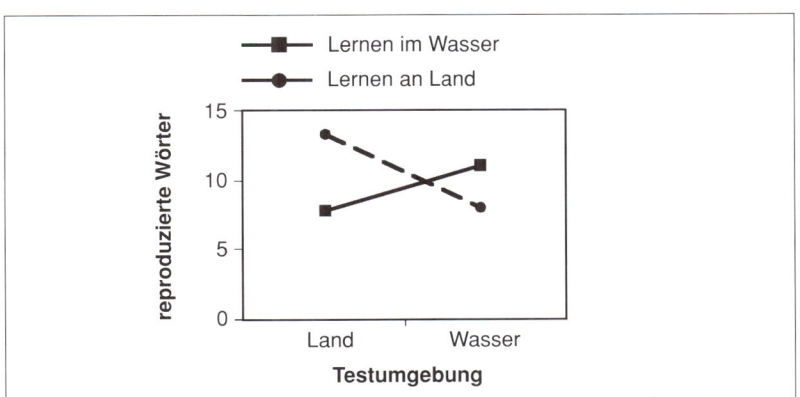

Abbildung 11: Die Wechselwirkung aus Lern- und Testumgebung im Experiment von Godden und Baddeley (1975)

Ein gekreuzter Plan mit 2 Faktoren heißt zweifaktorieller Plan oder $m \times n$-Plan (abhängig von der Zahl der Faktorstufen von A und B). Natürlich können auch 3 oder mehr Faktoren miteinander gekreuzt werden. Ein Beispiel für einen $3 \times 2 \times 2$-Plan ist in Tabelle 3 dargestellt. Dies könnte z. B. unsere Studie zu Unterrichtsformen sein, bei der wir zu dem experimentellen Faktor A und dem Messwiederholungsfaktor B noch den quasi-experimentellen Faktor $C =$ Geschlecht des Schülers aufnehmen.

Tabelle 3: Fiktiver $3 \times 2 \times 2$-Plan

Faktor B (Messzeit-punkt)	Faktor C (Geschlecht)	Faktor A (Art des Unterrichts)		
		a_1	a_2	a_3
b_1	c_1	Y_{111}	Y_{211}	Y_{311}
	c_2	Y_{112}	Y_{212}	Y_{312}
b_2	c_1	Y_{121}	Y_{221}	Y_{321}
	c_2	Y_{122}	Y_{222}	Y_{322}

Wie man sieht, lassen sich Versuchspläne durch Kreuzrelationen beliebig erweitern, praktisch werden sie jedoch meist auf höchstens drei bis vier Faktoren (sehr selten fünf oder mehr) begrenzt, da sie sonst zu komplex werden und insbesondere Wechselwirkungen höherer Ordnung kaum noch interpretierbar sind. Je mehr Faktoren man in einen Versuchsplan aufnimmt, umso eher wird man auch Messwiederholungsfaktoren integrieren, da man sonst sehr viele Vpn benötigt, um aussagekräftige Ergebnisse zu erhalten.

Nestrelation   *Nestrelation.* Seltener anzutreffen als die Kreuzrelation ist in der Versuchsplanung die Nestrelation, die man in sogenannten hierarchischen Versuchsplänen findet. Hier werden nicht alle Stufen zweier Faktoren kombiniert, sondern jeweils nur eine Teilmenge der Stufen des Faktors B mit Stufen des Faktors A. Man spricht dann davon, dass Faktor B in Faktor A „eingenistet" ist, wie z.B. der sechsstufige Faktor B in Tabelle 4 in den dreistufigen Faktor A eingenistet ist. Die Nummerierungsindizes des Faktors B wiederholen sich hier nicht.

Tabelle 4: Ein sechsstufiger Faktor B ist in den dreistufigen Faktor A eingenistet

	Faktor A					
	a_1		a_2		a_3	
Faktor B	b_1	b_2	b_3	b_4	b_5	b_6
Zellen	Y_{11}	Y_{12}	Y_{23}	Y_{24}	Y_{35}	Y_{36}

Zwischen genisteten Faktoren können keine Wechselwirkungen berechnet werden, da nicht alle Kombinationen von Faktorstufen vorhanden sind. Hierarchische Versuchspläne werden manchmal aus praktischen Erwägungen verwendet. Nehmen wir wieder unser Beispiel mit den drei Unterrichtsformen, die verglichen werden sollen (Faktor A in Tabelle 2), wobei wir diesmal die Unterscheidung in kurzes vs. langes Programm weglassen. Wir könnten aber der Auffassung sein, dass die Persönlichkeit des Lehrers den Erfolg unabhängig von der Art des Unterrichts beeinflusst. Nun wird es aber schwer möglich sein, verschiedene Lehrer in allen Unterrichtsformen gleich gut zu schulen, um einen faktoriellen Plan zu realisieren, sondern jeder Lehrer wird eine Unterrichtsform gut beherrschen. Dieser genistete Faktor ist somit implizit im Versuchsplan des Unterrichtsvergleichs vorhanden, und der Einfluss des Lehrers kann erfasst werden.

Ein ähnliches Beispiel (s. Henning & Muthig, 1979) wäre die Evaluation von neuen Lehrprogrammen, die hinsichtlich ihrer Effektivität verglichen werden sollen. Hier wird man an verschiedenen Schulen je ein Programm installieren, anstatt den Faktor „Schule" vollständig mit den Lehrprogrammen zu kreuzen (und in jeder Klasse einer Schule randomisiert ein anderes Programm durchführen). Der Faktor „Schule" wäre dann in den Faktor „Lehrprogramm" eingenistet. Hierarchische Versuchspläne entstehen also meist aus organisatorischen Notwendigkeiten, und eingenistete Faktoren sind häufig nicht von hohem theoretischem Interesse, sondern als Kontrollfaktoren interessant, um den Einfluss des genisteten Faktors abzuschätzen.

Implizit ist in jeden interindividuell variierten Faktor ein Personenfaktor P eingenistet[16], d.h. jede Vp taucht nur unter einer Faktorstufe auf. In Designs ohne Messwiederholung kann der Einfluss des impliziten Personenfaktors aber nicht geschätzt werden und wird vollständig der Fehlervarianz innerhalb der Gruppen zugerechnet. In messwiederholten Designs kann der Einfluss des impliziten Personenfaktors jedoch geschätzt werden, und er ist unter die nicht messwiederholten Faktoren genistet wie im einfachen Beispiel in Tabelle 5 mit einem dreifach messwiederholten Faktor A und einem zweistufigen experimentellen Faktor B. Der Faktor P ist nun in B eingenistet.

Messwiederholungsplan

---

16 Dieser wird häufig mit S für „subject" symbolisiert. Da die Richtlinien der APA (2009) vorgeben, den Begriff „subject" bei menschlichen Versuchsteilnehmern durch „participant" zu ersetzen, wird hier P verwendet.

Tabelle 5: Impliziter Personenfaktor P im messwiederholten Plan

Faktor B	Faktor P	Faktor A (messwiederholt)		
		a_1	a_2	a_3
b_1	p_1	Y_{111}	Y_{211}	Y_{311}
	p_2	Y_{112}	Y_{212}	Y_{312}
	...	...	...	...
	p_m	Y_{11m}	Y_{21m}	Y_{31m}
b_2	p_{m+1}	$Y_{12(m+1)}$	$Y_{22(m+1)}$	$Y_{32(m+1)}$
	p_{m+2}	$Y_{12(m+2)}$	$Y_{22(m+2)}$	$Y_{32(m+2)}$
	...	...	...	...
	p_n	Y_{12n}	Y_{22n}	Y_{32n}

Terminologie und Notation

Die Terminologie ist in der Literatur nicht vollständig einheitlich, aber häufig trifft man auf den Begriff des „gemischten Designs". Das sind typischerweise Versuchspläne, in denen inter- und intraindividuell variierte Faktoren gekreuzt vorkommen. Werden in einem Versuchsplan sowohl die Nestrelation als auch die Kreuzrelation verwendet, sprechen manche Autoren von einem komplexen Design (Czienskowski, 1996; Henning & Muthig, 1979).

Ein in Faktor A eingenisteter Faktor B wird mit $B(A)$ symbolisiert. Dies erscheint wenig logisch (da ja Faktor B von Faktor A „eingeklammert" wird), soll hier aber wegen der Vergleichbarkeit mit anderen Lehrbüchern beibehalten werden (Czienskowski, 1996; Henning & Muthig, 1979; Kirk, 1995). Beliebige Arten von Faktoren lassen sich demnach in Versuchsplänen sowohl gekreuzt als auch genistet kombinieren. Die Notation mit Großbuchstaben ermöglicht dann eine Charakterisierung des Designs, hier einige Beispiele:
- $A \times B \times C$ – vollständig gekreuzter dreifaktorieller Plan.
- $P(A) \times B \times C$ – vollständig gekreuzter dreifaktorieller Plan mit Messwiederholung auf den Faktoren B und C (Der Personenfaktor ist in A eingenistet!).
- $P(A \times B) \times C$ – vollständig gekreuzter Plan mit Messwiederholung auf Faktor C (Der Personenfaktor ist unter die Kombinationen von A und B genistet).

- $A(B \times C)$ – hierarchischer Plan, in dem A unter alle B-C-Kombinationen genistet ist.
- $A(B(C))$ – vollständig hierarchischer Plan mit B in C und A in B eingenistet (Beispiel: C=Lehrmethode, B=Schule, A=Klassenlehrer).

Zusätzlich zu der Notation muss für Faktoren angegeben werden, ob es sich um Block- oder experimentelle Faktoren handelt. In Fachartikeln liest man im Methodenteil dann typischerweise Aussagen wie: „Wir realisierten ein gemischtes randomisiertes $2 \times 3 \times 2$-Design mit den Faktoren Lerndauer (kurz vs. lang), Art der Orientierungsaufgabe (Buchstaben vs. Reime vs. Satzrahmen) und Testart (Wiedererkennen vs. freie Wiedergabe) mit Messwiederholung auf dem zweiten Faktor". Sie sollten nun in der Lage sein, sich den verwendeten Versuchsplan aus einem solchen Satz zu rekonstruieren.

3.5 Theorie experimenteller Effekte und ANOVA

Dieser Abschnitt stellt keine vollständige formale Behandlung des Effektmodells von Versuchsplänen dar, sondern soll anhand eines Beispiels die dahinter stehende Logik auf einem mittleren Formalisierungsgrad klarmachen und die Verbindung zur Varianzanalyse herstellen, die die häufigste Auswertungsmethode faktorieller Versuchspläne ist. Die Idee hinter dem Effektmodell des Experiments ist, dass sich jeder individuell gemessene Wert der AV einer Vp zusammensetzt aus einer Konstanten, die für alle Personen gilt, den Effekten, die auf die Faktoren des Experiments zurückzuführen sind, dem Effekt des Personenfaktors und einem „Fehler", der sich aus verschiedenen Quellen speisen kann, z. B. der Unzuverlässigkeit der Messung, zufällige Situationsfaktoren etc.

Grundgedanke des Effektmodells

Für einen einfaktoriellen Versuchsplan mit dem Faktor A lautete das Modell demnach

$$Y_{ij} = K + \alpha_j + P_i + e_{ij}$$

Dabei ist Y_{ij} der Messwert der AV für Person i in Bedingung j, K ist eine Konstante, die für alle Vpn gilt, α_j ist der Effekt der Faktorstufe j, P_i ist der Effekt der Person i, und e_{ij} ist der individuelle Fehlerterm. Das heißt, die gesamte Variabilität in den Y-Werten kann auf schon bestehende Unterschiede zwischen Personen (P_i), die Treatmenteffekte (α_j) und die Fehler (e_{ij}) zurückgeführt werden. Wenn A ein interindividuell manipulierter Faktor ist, gibt es leider keine Möglichkeit, P_{ij} und e_{ij} separat zu schätzen. Wir können nur die Varianz innerhalb der Gruppen erfassen und wissen nicht, welcher Anteil davon auf Personenunterschiede und welcher auf unsystematische Fehler zurückgeht. Daher wird in solchen Experimenten die gesamte Innergruppenvarianz (= Varianz in einer Treatmentstufe) als „Fehlervarianz" behandelt. In einem Messwiederholungsversuchsplan kann dagegen über die Korrelationen zwischen den wiederholten Messungen der Anteil der Varianz geschätzt werden, der auf die Unterschiede zwischen Personen zurückgeht. Das heißt, der Anteil an „unaufgeklärter" Restvarianz ist hier meist deutlich geringer. Da aber der Signifikanztest der ANOVA salopp gesagt die geschätzte Treatmentvarianz mit der geschätzten unaufgeklärten Fehlervarianz vergleicht, führt der Messwiederholungsplan leichter zu einem signifikanten Ergebnis als der interindividuelle Plan (s. Bortz, 2005; Hays, 1988), sofern ein Treatmenteffekt tatsächlich vorliegt. Dies ist die höhere Teststärke, die mit einem Messwiederholungsplan typischerweise verbunden ist.

Effektmodell zweifaktorieller Plan Für einen zweifaktoriellen Plan mit den Faktoren A und B lässt sich die Gleichung leicht erweitern auf:

$$Y_{ijk} = K + \alpha_j + \beta_k + (\alpha\beta)_{jk} + P_i + e_{ijk}$$

Hier ist neben dem Effekt α_j der Stufe j des Faktors A nicht nur der Haupteffekt β_k der Faktorstufe k des Faktors B getreten, sondern auch der Effekt $(\alpha\beta)_{jk}$, der auf die spezifische *Kombination* der Faktorstufen j und k zurückgeht. Dies sind dann die im Kasten oben (vgl. S. 80) illustrierten möglichen Interaktionseffekte oder Wechselwirkungen der Faktoren. Auch hier lässt sich der Effekt des Personenfaktors nur separat vom Fehler schätzen, wenn mindestens einer der Faktoren messwiederholt ist. Im dreifaktoriellen Fall ist neben drei Haupteffekten und der zweifachen Interaktionen zusätzlich die dreifache Interaktion $(\alpha\beta\gamma)_{ijkl}$ zu berücksichtigen:

Effektmodell dreifaktorieller Plan

$$Y_{ijkl} = K + \alpha_j + \beta_k + \gamma_l + (\alpha\beta)_{jk} + (\alpha\gamma)_{jl} + (\beta\gamma)_{kl} + (\alpha\beta\gamma)_{jkl} + P_i + e_{ijkl}$$

In der Varianzanalyse steht die Konstante K natürlich nicht zur Verfügung und wird über den Gesamtmittelwert aller Messwerte geschätzt. Alle Effekte werden dann als Abweichungen von diesem Gesamtmittelwert konzipiert.

Dieser Abschnitt ist nur ein kleiner konzeptueller Einblick in die „Logik" des Experiments aus der Sicht experimenteller Effekte. Ein generelles Verfahren zur Erstellung der Effektgleichungen für beliebige Designs entwickelten Henning und Muthig (1979), eine Fülle von verschiedenen Designs mit den dazugehörigen Gleichungen und Analyseverfahren findet man bei Kirk (1995). Die statistischen Grundlagen der ANOVA behandeln z. B. Bortz (1993) oder Hays (1988).

3.6 Einige „klassische" und nützliche Versuchspläne

Campbell und Stanley (1963) haben eine Notation eingeführt, in der „X" ein Treatment bedeutet, das Weglassen von X kein Treatment.[17] „O" bezeichnet eine Messung bzw. Beobachtung der AV (observation). Jede Zeile symbolisiert eine Vp-Gruppe, der Zeitverlauf ist von links nach rechts. Die Art der Gruppenaufteilung wird durch „R" (randomized) oder „N" (nonequivalent) bezeichnet. Ein einfacher experimenteller Kontrollgruppenplan wird dann folgendermaßen symbolisiert:

R	X	O
R		O

Hier erhält eine randomisierte Gruppe das Treatment, die andere nicht, danach wird bei beiden Gruppen die interessierende AV gemessen.

Nehmen wir an, Sie wollen untersuchen, ob ein Filmausschnitt bei den Vpn eine positive Stimmung erzeugt. Sie würden einer Gruppe den Film vorführen, der anderen Gruppe keinen Film. Danach würden Sie mit einem gängigen Fragebogen die Stimmung der Probanden erfragen. Dieser einfache Versuchsplan weist eine hohe interne Validität auf, da die Randomisierung die Konfundierung der UV mit SVn aufhebt. Allerdings haben wir schon gesehen, dass der Versuchsplan nicht sehr effizient ist, da die Innergruppenvarianz sämtlich als Fehlervarianz behandelt wird und Personeneffekte nicht schätzbar sind. Da häufig inhaltlich auch eher die *Veränderung* einer AV durch ein Treatment interessiert, wird daher häufig auf einen Messwiederholungsplan zurückgegriffen, der die AV vor und nach dem Treatment erfasst:

---

17 Genauso gut können „X" und „kein X" verschiedene Treatments bedeuten.

R	O	X	O
R	O		O

Sie würden hier sowohl vor dem Film als auch danach die Stimmung der Versuchspersonen erfragen.

Vorteile der
Messwiederholung

Dies hat im Prinzip zwei große Vorteile: Erstens lässt sich prüfen, ob die Randomisierung gewirkt hat und die Gruppen zum Zeitpunkt vor dem Treatment tatsächlich vergleichbar sind. Zweitens lässt sich die auf Personenunterschiede zurückgehende Varianz schätzen, dadurch der Fehlerterm verringern und somit die Teststärke zum Entdecken vorhandener Treatmenteffekte erhöhen (vgl. Kapitel 4).

Probleme der
Messwiederholung

Ein Problem bei diesem Versuchsplan ist jedoch, dass die erste Messung die zweite Messung beeinflussen kann. Die Vpn könnten z. B. Lerneffekte zeigen, falls es sich um eine Intelligenz- oder Gedächtnisprüfung handelt. Sie könnten Konsistenzeffekte zeigen, wenn sie mehrmals nach ihrer Meinung befragt werden. Sie könnten Sensitivierungseffekte zeigen, indem die erste Messung ihnen Hypothesen über das Experiment nahe legt („Die fragen mich nach meiner Stimmung – also geht es hier wohl um Stimmungen"). Es gibt viele denkbare Einflüsse der ersten auf die zweite Messung. Dies wäre weiter nicht schlimm, wenn dieser Einfluss in beiden Gruppen identisch und additiv bzgl. eines möglichen Treatmentefeks wäre. Dann würden ja beide Gruppen gleich beeinflusst, und Unterschiede würden dennoch auf das Treatment zurückgehen. Zu befürchten ist jedoch bei vielen Anwendungen, dass es eine *Wechselwirkung* zwischen Treatmentbedingung und Vortest gibt, so dass der Vorteffekt je nach Treatment unterschiedlich ausfällt! Dann wären Gruppenunterschiede im Nachtest nicht mehr nur auf das Treatment, sondern auf die Kombination aus Vortest und Treatment zurückzuführen.

In unserem hypothetischen Stimmungsexperiment könnte der Vortest die Vpn für das Thema „Stimmungen" sensibilisieren. Vielleicht schauen sie daher den folgenden Film buchstäblich „mit anderen Augen" als jemand ohne diese Vorwarnung. Denkbar ist, dass sie vielmehr auf stimmungsrelevante Inhalte achten und der Film nur deshalb bei ihnen wirkt. Ebenso könnten sie sich Hypothesen bilden, was der Film mit dem Thema Stimmung zu tun hat und in der zweiten Messung gemäß dieser Hypothese antworten. Letzteres Problem nennt Orne (1962) die Aufforderungscharakteristik („Demand Characteristic") der experimentellen Situation. Kurz: eine Vorher-Messung der AV kann verschiedene Auswirkungen auf unterschiedliche Treatmentstufen haben und damit die externe Validität gefährden. Um diese Effekte zu kontrollieren, bietet sich der sogenannte Solomon-Viergruppenplan an, der folgendermaßen symbolisiert wird:

Viergruppenplan zur Kontrolle von Vortesteffekten

R	O	X	O
R	O		O
R		X	O
R			O

Dies ist eine Kombination der oben geschilderten Designs, indem Experimental- und Kontrollgruppen sowohl mit als auch ohne Vortest erhoben werden. Damit kann geprüft werden, ob der Vortest überhaupt eine Auswirkung hat (wenn nicht, sollten sich Gruppen 1 und 3 sowie 2 und 4 jeweils in der zweiten Messung gleichen). Falls es einen Vortesteffekt gibt (egal in welche Richtung), wird dennoch ein darüber hinaus gehender Treatmenteffekt sichtbar (sofern vorhanden). Insbesondere in Untersuchungen, die auf Selbstauskünften von Vpn beruhen (in Klinischer, Sozial-, Persönlichkeitspsychologie) wird die Möglichkeit der Wechselwirkung zwischen Treatment und Vortest viel zu selten ernst genommen, und der Viergruppenplan ist nur sehr selten anzutreffen. Er ist jedoch eine wichtige und konzeptuell einfache Maßnahme, um fälschliche Hypothesenbestätigungen zu vermeiden.

Zusammenfassung

Die interessierenden UVn werden jeweils als *m*-fach gestufte Faktoren realisiert, wobei die Art des Faktors (experimentell, quasi-experimentell) die interne Validität mitbestimmt, mit der auf die kausale Wirkung dieses Faktors geschlossen werden kann. Die Kombination von Faktoren in faktoriellen Plänen ist nicht nur ökonomischer als separate Untersuchungen, sondern sie liefert durch die Wechselwirkungsanalyse wichtige zusätzliche Informationen. Aus ökonomischen Gründen sind intraindividuell manipulierte experimentelle Faktoren vorzuziehen, wenn sie realisierbar sind. Diese enthalten jedoch die Gefahr der Bedrohung interner Validität (Hypothesenbildung, Konsistenz-, Übungs-, Lern-, Ermüdungseffekte), und bei „gefährdeten" AVn muss die Priorität *immer* der internen Validität gegenüber ökonomischen Erwägungen eingeräumt werden.

Wenn der Verdacht besteht, dass Moderatorvariablen existieren, die den zu prüfenden UV-AV-Zusammenhang beeinflussen, sollten diese als Kontrollfaktoren einbezogen werden

Fragen

1. Wie wird das Experiment als Methode definiert?
2. Erklären Sie den Begriff „Faktor" und geben Sie zwei Beispiele für Faktoren.
3. Welche Arten von Faktoren gibt es?
4. Was ist ein Within-subjects-Design im Unterschied zu einem Between-subjects-Design?
5. Was ist eine Nestrelation und was eine Kreuzrelation? Kann man diese kombinieren?
6. Beschreiben Sie den Solomon-Viergruppenplan. Wozu dient er?

Lösungshinweise finden Sie unter
www.hogrefe.de/buecher/lehrbuecher/psychlehrbuchplus

Kapitel 4

Statistische Perspektive

Inhaltsübersicht

Wir haben in Kapitel 2 begründet, warum wir häufig auf statistische Tests angewiesen sind, wenn wir Hypothesen prüfen. Dazu wird aus einer psychologischen Hypothese nebst Hilfshypothesen für einen gegebenen Versuchsplan eine *statistische Hypothese* logisch hergeleitet. Diese Hypothese wird dann typischerweise mit einem Signifikanztest überprüft, und nur „signifikante" Ergebnisse werden häufig als wissenschaftlich bedeutsam angesehen, während man „insignifikante" Ergebnisse für weniger wichtig hält. So weit, so falsch!

Probleme des üblichen Signifikanztests

Der Signifikanztest ist (aufgrund seiner unkritischen Anwendung und Fehlinterpretation in der Praxis) immer wieder in Verruf geraten, und manche Autoren forderten wiederholt seine Abschaffung in der wissenschaftlichen Forschungspraxis (Carver, 1978; McCloskey & Ziliak, 2008). Entsprechende Debatten flammen immer wieder auf, und viele der Kritikpunkte sind vollkommen berechtigt. Hier wird die Auffassung vertreten, dass der richtig verwendete Signifikanztest ein sehr nützliches Instrument sein *kann*, wenn man ihn bescheiden interpretiert und nicht die Lösung aller Probleme von ihm erwartet.

Dieses Kapitel soll keine vollständige Einführung in die Inferenzstatistik sein, es werden lediglich einige Konzepte vorgestellt. Dieser Abschnitt kann eine echte Einführung in die Inferenzstatistik natürlich nicht ersetzen. Mit Inferenzstatistik vertraute Leserinnen und Leser können Kapitel 4.1 überspringen.

4.1 Grundkonzept des Fisher'schen Signifikanztests

Anwendungsbeispiel Signifikanztest

Stellen Sie sich vor, ein Freund von Ihnen behaupte hellsehen zu können und überzufällig häufig die Augenzahl eines verborgen geworfenen Würfels nennen zu können. Sie selbst sind jedoch Skeptikerin oder Skeptiker und behaupten, das sei nicht möglich. Sie vertreten damit die *Nullhypothese*, dass es keinen über die zufällige

Trefferwahrscheinlichkeit $1/6$ hinausgehenden Effekt gibt, während Ihr Freund die Alternativhypothese vertrat, dass seine Trefferwahrscheinlichkeit höher sei. Formal ausgedrückt:

$$H_0 : \pi = 1/6$$
$$H_1 : \pi > 1/6$$

Hier steht π für die unbekannte Wahrscheinlichkeit, mit der Ihr Freund tatsächlich den Würfelwurf erraten kann. Wahrscheinlichkeiten kann man nicht direkt beobachten, daher ist π ein unbekannter Populationsparameter. Die „Population" ist hier die hypothetisch unendlich große Menge der Vorhersagen, die Ihr Freund bzgl. Würfelwürfen machen könnte, wenn er sein Leben lang nichts anderes täte. Wir können ihm aber nicht ein Leben lang beim Vorhersagen zusehen (es gibt ja auch noch andere Dinge zu tun), somit können wir nur eine *Stichprobe* aus der Population ziehen. Als gute Empirikerin oder guter Empiriker führen Sie den Vorhersagetest n-mal unter gut kontrollierten Bedingungen durch und vergleichen dann das Stichprobenergebnis mit dem durch die Hypothese H_0 vorhergesagten Ergebnis. Es ist klar, dass Ihr Freund auch „Glück" haben könnte, und bei einer kleinen Stichprobe von $n = 10$ wäre es durchaus denkbar und gar nicht so unwahrscheinlich, dass er 4, 5 oder 6 mal richtig liegt, auch wenn er gemäß der Ratewahrscheinlichkeit im Durchschnitt nur 1,7 von 10 Würfen richtig erraten sollte. Sie wären jedoch erst bereit, Ihre Nullhypothese aufzugeben, wenn das von Ihrem Freund erzielte Ergebnis unter dieser Hypothese *sehr unwahrscheinlich* ist. Sie setzen für sich einen Wahrscheinlichkeitswert fest, der erreicht sein müsste, damit Sie Ihre Nullhypothese aufgeben, z.B. die maximale Wahrscheinlichkeit $\alpha = 0.01$. Dies wäre Ihr persönliches „Signifikanzniveau". Glücklicherweise können wir die Wahrscheinlichkeit von Stichprobenergebnissen in diesem Fall mit Hilfe der Binomialverteilung berechnen (s. Bortz, 2005; Sedlmeier & Renkewitz, 2008). Nehmen wir an, Sie führen den Würfelwurf mit Vorhersage $n = 50$-mal durch. Dann kann mit der Binomialformel die Wahrscheinlichkeit jedes einzelnen Ergebnisses einer Stichprobe (Anzahl der Treffer in 50 Versuchen) berechnet werden.[18]

Population und Stichprobe

Signifikanzniveau: selbst gesetzte Evidenzschwelle

$$p(n = x | N, \pi) = \left(\frac{N!}{x!(N-x)!} \right) \times \pi^x \times (1 - \pi)^{N-x}$$

---

18 Ein bequemes Tool zur Berechnung vor allem der interessierenden kumulierten Wahrscheinlichkeiten findet sich unter http://www.stat.tamu.edu/~west/applets/binomialdemo.html

Dabei ist die linke Seite der Gleichung die Wahrscheinlichkeit, in N Versuchen genau x Treffer zu haben, wenn die Trefferwahrscheinlichkeit gemäß der Nullhypothese π beträgt.

Stichproben-
kennwerteverteilung

Die Wahrscheinlichkeitsverteilung der 51 möglichen Stichprobenergebnisse (0, 1, 2, ... 50 Treffer) nennt man die Stichprobenkennwerteverteilung. Der Stichprobenkennwert wäre hier die Anzahl der Treffer in der Stichprobe von Durchgängen. Der Erwartungswert der Verteilung ist $\pi \times n$, d.h. sie würden etwa $^{50}/6 = 8.33$ (also zwischen 8 und 9) Treffer schon aufgrund von reinem Zufall erwarten. Erst bei 16 oder mehr Treffern in den 50 Versuchen wäre die Wahrscheinlichkeit kleiner als 0.01, dieses Ergebnis oder ein noch extremeres per Zufall zu erhalten, also sind 16 Treffer der kritische Wert, der Ihrem gewählten Signifikanzniveau entspricht (vgl. Abb. 12).

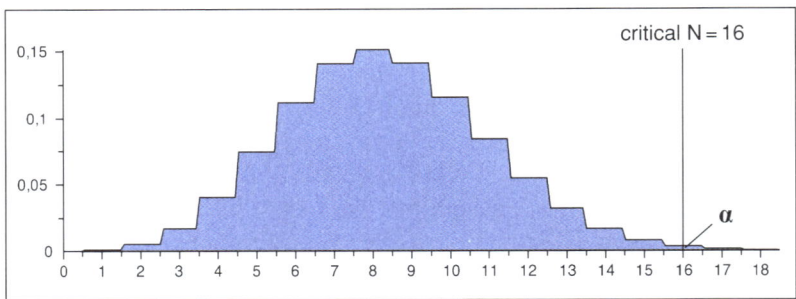

Abbildung 12: Binomialverteilung: Wahrscheinlichkeiten, mit einer Trefferwahrscheinlichkeit von $^1/6$ die auf der X-Achse abgetragenen Anzahlen von Treffern in 50 Würfelwürfen zu erhalten. Wahrscheinlichkeiten rechts von 18 sind so klein, dass sie nicht mehr grafisch darstellbar sind.

Bei den statistischen Verfahren, die Sie in der Methodenlehre kennenlernen, handelt es sich immer um dasselbe Prinzip: Ihre Nullhypothese betrifft einen unbekannten Populationsparameter (oder den Unterschied zwischen mehreren Populationsparametern wie beim Vergleich von Experimental- und Kontrollgruppen). Sie können jedoch nur Stichproben aus der Population ziehen, und die Schätzungen des unbekannten Parameters sind deshalb mit einem zufälligen Fehler behaftet. (Ihr Freund hat im Würfelexperiment Glück gehabt, oder Sie haben in einer Versuchsgruppe in einem Experiment zufällig übermäßig viele hochintelligente Personen gezogen, die den Mittelwert verzerren). Eine theoretische Stichprobenkennwerteverteilung sagt uns dann, wie wahrscheinlich ein konkretes Stichprobenergebnis unter Annahme der Nullhypothese ist. Je nach Anwendung und statistischen Voraussetzungen kann diese Stichprobenverteilung die Form einer Normalverteilung, einer F-Verteilung, einer t-Verteilung oder χ^2-Verteilung (sprich: „Chi-Quadrat-Verteilung") haben, um nur die bekanntesten zu nennen. Die Details variieren im Einzelfall, aber wichtig ist, dass diese Stichprobenverteilungen uns Auskunft über die Wahrscheinlichkeit des Stichprobenergebnisses unter der Annahme der Gültigkeit der H_0 geben. Ist diese kleiner als unser gewähltes Signifikanzniveau, so können wir uns entschließen, die Nullhypothese zu verwerfen.

4.1.1 Fishers Signifikanztest

Wie bereits oben angedeutet, gibt es keinen Automatismus, aufgrund eines „signifikanten" Ergebnisses eine Hypothese abzulehnen. Vielmehr ist dies immer eine aktive Entscheidung der Forschenden und hängt von vielen Erwägungen ab, z. B. dem bestehenden Wissen und der Bewährtheit bekannter Theorien. Beispielsweise werden wir kaum die in vielen Bereichen der Physik bewährte Relativitätstheorie verwerfen, nur weil ein vereinzeltes experimentelles Ergebnis nicht damit in Einklang stand. Bei einer derart bewährten Theorie würden wir zunächst an unseren Messinstrumenten zweifeln oder erst einmal schlussfolgern, dass ein unwahrscheinliches (aber eben nicht unmögliches) Stichprobenereignis eingetreten ist, das nur im Fall wiederholter Replizierbarkeit gegen die Theorie spräche. Die Wahl eines Signifikanzniveaus ist demnach auch von Überlegungen zur Bewährtheit von Theorien, Kosten von Fehlentscheidungen usw. abhängig, und die gängige Praxis, sich sklavisch an die konventionellen Signifikanzniveaus von 0.05 und 0.01 zu halten, darf getrost als Mumpitz bezeichnet werden, der dem Fortgang der Sozialwissenschaften mehr schadet als nutzt.[19] Natürlich sollte man ein Signifikanzniveau vor der Untersuchung festlegen, aber es kann gute Gründe geben, es auf 0.000001, 0.03, 0.07 oder gar 0.24 (!) zu setzen (z. B. Bröder, 2000). Diese Gründe haben mit der Teststärke (Power) zu tun und werden unten näher erläutert.

Signifikanz ist kein Entscheidungsautomatismus!

Konventionelle Signifikanzniveaus sind wenig hilfreich

---

19 Aber auch Wissenschaftlerinnen und Wissenschaftler sind nur Menschen und haben Probleme damit, schlechte Gewohnheiten abzulegen, zumal wenn sie von Herausgebern von Fachzeitschriften geradezu gezwungen werden, einer unsinnigen Praxis zu folgen.

Die oben skizzierte Vorgehensweise entspricht der Theorie des Signifikanztests nach Ronald A. Fisher (1890–1962), der als Pionier der modernen Inferenzstatistik gilt. Danach ist die Nullhypothese meist eine Art Strohmann, den man verbrennen möchte, während man eigentlich an der Alternativhypothese interessiert ist (es gibt einen Effekt; die Gruppen sind unterschiedlich etc.). Bedauerlicherweise ist nach diesem Vorgehen aber die interessante Hypothese sehr unspezifisch und quasi „alles, was nicht Nullhypothese ist". Als Maß für das Ausmaß der Verletzung der H_0 verwendete Fisher p, die Wahrscheinlichkeit des Stichprobenkennwertes unter H_0, gelegentlich auch fälschlicherweise als „beobachtetes Signifikanzniveau" bezeichnet.

Probleme mit p Bei p ergibt sich jedoch das Problem, dass bei einem gegebenen Populationseffekt bestimmter Größe p in Abhängigkeit von unserer Stichprobengröße immer kleiner wird. Durch die größeren Stichproben verringern wir den Stichprobenfehler und damit die Varianz der Stichprobenkennwerteverteilung. Anders ausgedrückt: Die Populationsparameter werden präziser geschätzt und minimale Unterschiede werden schon „signifikant". Für einen gegebenen Populationseffekt wächst die „Signifikanz" demnach mit der Größe unserer Stichprobe. Das ist nicht wünschenswert, denn in der Praxis wird eine psychologische Nullhypothese wohl nie perfekt zutreffen. Es dürfte fast nie vorkommen, dass zwei Behandlungsgruppen mit unterschiedlichem Treatment *exakt* denselben Populationsparameter aufweisen oder dass die Korrelation zwischen zwei Persönlichkeitseigenschaften exakt Null beträgt. Wenn ich aber durch die Wahl meiner Stichrobengröße bestimmen kann, ob ein gleichgroßer Effekt einmal „signifikant" ist, ein andermal aber nicht, so taugt die Signifikanz (oder p) selbst offenbar weder als Maß der Effektgröße noch als Entscheidungskriterium, ob die Hypothese wahr oder falsch ist. Nehmen wir einmal an, in der Bevölkerung gebe es eine Korrelation von $\rho = 0.01$ zwischen Schuhgröße und Intelligenz, d. h. die Schuhgröße teilt 0.01 (!) Prozent gemeinsame Varianz mit der Intelligenzleistung.[20] Das ist durchaus möglich, denn beide könnten entfernt mit der Qualität der Ernährung in der Kindheit oder anderen gemeinsamen Faktoren zusammenhängen. Käme nun ein *Mad Scientist* auf die seltsame Theorie, die Schuhgröße sei ein kausaler Faktor für Intelligenz, dann hätte er bei einer Untersuchung von 100 Vpn kaum eine Chance, die H_0 zugunsten der H_1 zu verwerfen, da die Stichprobenverteilungen

---

20 Die quadrierte Korrelation gibt den Anteil gemeinsamer Varianz wieder.

unter beiden Hypothesen sich massiv überlappen (vgl. Abb. 13 oben).
Die Teststärke betrüge nur ca. 0.01. Würde jemand für dieses frag-
würdige Forschungsprojekt jedoch viel Geld zur Verfügung stellen,
so dass 100.000 Personen untersucht werden könnten, so stiege die
Wahrscheinlichkeit eines „signifikanten" Ergebnisses auf fast 80 %
(vgl. Abb. 13 unten).

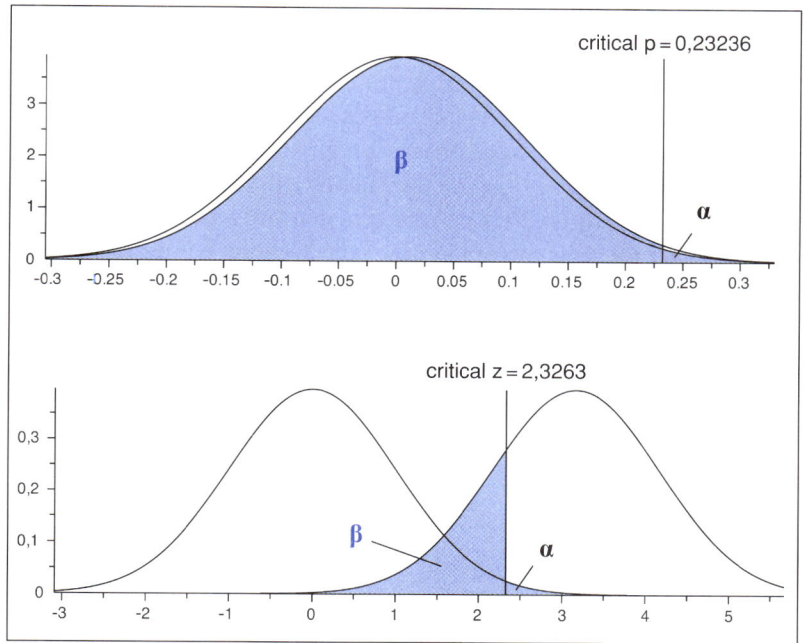

Abbildung 13: Teststärke zur Entdeckung einer Korrelation von r=.01 mit
entweder 100 Vpn (oben) oder 100 000 Vpn (unten). Die
Grafen zeigen die Stichprobenkennwerteverteilungen unter
H_0 und H_1, deren Varianz von der Stichprobengröße abhängt.[21]

Im letzteren Fall würden wir also mit ziemlicher Sicherheit ein „signifikantes" Ergebnis erhalten. Damit wäre es aber noch lange nicht
wissenschaftlich bedeutsam oder gar eine Bestätigung der Theorie
unseres *Mad Scientist*. Offenbar sollten wir uns auf die Entdeckung
für die Hypothese *bedeutsamer* Effektgrößen konzentrieren, und dazu
sind möglichst sinnvolle Stichprobenumfänge bzw. Signifikanzniveaus
zu wählen, die das Risiko einer Fehlentscheidung minimieren (s. u.).

Signifikant heißt nicht
„bedeutsam"

---

21 Die Abbildung wurde mit dem Programm G-Power 3.0 erzeugt (Faul et al., 2007).

Ein weiteres gravierendes Problem ergibt sich aus der Fisher'schen Logik des Hypothesentestens: Die Wahrscheinlichkeit des Stichprobenergebnisses unter H_0 – also der p-Wert – ist bekannt. Wir wissen aber nichts über unsere Irrtumswahrscheinlichkeit bezüglich der H_1, falls wir die Nullhypothese *nicht* verwerfen, also ein nicht signifikantes Ergebnis erhalten. Das hat dazu geführt, „nicht signifikante" Ergebnisse weniger ernst zu nehmen als „signifikante" und erstere für weniger Wert zu erachten. Es wird gelegentlich sogar davor gewarnt, die Beibehaltung der H_0 inhaltlich zu interpretieren![22] Da die meisten inhaltlich interessanten Hypothesen der Psychologie jedoch die H_1 behaupten, führt diese Praxis faktisch dazu, dass die psychologischen Hypothesen nicht recht verworfen werden können. Das hat eine Bestätigungstendenz zur Folge, da die Falsifikation kaum mehr möglich ist (s. Rouder et al., 2009). Der Wert einer empirischen Untersuchung sollte jedoch nicht davon abhängig sein, was rauskommt! Vielmehr sollten alle denkbaren Ergebnisse gleich informativ bzgl. der zugrunde liegenden psychologischen Hypothese sein. Eine „Bestätigung" der H_1 sollte demnach genauso viel Informationsgehalt bezüglich der psychologischen Hypothese haben wie ihre „Verwerfung". Dazu bietet der Fisher'sche Signifikanztest aber kein Rezept.

4.1.2 Die Neyman-Pearson-Methode

Nullhypothese und spezifische Alternativhypothese

Die Statistiker Jerzy Neyman (1884–1981) und Egon S. Pearson (1885–1980) entwarfen eine Alternative zur Fisher'schen Methode, bei der nicht nur die Nullhypothese, sondern auch eine *theoretisch oder praktisch als bedeutsam erachtete* Alternativhypothese spezifiziert wird. Dies ist eine Effektstärke (z. B. ein Gruppenunterschied, eine Korrelation), die *mindestens* vorhanden sein muss, damit man die Hypothese inhaltlich ernst nimmt (also keine Korrelationen oder Unterschiede trivialen Ausmaßes). Wenn eine spezifische H_1 über eine Mindesteffektstärke definiert wird, kann auch die Stichprobenkennwerteverteilung unter der so formulierten H_1 erstellt werden. Wenn man nun die Form der Kennwerteverteilung unter beiden Hypothesen kennt, wird für ein bestimmtes Entscheidungskriterium nicht nur die α-Fehlerwahrscheinlichkeit, sondern auch die Wahr-

---

22 Dies tut sogar die „Task force for statistical reasoning" der American Psychological Association (s. Wilkinson et al., 1999)! Dieses Vorgehen ist diskriminierend gegenüber der Nullhypothese, da es nur für die Alternativhypothese „bestätigende" Ergebnisse zulässt. Wozu macht man dann aber überhaupt ein Experiment, wenn eine der Hypothesen sowieso keine Chance hat?

scheinlichkeit β der fälschlichen Entscheidung für H_0 und damit auch die Power des Tests $1-\beta$ bestimmbar (vgl. Abb. 13). Wenn α und β gleich groß gewählt werden, ist die Entscheidung für die H_0 genauso informativ wie die für H_1, denn man kennt die Irrtumswahrscheinlichkeiten für beide möglichen Fehlentscheidungen. Plant man ein Experiment entsprechend, so hängt die Interessantheit des Resultats eben nicht mehr von der Fisher'schen „Signifikanz" ab. Nach der Neyman-Pearson-Methode sind die vor dem Test festzulegenden Fehlerwahrscheinlichkeiten Eigenschaften der empirischen Untersuchung, nicht jedoch abhängig von den Daten. Der p-Wert im üblichen Fisher'schen Verfahren hängt dagegen von der Untersuchung *und* von den Daten ab.

Gigerenzer (1993) und Sedlmeier und Renkewitz (2008) weisen darauf hin, dass die Wissensvermittlung der Inferenzstatistik im Psychologiestudium oft ein etwas unklares Gebräu aus Fisher'schem und Neyman-Pearson-Ansatz ist, was zur Unklarheit der Konzepte beiträgt. Deutlich geworden sein sollte aber jetzt, dass sich Fishers *p* (bzw. die „Signifikanz" eines Ergebnisses) nicht dazu eignet, die Größe des Effekts bzw. seine „Bedeutsamkeit" anzugeben. Dazu müssen andere Maße eingeführt werden, die im nächsten Abschnitt dargestellt werden. Der letzte Abschnitt dieses Kapitels illustriert, wie diese Maße im Neyman-Pearson'schen Vorgehen zur rationalen Planung von Untersuchungen eingesetzt werden können.

Zum Einstieg in den Vergleich der beiden Ansätze des Signifikanztests empfehle ich Sedlmeier und Renkewitz (2008, Kapitel 12) und Gigerenzer (1993); eine eingehende Analyse des Signifikanztests aus deduktivistischer Perspektive liefert Bredenkamp (1972).

Typische Fehlverständnisse des Signifikanztests

Der Signifikanztest sagt *nicht*
- wie wahrscheinlich die Alternativhypothese ist,
- wie unwahrscheinlich die Nullhypothese ist,
- wie groß ein „Effekt" ist und ob er praktisch bedeutsam ist,
- welche der Hypothesen mit größerer Wahrscheinlichkeit wahr ist,
- ob ein Ergebnis wissenschaftlich bedeutsam ist.

Der Signifikanztest (nach Fisher) sagt bei vorher festgelegtem Signifikanzniveau *lediglich*,
- wie (un-)wahrscheinlich eine Klasse von Ergebnissen unter der Annahme der H_0 ist und damit

- wie groß unsere Irrtumswahrscheinlichkeit ist, wenn wir die H_0 aufgrund eines spezifischen Ergebnisses ablehnen.

Der Signifikanztest nach Neyman-Pearson sagt *zusätzlich*,
- wie (un-)wahrscheinlich eine Klasse von Ergebnissen unter der Annahme der H_1 ist und damit
- wie groß unsere Irrtumswahrscheinlichkeit ist, wenn wir die H_1 aufgrund eines spezifischen Ergebnisses ablehnen (und die H_0 beibehalten).

Aber das ist doch schon eine ganze Menge!

4.2 Bestimmung der Alternativhypothese: Effektstärke-Maße

Teststärke

Die Teststärke eines statistischen Tests ist die Wahrscheinlichkeit, dass ein Stichprobenergebnis in den Annahmebereich der H_1 (bzw. den Ablehnungsbereich der H_0 bei einseitigen Tests) fällt, wenn die H_1 tatsächlich zutrifft.

Es ist also die Wahrscheinlichkeit, mich aufgrund eines signifikanten Ergebnisses richtigerweise für die H_1 zu entscheiden, wenn diese tatsächlich wahr ist. Mit β wird die Wahrscheinlichkeit einer Fehlentscheidung zugunsten der H_0 bezeichnet, und somit ist die Teststärke konsequenterweise $(1 - \beta)$. Für einen gegebenen statistischen Test hängt die Teststärke von drei Dingen ab: Dem Signifikanzniveau α, der Stichprobengröße N und dem „Abstand" der H_1 von der H_0, also der Effektstärke. Wir benötigen demnach diese drei Größen, um die Teststärke zu ermitteln. Beispielsweise kann man im Nachhinein bestimmen, wie groß die Wahrscheinlichkeit war, in einer publizierten Untersuchung einen Effekt bestimmter Größe überhaupt zu entdecken. Dies wird *Post-hoc*-Poweranalyse genannt (Buchner, Erdfelder & Faul, 1996; Cohen, 1988). Cohen (1962) sowie Sedlmeier und Gigerenzer (1989) haben publizierten psychologischen Studien eine erschreckend geringe Power attestiert, was die Forschungspraxis bislang jedoch leider nicht maßgeblich beeinflusst hat.

Arten von Teststärkeanalysen

In der Versuchsplanung, von der dieses Buch handelt, haben wir jedoch alle drei Größen gewissermaßen in der Hand und können anhand der Wahl unserer Mindesteffektstärke, des Stichprobenumfangs und des Signifikanzniveaus die Größe der Power kontrollieren. Das Ziel sollte sein, die Fehlerwahrscheinlichkeiten α und β möglichst anzugleichen, damit eine „Annahme" der H_0 genauso informativ ist wie ihre Ablehnung. Erst damit wird die Testung einer psychologischen Hypothese „fair".[23]

Während jedoch die Wahl des Stichprobenumfangs und des Signifikanzniveaus einfach zu bewerkstelligen ist, scheint es auf den ersten Blick schwierig, eine Effektgröße zu bestimmen, die man theoretisch oder praktisch für bedeutsam hält. Salopp gesagt wäre das die H_1, die weit genug von H_0 entfernt ist, damit man letztere zu verwerfen bereit ist.[24]

Wie messe ich die Effektstärke?

Ein Problem bei der Formulierung von Alternativhypothesen ist nun, dass es buchstäblich unendlich viele verschiedene Anwendungssituationen geben kann, in denen vollkommen unterschiedliche abhängige Maße und statistische Tests zum Einsatz kommen. Daher ist es wichtig, die Effekte, die man auf der jeweiligen Messwertebene theoretisch oder praktisch für bedeutsam hält, in eine „gemeinsame Währung" zu übersetzen, also in standardisierte Maße, die für den zu verwendenden Test bedeutungsvoll sind und die für eine anschauliche Kommunikation nützlich sind.

Wenn die Autos auf einem Autobahnstück nach Aufstellung eines Warnschildes durchschnittlich 5,6 km/h langsamer fahren, handelt es sich dann um einen kleinen oder großen Effekt? Wenn nach einer neuen Krebstherapie 35 % der Patienten überleben, nach konventioneller Therapie nur 30 %, wie ist dieser Effekt zu bewerten? Wenn

---

23 Gelegentlich findet man in Lehrbüchern die Angabe, eine Teststärke von .80 wäre „angemessen" oder „erstrebenswert". Es mag stimmen, dass diese Teststärke immer noch besser ist als die der meisten publizierten Untersuchungen, das macht sie aber nicht zu einer „guten" Wahl. Eine angemessene Teststärke gleicht α- und β-Fehlerwahrscheinlichkeiten aus.

24 Erinnern Sie sich an den vermeintlich hellsehenden Freund. Vermutlich würden Sie selbst dann nicht an außersinnliche Wahrnehmung glauben, wenn Sie mit geringen Irrtumswahrscheinlichkeiten (und immens vielen Versuchen!) festgestellt hätten, dass seine Ratewahrscheinlichkeit einen Prozentpunkt über $1/6$ läge (also bei 0,17667 anstatt 0,16667). Sie würden zunächst weitere Kontrollmaßnahmen ergreifen, da ein solch winziger Effekt ggf. noch „natürlich" zu erklären wäre (evtl. minimale Geräuschunterschiede beim Fallen der Würfel etc.). Erst wenn die Trefferwahrscheinlichkeit trotz vieler experimenteller Kontrollen *deutlich* über der Ratewahrscheinlichkeit läge, käme Ihre skeptische Nullhypothese ins Schwitzen.

ein Nachhilfeprogramm für schwache Schüler die Intelligenztestleistung um 5 IQ-Punkte anhebt – ist das viel?

Wie man an den Beispielen sieht, gibt es in dem Beispiel mit zwei Prozentzahlen keine großen Probleme: Relative Häufigkeiten sind auf einer Absolutskala zwischen 0 und 1 skaliert und können direkt verglichen werden. Die Differenz der Proportionen ist damit ein anschauliches natürliches Maß der Effektstärke. Ob es sich um einen „großen" oder „kleinen" Effekt handelt, kann man nur aus dem Forschungskontext beurteilen. Eine um 5 Prozentpunkte bessere Krebstherapie wäre sicher ein großer medizinischer Fortschritt, auch wenn die Zahl selbst nicht groß erscheint.

In den beiden anderen Beispielen von Mittelwertsdifferenzen kann die Größe des Effekts nur sinnvoll beschrieben werden, wenn sie auf eine Bezugsgröße standardisiert werden. Bei Mittelwertsunterschieden ist dies die gemeinsame Standardabweichung beider verglichenen Populationen. Cohen's (1988, 1992) bekanntestes Effektstärkemaß d bezieht sich auf den Mittelwertunterschied zweier Populationen A und B und ist definiert als:

$$d = \frac{\mu_A - \mu_B}{\sigma}$$

Dabei sind μ_A und μ_B die Populationsmittelwerte, und σ ist die gemeinsame Standardabweichung der beiden Populationen. Es handelt sich also um ein theoretisches Maß, mit dem man die interessierende Alternativhypothese quantifizieren kann. Der Betrag von d gibt dann an, wie viele Standardabweichungen der Mittelwert von Population A gemäß der H_1 über (oder unter) dem Mittelwert von B liegen sollte. Durch die Relativierung an der Standardabweichung ist also ein vergleichbares Maß für verschiedene Anwendungsbereiche, AVn und Maßeinheiten definiert. Als *deskriptives* Maß kann Cohen's d verwendet werden, wenn man statt der Populationsparameter die empirisch gefundenen Mittelwerte und die geschätzte gemeinsame Varianz einsetzt.

Anteil gemein-
samer Varianz

Anders als bei zwei Prozentzahlen oder zwei Mittelwerten gibt es Situationen, in denen kein direkt anschauliches Maß der Effektstärke ins Auge fällt, etwa im Falle mehrerer Gruppen mit variierenden Mittelwerten oder einer multiplen Korrelation. In solchen Fällen gibt es Maße, die den *Anteil gemeinsamer Varianz* ausdrücken und somit auch standardisierte Effektgrößen darstellen. Im Falle einer (multiplen oder einfachen) linearen Korrelation ist das der quadrierte Korrelationskoeffizient r^2 bzw. R^2. Bei Varianzanalysen berechnet man als deskriptives Maß für einen experimentellen Effekt den Anteil der auf den Effekt zurückgeführten Quadratsumme an der gesamten Quadratsumme als

$$\eta^2 = \frac{QS_{Effekt}}{QS_{total}}.$$

In Tabelle 6 sind in Anlehnung an Cohen (1988, 1992) gebräuchliche deskriptive Effektstärkemaße aufgeführt, sowie deren „Übersetzung" in die Effektstärkeindizes, die als Grundlage von Poweranalysen dienen können.

Tabelle 6: Einige Effektstärkeindizes für gebräuchliche Tests (Cohen, 1988; Hussy & Jain, 2002)

Test	Deskriptiver Index	Index zur Powerberechnung (Spezifikation H$_1$)
1. t-Test für unabhängige Stichproben	$d = \dfrac{m_A - m_B}{\sqrt{(s_A^2 + s_B^2)/2}}$	$d = \dfrac{\mu_A - \mu_B}{\sigma}$
2. t-Test für abhängige Stichproben	$d_z = t\sqrt{\dfrac{2(1-r)}{n}}$	$d_z = \dfrac{|\mu_A - \mu_B|}{\sqrt{(\sigma_A + \sigma_B - 2\rho_{AB}\sigma_A\sigma_B)}}$
3. Korrelation	r	r
4. Differenz zweier unabhängiger Korrelationen	$\Delta r = r_A - r_B$	$q = Z_A - Z_B$ $(Z = Fisher's\ Z)$
5. Differenz zweier unabhängiger Proportionen/ Wahrscheinlichkeiten	$\Delta p = p_A - p_B$	$h = 2\arcsin\sqrt{\pi_A}$ $- 2\arcsin\sqrt{\pi_B}$
6. χ^2-Tests (Goodness of Fit; Kontingenz)	–	$w = \sqrt{\sum_{i=1}^{k} \dfrac{(P_{Ei} - P_{Oi})^2}{P_{Oi}}}$
7. Einfaktorielle Varianzanalyse	$\eta^2 = \dfrac{QS_{Effekt}}{QS_{total}}$	$f = \dfrac{\sigma_\mu}{\sigma}$
8. Multiple Korrelation	R^2	$f^2 = \dfrac{R^2}{1-R^2}$

Anmerkungen: (1) m = Gruppenmittelwert, s = korrigierte Stichprobenvarianz, μ = hypothetische Populationsmittelwerte, σ = Populationsvarianz; (2) r = Korrelation der Messwertreihen, t = empirischer t-Wert, n = Stichprobengröße; (4) Z = Fisher-Z-transformierte Korrelation; (6) P$_{Ei}$ = Nach H$_0$ erwartete Proportion in Zelle i; P$_{Oi}$ = beobachtete Proportion in Zelle i; (7) σ$_\mu$ = Standardabweichung der Populationsmittelwerte, σ = gemeinsame Standardabweichung der Populationen; (8) R^2 = quadrierte multiple Korrelation

Neben der „Signifikanz" von Versuchsergebnissen sollten immer auch empirische Effektstärkemaße berichtet werden, um die Bedeutsamkeit von gefundenen Effekten abschätzen zu können und transparent zu machen (Wilkinson et al., 1999). Für uns bedeutsam ist die Teststärkeanalyse, mit der eine Untersuchung von vornherein sinnvoll geplant werden kann, wozu die Effektgrößen ebenfalls benötigt werden, nämlich als Spezifikation der H_1.

4.3 Poweranalyse

Teststärkeanalysen waren bis vor wenigen Jahren vergleichsweise umständlich, man musste mit approximativen umfangreichen Tabellen hantieren, und auch die Computerprogramme erforderten einiges Spezialwissen. Das mag dazu beigetragen haben, dass Teststärkeanalysen sich in der psychologischen Literatur kaum durchgesetzt haben und ein Mangel an ausreichender Power moniert wurde (Buchner et al., 1996; Cohen, 1962; Gigerenzer & Sedlmeier, 1989). Inzwischen liegt eine leicht bedienbare kostenlose Software namens G-Power vor (Faul et al., 2007; 2009), mit der verschiedene Teststärkeanalysen für die gängigsten statistischen Tests bequem möglich sind.[25] Tabelle 7 gibt die Arten von Analysen wieder, die die Software für t-, F-, χ^2- und diverse andere Tests ermöglicht.

Tabelle 7: Wichtigste Arten von Teststärkeanalysen mit G-Power 3.0 (ES = Effektstärke)

Name	Input	Zielsetzung
a priori	ES, α, β	Ermittle den erforderlichen Stichprobenumfang, um eine gewünschte Mindest-ES mit Fehlerwahrscheinlichkeiten α und β zu testen.
post hoc	ES, α, N	Ermittle für eine Untersuchung mit gegebenem N und α, wie groß die Teststärke war, um einen Effekt der Größe ES zu entdecken.
Kompromiss	ES, N, β/α-Verhältnis	Ermittle für ein realisierbares N und eine Effektstärke ES, welche α- und β-Fehler resultieren, wenn beide Fehler in einem bestimmten Verhältnis stehen sollen.
Sensitivität	N, α, β	Ermittle bei gegebenem N, α und β, wie groß der Effekt ES ist, den man damit entdecken kann.

25 Erhältlich unter http://www.psycho.uni-duesseldorf.de/abteilungen/aap/gpower3/ download-and-register (19. 11. 2010)

Für die Versuchsplanung sind vor allem die A priori-, Kompromiss-
und Sensitivitätsanalysen von Bedeutung, da sie Auskunft darüber
geben, wie informativ eine geplante Untersuchung sein wird.

In der *A priori-Analyse* ermittelt man für eine gegebene Effektstärke
und gewählte Fehlerwahrscheinlichkeiten α und β den benötigten
Stichprobenumfang. In einer idealen Welt ohne begrenzte Ressourcen
würden wir die Studie entsprechend durchführen und hätten alle
Parameter so, wie wir sie wünschen. Ernüchternderweise zeigen
solche Analysen jedoch häufig, dass recht große Stichproben notwendig sein können. Nehmen wir z. B. an, wir wollten zwei Methoden
des Lernens miteinander vergleichen und planten ein Experiment mit
zwei Gruppen, von denen jede je eine Lernmethode durchläuft. Ein
t-Test für unabhängige Stichproben soll mit $\alpha = \beta = 0{,}05$ durchgeführt
werden, und wir erwarten einen „mittelgroßen" Effekt $d = 0{,}5$ nach
Cohen (1988), d. h. der Mittelwert der vermeintlich besseren Methode
soll mindestens eine halbe Standardabweichung über dem Mittelwert
der herkömmlichen Methode liegen. Gibt man die entsprechenden
Parameter in G-Power ein, so zeigt sich, dass man dafür bereits 176
Versuchspersonen benötigen würde (vgl. Abb. 14). Das wird ein recht
aufwendiger Versuch!

A priori-Analyse:
Ermittle N

Es lohnt sich also durchaus, über eine Within-subjects-Variation
nachzudenken und jede Vp beide Lernformen durchlaufen zu lassen.
Das benötigt etwas mehr Aufwand und Planung, da Sie nun zwei
unterschiedliche Sets von Material sowie vergleichbare Tests brauchen, deren Effekte Sie ausbalancieren müssen (vgl. Kapitel 3 und
6), ebenso wie die Reihenfolge der Treatments. In diesem Falle
kämen Sie bei demselben angenommenen Populationseffekt einer
halben Standardabweichung mit der Hälfte der Vpn ($N = 88$) aus, da
nun jede Vp zwei Messungen liefert. Noch besser wird die Power
jedoch, wenn Sie realistischerweise annehmen, dass eine Korrelation zwischen beiden Tests bestehen wird: Manche Vpn sind generell
besser in Gedächtnistests als andere und werden daher in beiden
Treatmentgruppen eher zu den besseren Kandidaten gehören. Wenn
Sie eine realistische Korrelation der beiden Tests von $\rho = 0.4$ in der
Population annehmen, verringert sich der benötigte Bedarf an Vpn
sogar auf $N = 54$! Dies zeigt anschaulich, wie viel effizienter Messwiederholungspläne sind. Sie sollten also immer Verwendung finden,
sofern sie inhaltlich unbedenklich sind. Wann solche Bedenken vorliegen können und wie man sie ggf. kontrolliert, wird ausführlich in
Kapitel 6 behandelt.

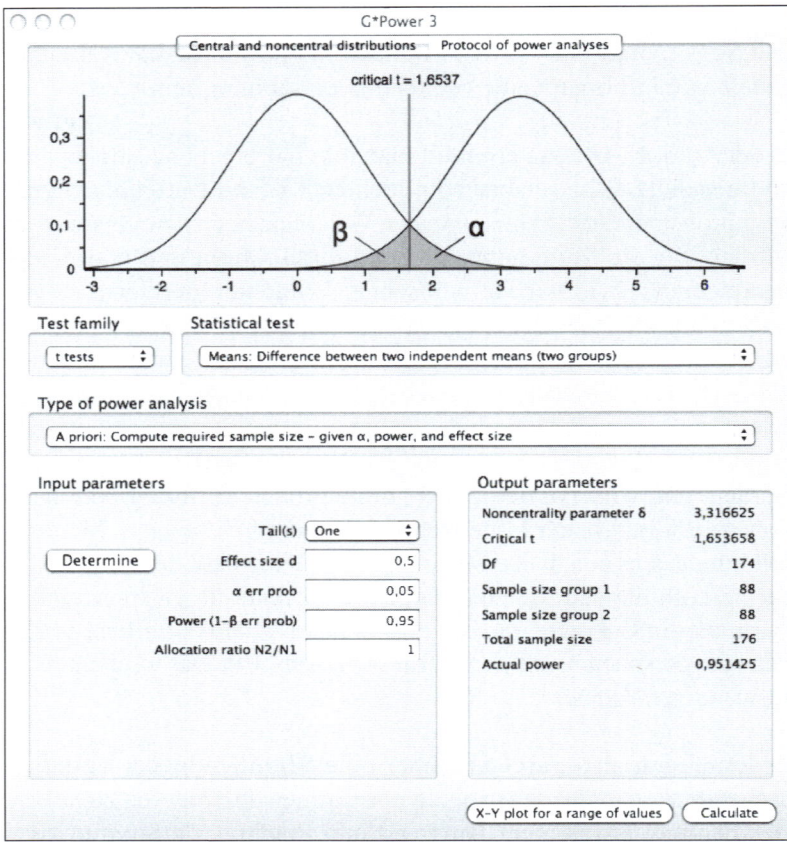

Abbildung 14: Bildschirmfoto des Programms G-Power 3. Die Art des Tests (t-Test für Mittelwerte unabhängiger Stichproben) sowie die Art der Poweranalyse (Hier: a priori) können ausgewählt werden. Links unten werden die Eingabeparameter eingegeben, rechts erscheinen die errechneten Ergebnisse (Hier: N = 176).

Komprom ss-
analyse: Wähle
vernünftiges α
und β

Manchmal wird es auch bei optimalem Design nicht möglich sein, den geforderten Stichprobenumfang zu realisieren, da man die entsprechenden Geld-, Sach- und Personalmittel nicht zur Verfügung hat. In diesen Fällen kann man eine Kompromiss-Poweranalyse oder eine Sensitivitätsanalyse durchführen, die von einem gegebenen realisierbaren Stichprobenumfang N ausgeht. In diesem Fall kann man in einer Kompromiss-Poweranalyse höhere Fehlerwahrscheinlichkeiten in Kauf nehmen. Nehmen wir an, Sie könnten mit Ihrem Messwiederholungsdesign zum Vergleich der Lernformen maximal 30 Vpn untersuchen. Wie müssten Sie dann α und β wählen, wenn Sie die gleichen Parameter wie vorher ($d = 0,5$, $\rho = 0,4$) zugrunde legen und gleichgroße Fehlerwahrscheinlichkeiten α und β wünschen? Wenn Sie die Werte in G-Power eingeben, ergibt sich für die Fehlerwahrscheinlichkeiten das vernünftige Signifikanzniveau $\alpha = \beta = 0,1087 \approx 0,11$ mit dem kritischen Wert $t(29) = 1,26$. Diese Wahrscheinlichkeiten mögen vergleichsweise groß erscheinen, aber das Kriterium ermöglicht eine unvoreingenommene Entscheidung zwischen der H_0 und H_1 und ist dem blinden Glauben an konventionelle Signifikanzniveaus vorzuziehen, in denen keinerlei Kontrolle des β-Fehlers stattfindet![26]

Zusammenfassend bleibt festzuhalten, dass eine Kontrolle des β-Fehlers immer vorgenommen werden sollte, um fair zwischen den Hypothesen entscheiden zu können. Die Kritiker des Signifikanztests haben recht, dass die Fisher'sche Variante, die nur auf „Signifikanzen" schielt und darüber Effektgrößen und β-Fehler ignoriert sowie im Extremfall auf die Interpretation „nicht signifikanter" Ergebnisse verzichtet, ein verzerrtes Bild über die Wahrheit bzw. Falschheit psychologischer Hypothesen liefert. Heutzutage ist selbst Bequemlichkeit kein Grund mehr, an dieser Praxis festzuhalten, da Teststärkeanalysen im Sinne von Neyman und Pearson leicht durchführbar geworden sind. Dass entsprechende statistische Hypothesentests eine vernünftige Grundlage bieten können, empirisch zwischen zwei Hypothesen zu entscheiden, sollte deutlich geworden sein. Ein weiterer Vorteil der Offenlegung aller Annahmen über α, β und Effektgrößen ist, dass damit größtmögliche Transparenz hergestellt werden kann, so dass Resultate kritisierbar werden. Andere Forscherinnen und Forscher mögen abweichende Effektgrößen erwarten oder verschiedene Gewichtungen der Fehlerwahrscheinlichkeiten für angemessen halten. Diese haben dann die Möglichkeit, andere Schlussfolgerungen aus den Daten zu ziehen. Wenn ich nur einen p-Wert berichte, ist das schwerlich möglich.

Fisher versus Neyman-Pearson

Grundsätzlich festzuhalten ist jedoch, dass kein statistisches Verfahren das Denken und Urteilen ersetzen kann. Ein „signifikantes" Ergebnis zwingt nicht dazu, an die H_1 zu glauben oder die H_0 notwendigerweise zu verwerfen. Eine solche Mechanik ist nicht angebracht. Die Fehlerwahrscheinlichkeiten α und β sagen uns lediglich, wie

Statistik hilft beim Denken, ersetzt es aber nicht!

---

26 Würde man in derselben Situation mit n = 30 am konventionellen $\alpha = 0,01$ festhalten, würde eine Power von 0,52 resultieren, also eine fast 50 %ige Chance, einen Effekt mittlerer Größe zu übersehen! Der Signifikanztest wäre also stark voreingenommen zugunsten der H_0.

streng ein Test beide Hypothesen geprüft hat und wie präzise die Untersuchung war. Wir können uns dann entschließen, die durch den Test favorisierte Hypothese bis auf weiteres für zutreffend zu halten.

Idealisiertes Vorgehen nach Neyman und Pearson mit a priori Poweranalyse (nach Sedlmeier & Renkewitz, 2008)

1. Formuliere eine Nullhypothese.
2. Formuliere eine spezifische Alternativhypothese.
   (= Mindesteffektgröße, die zur Bestätigung der H_1 als erforderlich erachtet wird).
3. Lege die Irrtumswahrscheinlichkeiten α und β fest.
   Dies hängt von deren relativer Wichtigkeit, der geforderten Präzision und letztlich den verfügbaren Ressourcen ab.
4. Berechne den erforderlichen Stichprobenumfang.
   Dies erlaubt die Konstruktion der Stichprobenkennwerteverteilungen für H_0 und H_1.
5. Führe die Untersuchung mit dieser Stichprobengröße durch.
6. Ist der Test „signifikant", akzeptiere H_1, ist er nicht signifikant, akzeptiere H_0.

Oft wird man nicht in der Lage sein, große Stichproben zu erheben. Dann muss man mit dem leben, was man hat. In diesem Fall ist es oft sinnvoll, α und β im Sinne einer Kompromiss-Poweranalyse liberaler zu wählen. Insbesondere bei der Erwartung kleiner Effekte wird man aber manchmal feststellen, dass die realisierbaren Stichprobenumfänge nur mit sehr großen Fehlerwahrscheinlichkeiten zu einer Entscheidung führen können. In diesen Fällen sollte man Signifikanztests unterlassen und sich auf eine Schätzung der Effektgröße beschränken (oder gar die Untersuchung ganz sein lassen, da sie wenig Informationswert hat).

4.4 Woher nehme ich Effektstärken für die H_1?

Cohen (1988) widmet der Frage nach einer „vernünftigen" Festlegung von Effektstärken breiten Raum und gibt zu, dass es sich um eine schwierige Frage handelt. Die Festlegung der H_1 über eine Effektstärke hängt sowohl vom Forschungskontext als auch von der verwendeten Methode ab. Was im einen Forschungsgebiet eine „kleine" Korrelation ist, kann in einem anderen schon als bedeutsam angesehen werden. Genauso ist ein kleineres Maß *d* in Felduntersuchungen zu erwarten als unter kontrollierteren Laborbedingungen mit Ausschaltung unsystematischer und systematischer Fehler.

Zur Festlegung von Effektstärken bieten sich drei Informationsquellen an (s. Cohen, 1988; Hussy & Jain, 2002): Am besten ist es, wenn theoretische oder pragmatische Gründe existieren, eine Mindesteffektgröße festzulegen, die für bedeutsam gehalten wird. Beispielsweise mag es in einem Forschungsgebiet bereits etablierte und empirisch gestützte Theorien über Einflussfaktoren auf eine interessierende AV geben. Eine weitere UV als bedeutsam zu postulieren wird man nur dann tun, wenn ihr Effekt vergleichbar groß ist wie derjenige der schon bekannten UVn. Gerade in Bereichen mit wenig etablierten Theorien (in der Psychologie leider häufig) stehen solche Informationen jedoch oft nicht zur Verfügung. In praktischen statistischen Anwendungen ist dies oft leichter, da man die Kosten für eine Maßnahme (z. B. Weiterbildung von Lehrern, Verbesserung eines Produktionsverfahrens etc.) nur dann investieren wird, wenn dies voraussichtlich einen positiven Effekt bestimmten Ausmaßes zur Folge hat (z. B. 10 % bessere Testleistungen der Schüler, 20 % weniger schadhafte Teile in der Produktion etc.). Es gibt also in praktischen Anwendungen manchmal klare Kosten-Nutzen-Abwägungen, die in theorieprüfenden wissenschaftlichen Anwendungen nicht so leicht zu definieren sind.

Drei Quellen für Effektgrößenbestimmungen

Eine zweite Möglichkeit zur Festlegung einer sinnvollen Effektgröße ist das Studium der Fachliteratur zum Thema, die aufgrund vorangegangener Studien und ggf. Metaanalysen bereits empirische Befunde berichtet, welche Auskunft über die zu erwartenden Effektstärken geben können. Untersuchungen können dann vernünftigerweise auf Effekte dieser Größenordnung ausgelegt werden.

Gibt es weder klare theoretische noch empirische Kriterien zur Festlegung der Effektstärke, so ist die letzte Möglichkeit, sich an den Konventionen von Cohen (1988) zu orientieren, die in Tabelle 8 wiedergegeben sind.

Tabelle 8: Effektgrößekonventionen nach Cohen (1988)

Bezeichnung	d	r	r^2	η^2	f^2	w
„groß"	.80	.50	.25	.14	.16	.50
„mittel"	.50	.30	.09	.06	.06	.30
„klein"	.20	.10	.01	.01	.01	.10

Diese „Konventionen" sollten dabei keinesfalls überbewertet und inhaltlich als bindend angesehen werden. Wie schon gesagt, hängt die Bedeutsamkeit eines Effekts vom Forschungskontext ab. Die Konventionen erleichtern lediglich die Kommunikation unter Fachleuten und bieten ggf. eine erste Orientierung in bislang wenig erforschten Bereichen.

Festzuhalten bleibt, dass die Bestimmung von Effektgrößen sich nicht kochbuchartigen Regeln unterwerfen lässt und im Einzelfall durchaus schwierig sein kann. Dennoch gibt es im Prinzip keine Alternative dazu, denn ohne eine Poweranalyse legt man sich durch willkürlich gewählte Stichprobenumfänge und „Signifikanzniveaus" implizit auf entdeckbare Effekte fest, deren Größe man nicht einmal kennt! Es ist daher auf jeden Fall vorzuziehen, dies transparent zu machen. Eine schlecht gewählte, aber explizit genannte Effektgröße kann von anderen Forschern kritisiert werden, eine implizit gebliebene unbekannte Effektstärke trägt dagegen zum Erkenntnisfortschritt wenig bei.

Zusammenfassung

Dieses Kapitel beschäftigte sich mit Konzepten der Inferenzstatistik, zentral ist hierbei der Signifikanztest. Der Signifikanztest wird zur Überprüfung von statistischen Hypothesen verwendet, die stellvertretend für inhaltliche Hypothesen stehen. In der Psychologie geschieht dies häufig durch eine unklare Mischung von zwei Methoden: der Fisher'schen Methode und der Neyman-Pearson-Methode. Erstere gibt anhand des p-Wertes die Evidenz gegen die Nullhypothese an, d. h. es wird die Wahrscheinlichkeit ermittelt, das gefundene Ergebnis oder noch ein extremeres Ergebnis unter Gültigkeit der H_0 zu finden. Dies ist problematisch, da die „Signifikanz" von Ergebnissen dann maßgeblich von der Stichprobengröße abhängt. Die Neyman-Pearson-Methode konstruiert dagegen unter Annahme einer Effektstärke (Mindestabweichung der H_1 von der H_0) eine Stichprobenkennwerteverteilung der H_1, so dass durch die β-Fehlerwahrscheinlichkeit ermittelt werden kann. Die Entscheidung für die H_0 ist dann genauso informativ wie eine Entscheidung für die H_1, sofern beide Fehlerwahrscheinlichkeiten sinnvoll gewählt werden. Es ist im Forschungskontext meist wichtig, dass α- und β-Fehler ausgewogen sind, da sonst eine der beiden Hypothesen benachteiligt würde. Beim Bestimmen der

Parameter werden Theorie, Empirie, Konventionen und praktische Aspekte berücksichtigt. Die Teststärkeberechnungen werden durch Software wie G-Power erleichtert.

1. Erklären Sie das Prinzip des Fisher'schen Signifikanztests. Welche Kritik gibt es daran?
2. Erläutern Sie die Neyman-Pearson-Methode.
3. Was versteht man unter der Teststärke (Power) eines statistischen Tests?
4. Welche Arten von Teststärkenanalysen gibt es und was kann man mit ihnen ermitteln?
5. Welche wissenschaftlichen Vorteile hat die Neyman-Pearson-Methode des Signifikanztests gegenüber der Fisher'schen Methode?

Lösungshinweise finden Sie unter
www.hogrefe.de/buecher/lehrbuecher/psychlehrbuchplus

Kapitel 5

Durchführung einer experimentellen Untersuchung

Inhaltsübersicht

Schlüsselbegriffe

- Fragestellung, Hypothese und Literaturrecherche
- Versuchsplanung und statistische Hypothese
- Umgang mit Versuchsteilnehmern
- Aufbereitung der Daten

Ein „Ablaufplan" experimenteller Forschung

In den vorangegangenen Kapiteln wurden grundlegende Begriffe erläutert und wissenschaftstheoretische Begründungen der experimentellen Logik erarbeitet. Das schafft zwar ein Grundverständnis für die Probleme, mit denen man bei der Versuchsplanung theoretisch zu rechnen hat, hilft aber zunächst wenig bei der konkreten Umsetzung, wenn man selbst eine experimentelle psychologische Untersuchung plant. Dieser zweite Teil des Buches dient der Konkretisierung der vorher genannten Prinzipien und soll einen Überblick über geläufige Störvariablen und Methoden zu ihrer Kontrolle geben. Dabei orientieren wir uns an dem in Abbildung 15 dargestellten Ablaufplan, der die logisch und zeitlich aufeinander aufbauenden Schritte enthält, die bei der Planung, Durchführung und Auswertung einer empirischen Untersuchung zu beachten sind. Zunächst werden wir uns in Kapitel 5.1 mit den notwendigen Vorbereitungen beschäftigen, die der Generierung einer Fragestellung sowie der Herleitung einer psychologischen Hypothese dienen. Dazu gehört insbesondere eine angemessene Literaturrecherche und -aufarbeitung zum interessierenden Bereich. Kapitel 5.2 behandelt dann Fragen der Versuchsplanung insbesondere der Operationalisierung von UVn und AVn im Experiment sowie die Wahl eines Versuchsplans. Der Systematik und Kontrolle von Störvariablen ist ein eigenes Kapitel 6 gewidmet, das auch Durchführungsbeispiele und -tipps enthält. Kapitel 5.3 behandelt Fragen der konkreten Durchführung und Datenerhebung. Den Themen der Datenaufbereitung und -auswertung sowie der Schlussfolgerungen und Erstellung eines Versuchsberichts ist das siebte Kapitel und achte Kapitel gewidmet. Kapitel 9 erörtert weitere Aspekte, die beim Experimentieren wichtig sind, z. B. die Auswahl geeigneter Software und ethische Richtlinien zum Umgang mit Versuchsteilnehmern. In Kapitel 10 schließlich werden einige Anstöße für Replikationen klassischer Befunde gegeben, die sich leicht realisieren lassen und zur praktischen Übung der genannten Prinzipien dienen können.

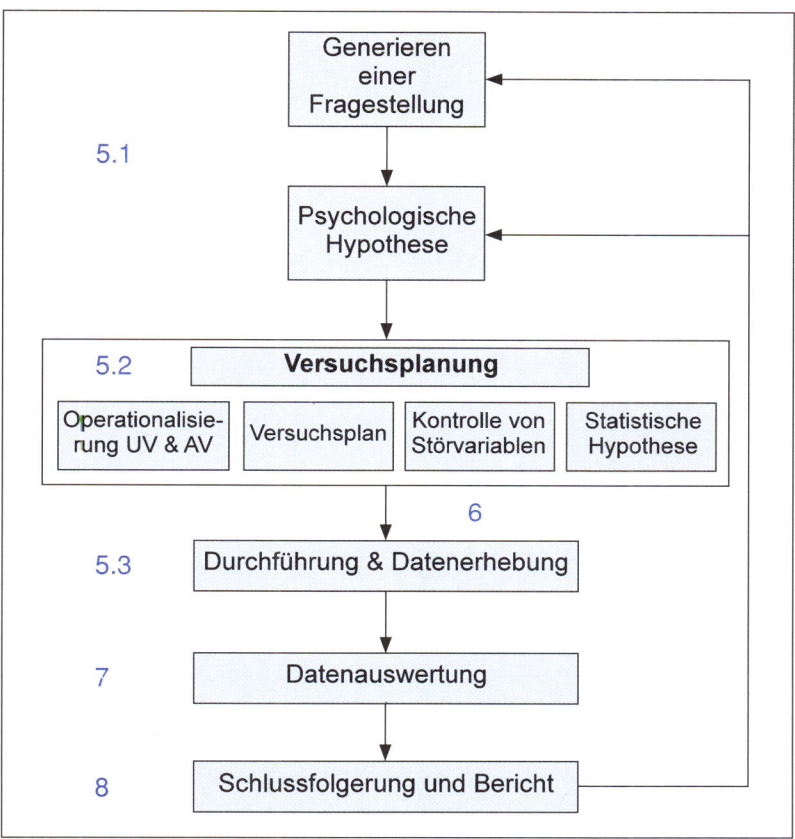

Abbildung 15: Stadien der Planung, Durchführung, Auswertung und Dokumentation einer experimentellen Untersuchung (Die Nummern beziehen sich auf die Kapitel, in denen die einzelnen Stadien näher behandelt werden).

5.1 Generieren einer Fragestellung und Hypothese

In Kapitel 2 hatten wir betont, dass es im sogenannten Entdeckungszusammenhang – also bei der Generierung von Hypothesen – im Prinzip keine Vorschriften gibt: Woher Hypothesen stammen ist zunächst einmal unerheblich, wichtig ist deren strenge Prüfung im Begründungszusammenhang. Diese Feststellung ist zwar prinzipiell zutreffend, typischerweise bewegen sich wissenschaftliche Untersuchungen aber in einem Kontext bereits vorhandener Erkenntnisse und Vorüberlegungen zu Problembereichen. Neue Fragen entstehen häufig innerhalb von Forschungsprogrammen, die unerwartete und erklärungsbedürftige Ergebnisse erbracht haben. Das heißt, Hypothesen entspringen in den seltensten Fällen spontanen Eingebungen, sondern oft einer systematischen Auseinandersetzung mit Theorien oder bekannten Befunden. Ein weiterer Anlass für Hypothesen kann auch die methodische Kritik an publizierten Befunden sein, deren Schlussfolgerungen man eine zu prüfende Alternativhypothese gegenüberstellt. Ein Beispiel hierfür hatten wir mit der Alternativerklärung von Pawlik und Buse (1979) zur Astrologiehypothese von Mayo et al. (1978) kennengelernt (vgl. Kasten auf Seite 26 in Kapitel 1). Konstruktive Methodenkritik kann häufig ein Mittel sein, Theorien und Methoden in einem Gegenstandsbereich voranzutreiben (s. z. B. Bröder & Schütz, 2009; Malmberg, 2002).

5.1.1 Wie sollten Hypothesen beschaffen sein?

Damit eine Hypothese wissenschaftlich sinnvoll ist und überhaupt der empirischen Prüfung zugänglich gemacht werden kann, muss sie empirischen Gehalt haben und präzise formuliert sein. Weiterhin ist es von Vorteil, wenn die Hypothese einen Bezug zu einer existierenden Theorie oder Klasse von Theorien herstellt.

Empirischer Gehalt: Falsifizierbarkeit

Empirischer Gehalt meint hier, dass die Hypothese so formuliert sein muss, dass sie prinzipiell durch Beobachtungen falsifiziert werden kann. Das schließt Hypothesen aus, die beispielsweise schon aufgrund ihrer Definitionen der enthaltenen Begriffe oder durch vorgegebene Prozeduren wahr (oder falsch) sein müssen. Es wäre etwa obsolet, empirisch überprüfen zu wollen, ob die meisten Junggesellen unverheiratet sind oder ob die Versetzungswahrscheinlichkeit ins nächste Schuljahr von den Zeugnisnoten abhängt. Im ersten Fall wird der Wahrheitswert der Aussage durch die Definition von Jungeselle als „unverheirateter Mann" bestimmt, im letzten Fall durch Schulvorschriften, die festlegen, wann eine Versetzung nicht möglich ist. Subtiler als in den genannten Beispielen sind Situationen, in denen keine klaren Vorstellungen darüber existieren, wie die beteiligten Variablen operationalisiert werden können. Solche Hypothesen mögen zwar die *Form* falsifizierbarer Sätze aufweisen, der empirischen Überprüfung steht aber das Problem im Weg, dass die genannten Variablen nicht empirisch erfassbar sind. Beispielsweise war Sigmund Freud (1915) der Überzeugung, jeder paranoiden Störung liege ein unbewusster homosexueller Konflikt zugrunde. Wenngleich Paranoia durch bestimmte Symptome empirisch konstatiert werden kann, stellt sich die Frage, wie das Vorliegen oder Nicht-Vorliegen eines „latenten homosexuellen Konflikts" festgestellt werden kann. Dies wäre aber nötig, um die Hypothese zu prüfen, ihr also empirischen Gehalt zu verschaffen.[27] Die fehlende Operationalisierbarkeit zu einem gegebenen Zeitpunkt schließt jedoch nicht aus, dass es durch die Entwicklung neuer Methoden irgendwann möglich sein kann, derartige Hypothesen empirisch gehaltvoll zu machen. So haben beispielsweise Schüttauf, Bredenkamp und Specht (1998) bestimmte Elemente aus Freuds Neurosenlehre und Theorie der Versprecher kombiniert und daraus eine Hypothese über spezifische Versprecher bei Zwangspatienten hergeleitet. Die Überprüfung war nur durch eine neue Methode möglich, mit der man im Labor Sprechfehler provozieren und kausale Einflüsse darauf untersuchen konnte (s. Baars, Motley & McKay, 1975; Bröder & Bredenkamp, 1996). Der empirische Gehalt einer Hypothese ist also einerseits eine Funktion ihrer logischen Struktur, andererseits eine Funktion der zur Verfügung stehenden oder noch zu erfindenden Möglichkeit zur Operationalisierung. Das heißt, manche Hypothesen sind so formuliert, dass eine empirische Prüfung sich erübrigt, während andere Begriffe enthalten, die sich nicht operationalisieren lassen. Ersteren fehlt der empirische Gehalt völlig, bei letzteren kann er eventuell durch noch zu entwickelnde Operationalisierungen hergestellt werden.

Die *Präzision* einer Hypothese hängt mit der Operationalisierbarkeit eng zusammen. Die Hypothese „Die emotionale Entwicklung des Kindes hängt vom Erziehungsstil der Eltern ab" wäre beispielsweise zu unkonkret, um sie in einer Untersuchung empirisch prüfen zu können. Eine derart allgemeine Aussage könnte bestenfalls am Ende eines erfolgreichen Forschungsprogramms stehen, das viele konkrete Untersuchungen zu verschiedenen Aspekten von emotionaler Entwicklung und Erziehungsstil beinhaltete. Zunächst wäre zu spezifizieren, was mit emotionaler Entwicklung gemeint ist, etwa die Fähigkeit, Emotionsausdrücke interpretieren zu können, Empathie zu empfinden, stabile soziale Beziehungen aufzubauen etc. Genauso würden Sie einen interessierenden Aspekt des Erziehungsstils der

Präzision:
Spezifikation der
Konstrukte und
ihres Zusammenhangs

---

27 Freud betrachtete (1915) seine Theorie dann als falsifiziert, da er eine paranoide Person untersuchte, bei der mittels psychoanalytischer Deutungen kein homosexueller Konflikt zu finden war. Dies ist zwar ein Beispiel für wissenschaftliche Redlichkeit, aber wir betrachten heute Deutungen in der Psychoanalyse nicht als zulässige Daten für Hypothesenprüfungen, da sie sehr stark von subjektiven Überzeugungen und Fähigkeiten des Deuters mitbestimmt werden. Ihnen fehlen also die Merkmale der Objektivität und Transparenz (siehe Grünbaum, 1988).

Eltern herausgreifen, etwa das Ausmaß emotionaler Unterstützung, die Leistungsorientierung oder das Ausmaß autoritärer Erziehung. Damit ist nicht gesagt, dass diese Variablen einer besonders einfachen Operationalisierung zugänglich wären, aber erst die konkretere Formulierung erlaubt die Auswahl potenziell relevanter Verhaltensweisen.

In Kapitel 2 wurde schon angesprochen, dass quantitative Hypothesen im Allgemeinen präziser sind als qualitative, da es hier mehr Falsifikationsmöglichkeiten gibt. So ist etwa Gustav Fechners (1860) psychophysisches Gesetz, das einen logarithmischen Zusammenhang zwischen Reizgröße und Empfindungsstärke behauptet, präziser als es ein rein ordinales Gesetz wäre, das lediglich einen (wie auch immer gearteten) Anstieg der Empfindungsstärke mit der Reizgröße behauptete. Das ordinale Gesetz ist mit viel mehr möglichen Datenmustern kompatibel (nämlich allen, bei denen die Empfindungsgröße *irgendwie* mit der Reizgröße ansteigt) und ermöglicht demnach auch nicht so präzise Vorhersagen.

Theoriebezug   Der *Theoriebezug* einer Hypothese stellt ein weiteres Qualitätsmerkmal dar. Hypothesen, die für umfassendere Theorien relevant sind, spielen eine besondere Rolle bei der Erklärung von Sachverhalten. Während empirischer Gehalt und ein Mindestmaß an Präzision jedoch Grundvoraussetzungen für die empirische Untersuchung einer Hypothese sind, ist der Theoriebezug lediglich wünschenswert. In einzelnen Fällen wird man auch *ad hoc* generierte Hypothesen prüfen wollen, deren Bezug zu einer Theorie nicht existiert oder lediglich marginal ist. So mag man beispielsweise überzeugt sein, eine neue Unterrichtsmethode sei wirksamer ist als die herkömmliche, ohne dafür eine theoretische Begründung angeben zu können. Solche Untersuchungen sind selbstverständlich sinnvoll, allerdings wird man sich spätestens dann auf die Suche nach einer Erklärung in Form einer Theorie begeben müssen, wenn man tatsächlich die Überlegenheit der neuen Unterrichtsmethode demonstriert hat.

5.1.2 Literaturrecherche

Konsultation von Fachliteratur ist notwendig   Eine jede wissenschaftliche Arbeit steht auf den Schultern von bereits gewonnenen Erkenntnissen, die in der Fachliteratur publiziert wurden. Eine angemessene Recherche und Aufarbeitung der relevanten oder potenziell relevanten Literatur zum untersuchten Thema ist absolut unerlässlich, und Untersuchungen ohne die Konsultation von Literatur können nicht ernsthaft wissenschaftlich sein!

Zunächst dient eine Literaturübersicht dazu, Kenntnis über den aktuellen Wissensstand und aktuelle Forschungen oder Kontroversen zu einem Gebiet zu erlangen. Dies erfüllt zumindest drei wichtige Zwecke: Erstens erfährt man, welche möglicherweise konkurrierenden Sichtweisen und Theorien es bereits gibt und wie die empirische Befundlage dazu aussieht. Dies bewahrt einen zweitens davor, das Rad neu zu erfinden und sich mit einer eventuell schon ausreichend geprüften oder gar falsifizierten Hypothese zu beschäftigen.[28] Eine dritte wichtige Erkenntnis aus Literaturrecherchen betrifft die bewährten (oder nicht bewährten) Prozeduren und Operationalisierungen, die üblicherweise in einem Forschungsgebiet verwendet werden. Diese sind häufig validiert und bewahren auch hier davor, das Rad neu zu erfinden. Wenn bewährte Instrumente zur Verfügung stehen, sollte man diese ad hoc konstruierten Maßen vorziehen, auch um die Vergleichbarkeit mit der bisherigen Forschung zu erhöhen. Dieser Ratschlag gilt natürlich *nicht*, wenn meine Hypothese genau an einer Kritik dieser Methoden ansetzt oder ich explizit eine konzeptuelle Replikation wünsche, um die externe Validität der Hypothesenprüfung zu erhöhen (vgl. Kapitel 2).

Drei Ziele des Literaturstudiums

Die *Durchführung einer Literaturrecherche* sowie deren Ergebnisse hängen vom untersuchten Gegenstandsbereich ab, und es muss vor allem zunächst ein guter Einstieg gefunden werden. Die wichtigste Quelle für Literatursuchen in der Psychologie ist heute die Datenbank PsychINFO der American Psychological Association, die in vielen Universitätsbibliotheken zur Verfügung steht. Diese wird monatlich auf den neuesten Stand gebracht und erlaubt die Suche nach Stichwörtern, Autoren, Titelbestandteilen u. v. m. Daneben gibt es PSYNDEXplus und „PSYNDEX plus Tests" für Publikationen und Tests von Autoren aus deutschsprachigen Ländern. Je nach Fragestellung kann es sinnvoll sein, die Suche auch auf entsprechende Datenbanken von Nachbarwissenschaften auszudehnen, etwa EconLit (Wirtschaftswissenschaften) oder MEDLINE (Medizin). Zudem wird

Datenbanken: PsychINFO und Psyndex

---

28 Ab wann eine Hypothese allerdings „ausreichend" geprüft ist, ist nicht leicht zu entscheiden. Wenn man der Meinung ist, dass in bisherigen Prüfungen möglicherweise wichtige Moderatorvariablen übersehen wurden (also die externe Validität bedroht ist, vgl. Kapitel 2), sollte man konzeptuelle Replikationen (neue Operationalisierungen) anstreben.

es auch zunehmend komfortabler, mit Suchmaschinen im Internet zu recherchieren, z. B. dem auf Wissenschaft spezialisierten Suchdienst „Google Scholar" (http://scholar.google.de/).

Mögliche Suchstrategien

Oft wird man eine Fragestellung aufgrund vorangegangener Lektüre entwickeln, aus deren Literaturverzeichnis man schon Hinweise auf relevante Arbeiten erhalten wird. Selbst dann möchte man nichts potenziell Bedeutsames übersehen und wird daher zusätzlich eine elektronische Recherche durchführen. Wenn Namen bedeutsamer Autoren in einem Forschungsgebiet bekannt sind, kann man mit diesen beginnen und nachsehen, ob sie neuere Arbeiten zu dem Thema verfasst haben. Daneben (oder wenn man keine Namen kennt) wird man sicherlich noch eine Stichwortsuche zum Thema durchführen.

Bei der Eingabe von Stichwörtern ergibt sich fast immer eins von zwei Problemen: Entweder man findet zu viel, oder man findet zu wenig. Wenn die Stichwortsuche zu viele Einträge liefert (z. B. mehr als 1.000), wird man die Suche durch zusätzliche Stichwörter eingrenzen müssen. Für einen Einstieg in ein Gebiet empfiehlt es sich meist, nach Überblicksartikeln oder Metaanalysen zu suchen, die den Stand der Forschung zusammenfassen (Stichwort: „Review" oder „Meta-analysis"). Diese enthalten dann die Literaturangaben relevanter weiterer Arbeiten. Wenn man die Ergebnisliste auf ein überschaubares Maß reduziert hat (< 1.000), kann man anhand der Titel und Abstracts recht schnell die vermutlich relevanten Arbeiten identifizieren, die das eigene Forschungsinteresse betreffen. Ein Beispiel für eine Suche ist im folgenden Kasten illustriert.

Einstieg: Überblicksartikel und Metaanalysen

Beispiel einer elektronischen Literaturrecherche

Wenn Sie eine Untersuchung zum Zusammenhang zwischen *Arbeitsgedächtnis und allgemeiner Intelligenz* planen, könnte eine elektronische Recherche etwa der Logik in der Abbildung 16 folgen. Dabei geben die Zahlen an, wie viele Arbeiten zu den jeweiligen Stichwörtern bzw. deren Kombinationen am 22. 02. 2009 bei einer simultanen Suche in PsycINFO und PSYNDEX plus angezeigt wurden.

Die Kombination ([short-term memory or working memory] and intelligence) liefert noch mehr als 1.000 Arbeiten (offenbar ein gut erforschtes Gebiet!), eine weitere Eingrenzung durch die

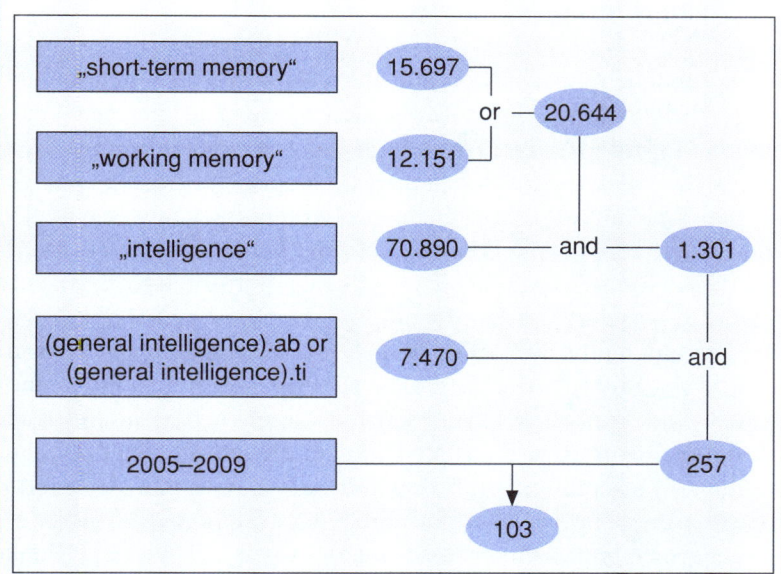

Abbildung 16: Beispiel – Ergebnis einer Suche in PsycINFO und PSYNDEX plus

Konjunktion mit „general intelligence" im Titel oder Abstract und auf aktuelle Arbeiten reduziert die Ausgabe auf ein überschaubares Maß. Anhand der Titel und Abstracts lassen sich dann in der letzten Ausgabe mindestens 8 bis 10 einschlägige Arbeiten identifizieren, die für die Fragestellung relevant und vermutlich als Einstieg brauchbar sind (z. B. Oberauer et al., 2008, 2007; Colon et al., 2007, 2005; Bünting, 2006; Heitz et al., 2005; Unsworth & Engle, 2005).

Findet man zu wenige oder gar keine Arbeiten zum eingegebenen Stichwort, so muss man die Suche ausweiten. Hier empfiehlt es sich, Synonyme oder verwandte Begriffe mit der logischen Verknüpfung „oder" (or) einzugeben. Es ist sehr unwahrscheinlich, dass zu einem Thema der Psychologie noch keinerlei Arbeiten existieren, daher sollten einen wiederholte Suchen ohne Ergebnisse zunächst dazu motivieren, es mit möglichst vielen alternativen Begriffen zu versuchen. Erst wenn dies nach mehreren ernst gemeinten Versuchen erfolglos bleibt, können Sie sich gratulieren: Sie haben ein ganz neues Forschungsgebiet eröffnet!

5.1.3 Literaturaufarbeitung

Die gefundene relevante Literatur muss natürlich auch gelesen und aufgearbeitet werden. Typischerweise wird man zunächst einen oder mehrere Überblicksartikel gründlich lesen, um einen Eindruck von konkurrierenden theoretischen oder methodischen Ansätzen zu gewinnen. Das hilft oft schon, ein erstes Ordnungsschema zu erstellen und weitere empirische oder theoretische Arbeiten darin einzuordnen. Weiterhin sollten dann die einzelnen empirischen Arbeiten zum Thema konsultiert werden. Es empfiehlt sich, diese nach der Lektüre bezüglich ihrer Relevanz für die eigene Fragestellung einzustufen und zu ordnen (z. B.: „zentral", „wichtig", „darf man nicht ignorieren" und „peripher"). Von den relevanten Arbeiten sind dann häufig stichwortartige Exzerpte sinnvoll, die auf die eigene Fragestellung zugeschnitten sind. Bewährt haben sich hier die Gliederungspunkte „Theoretische Position", „Fragestellung", „Methode", „Ergebnisse" und „Schlussfolgerungen" sowie der wichtige Punkt „eigene Kritik". Dies erleichtert die Übersicht und Vergleichbarkeit und ist auch schon eine gute Vorarbeit für den Theorieteil einer späteren Berichtlegung bzw. Publikation.

Wie man die Aufarbeitung im einzelnen organisiert, ist eine Frage des persönlichen Arbeitsstils, die oben genannten Methoden sind nur Empfehlungen, um den Wald vor lauter Bäumen nicht aus dem Blick zu verlieren.

Im Literaturverzeichnis einer späteren Berichtlegung dürfen nur Arbeiten auftauchen, die Sie auch tatsächlich konsultiert haben. Zitieren Sie niemals angebliche Positionen eines Autors aus zweiter Hand! „Konsultieren" meint hier, dass auch sogenanntes Querlesen erlaubt ist, sofern Sie die wichtigen Aspekte des Artikels erfassen (durch die oft einheitliche Struktur wissenschaftlicher Arbeiten gewinnt man bald Übung darin). Sie müssen aber jede Aussage und Schlussfolgerung, die Sie einem Autor zuschreiben, im Bedarfsfall anhand des Originaltextes belegen können. Schlampige Zitation kann zu gerüchteartigen falschen Sichtweisen führen, die sich durch die wissenschaftliche Literatur schleppen.[29]

Erster Überblick

Zitiere nur, was du kennst!

---

29 Ein lesenswertes und unterhaltsames, wenngleich erschreckendes Beispiel gibt Pullum (1991).

5.2 Versuchsplanung

In diesem Abschnitt befassen wir uns mit dem Problemkreis der konkreten Planung einer experimentellen Untersuchung, wenn die Fragestellung bzw. die zu testende psychologische Hypothese spezifiziert ist. Zunächst behandeln wir Ziel, Probleme und Möglichkeiten der *Operationalisierung*, dann Fragen zur Auswahl eines Versuchsplans. Die Theorie und Realisierung verschiedener Kontrolltechniken wird in Kapitel 6 behandelt.

5.2.1 Operationalisierung

Im Kapitel 1 wurde der Begriff der Operationalisierung schon theoretisch geklärt. Es geht um die Frage, wie die unbeobachtbaren theoretischen Begriffe einer psychologischen Hypothese in beobachtbare Variablen einer empirischen Hypothese „übersetzt" werden können. Wir hatten am Beispiel der Untersuchung von Ross et al. (1969, vgl. den Kasten auf Seite 28 in Kapitel 1) zur Emotionswahrnehmung bei Fehlattribution körperlicher Symptome aufgezeigt, dass eine solche Übersetzung im Prinzip immer implizite oder explizit aufgeführte Hilfs- oder Operationalisierungshypothesen beinhaltet. Das gilt sowohl für die AVn als auch die UVn in einer empirischen Untersuchung. Wie Sarris und Reiß (2005) feststellen, hängt die Qualität der Operationalisierung maßgeblich vom Einfallsreichtum des Forschers ab. Die Operationalisierungen sollen die theoretischen Variablen möglichst gut *repräsentieren*. Diesen Aspekt haben wir als Konstrukt- oder Variablenvalidität bezeichnet. Im Falle experimenteller Manipulationen von UVn werden die konkreten Realisierungen als *Faktoren* bezeichnet, während die Operationalisierungen der AVn häufig als *Indikatoren* bezeichnet werden. Indikatoren für den Schweregrad einer posttraumatischen Belastungsstörung könnten z. B. die Häufigkeit sogenannter Flashbacks sein, das berichtete oder beobachtete Ausmaß an Schlafstörungen oder die subjektiv empfundene emotionale Belastung, die ein Patient berichtet (Ehlers, 1999). Weitere Beispiele für Operationalisierungen finden sich im folgenden Kasten.

(Randnotizen:)
Theorie-Empirie-Überbrückungsproblem

UV → Faktor

AV → Indikator

Beispiele für die Operationalisierung von Variablen (z. T. nach Graziano & Raulin, 2007)

Furcht
- Physiologische Maße wie elektrodermale Reaktion, Herzrate etc.
- Selbstbericht über das Ausmaß der Furcht (Fragebogen, Rating, Interview).

- Beobachtung von Vermeidungsverhalten.
- Klassifikation des mimischen Ausdrucks.

Aggressivität von Kindern
- Fremdbeurteilung (Rating) durch Lehrer oder Eltern.
- Beobachtung als aggressiv eingestufter Verhaltensweisen innerhalb einer Zeitspanne.
- Häufigkeit aggressiver Handlungen gegenüber einer Spielzeugpuppe im Experiment.
- Anzahl aggressiver Inhalte in Geschichten, die das Kind zu Stimulusbildern erfindet.

Intelligenz
- Fremdeinschätzung durch Lehrer.
- Schulnoten.
- Leistung in standardisierten Intelligenztests.

Stärke der Gedächtnisspur
- Anzahl frei reproduzierbarer Stimuli.
- Diskriminationsfähigkeit zwischen neuen und alten Items in einem Wiedererkennenstest (gemessen mit d' aus der Signalentdeckungstheorie).
- Reaktionszeit bis zu einer korrekten Antwort im Wiedererkennenstest.

Sowohl für UVn als auch AVn gilt, dass man zunächst möglichst gut „bewährte" Operationalisierungen aus der Literatur suchen sollte. Günstigstenfalls sind das solche, die gezielten Konstruktvalidierungen unterworfen wurden. Das heißt, es gibt empirische (und ggf. theoretische) Argumente für ihre Verwendung, und die Hilfshypothesen dürfen als gut bewährt gelten. Dies ist vor allem für Intelligenz- und Persönlichkeitstests häufig der Fall, deren Verwendung dann natürlich einem ad hoc selbst konstruierten Indikator überlegen ist. In Bereichen wie der Gedächtnispsychologie gibt es allgemeine Prüfverfahren der Gedächtnisleistungen mit daraus abgeleiteten Maßen, die in verschiedenen Variationen zum Einsatz kommen können (freie Reproduktion, geförderte Reproduktion, Wiedererkennung, indirekte Tests, s. Bredenkamp & Erdfelder, 1996) usw.

Oft verwendet ist nicht gleich „gut"

Es sei hier ein einschränkender Hinweis angebracht: Operationalisierungen von AVn und UVn werden in Teilen der Fachliteratur leider nicht immer deswegen verwendet, weil sie besonders gut sind, sondern weil sie einfach durchzuführen sind. Beispielsweise wurde in einem großen Teil der früheren sozialpsychologischen Aggressionsforschung das Ausmaß der Aggressivität über die Anzahl oder Stärke von Elektroschocks operationalisiert, die man anderen Personen zuteilte. Ein anderes Beispiel ist die sehr häufig verwendete Velten-Technik (Otto et al., 2000; Isen & Gorgoglione, 1983) zur Induktion von Stimmungen (als UV). Hierbei lesen die Versuchsteilnehmer laut Aussagen von Kärtchen ab, die entweder positive oder negative Gemütszustände beinhalten. Im ersten Falle bestehen ernste Zweifel, ob die Elektroschocks angemessen Aggression repräsentieren, im letzteren Falle dürfte die Methode viel eher Demand Charateristics („Ich soll mich wohl jetzt schlecht fühlen") induzieren als Stimmungen (vgl. Kapitel 6.4.2). Die häufige Verwendung von Methoden in der Fachliteratur kann also manchmal leider eher die Bequemlichkeit der Forscher widerspiegeln als die Qualität der Methoden.

Eine weitere Einschränkung der Empfehlung, sich auf „bewährte" Indikatoren zu verlassen, gilt natürlich dann, wenn gerade die *Kritik* an bestehenden Maßen Sie veranlasst, neue Operationalisierungen zu verwenden, deren Überlegenheit dann jedoch empirisch zu untermauern ist.[30]

Generell gilt, dass Indikatoren umso geeigneter sind, je objektiver, valider und reliabler sie die zu untersuchende AV erfassen bzw. messen. Weiterhin ist es in den meisten Fällen vorzuziehen, sich auf objektive *Beobachtungsdaten* oder *Verhaltensspuren* zu verlassen anstatt auf Selbstberichte, da letztere verschiedenen Verfälschungstendenzen unterliegen können (vgl. Kapitel 6).[31] Auch hier besteht wieder das Problem, dass kontrollierte Beobachtungen meist aufwendiger sind als Befragungen, weshalb letztere trotz ihrer geringeren Objektivität häufiger verwendet werden. Es sollte in jedem Einzelfall geprüft werden,

Beobachtungen und Verhaltensspuren

---

30 Ein Beispiel hierfür sind formale Messmodelle für Gedächtnisprozesse in der Quellengedächtnisforschung: Batchelder und Riefer (1990) und Murnane und Bayen (1996) haben gezeigt, dass herkömmliche Maße der Quellengedächtnisleistung von verschiedenen anderen Faktoren mitbeeinflusst werden, die mit Gedächtnis nichts zu tun haben. Alternativen dazu sind theoriegeleitete Messmodelle, die Maße ohne solche Konfundierungen bereitstellen (s. Batchelder & Riefer, 1990; Bayen et al., 1996; Bröder & Meiser, 2007).

31 Verhaltensspuren sind vorfindbare Sachverhalte, die aus bestimmten Verhaltensweisen resultieren und daher ein Indikator dafür sind, z. B. die Menge der Zigaretten im Aschenbecher als Indikator der Nikotinsucht oder die Anzahl von Fingerabdrücken an einer Glasvitrine im Museum als Indikator der Attraktivität des Ausstellungsstücks.

ob nicht ein guter objektiver Indikator zur Verfügung steht, der den zusätzlichen Erhebungsaufwand lohnt. Ebenso ist es immer informativ, eine AV – falls realisierbar – durch *multiple Indikatoren* zu erfassen. Beispielsweise geht man davon aus, dass sich starke Emotionen sowohl in einer subjektiven Empfindung als auch in physiologischen Parametern und im Verhalten niederschlagen (Lazarus, 1991). Wenn die Möglichkeit zur simultanen Erfassung der verschiedenen Aspekte gegeben ist, sollte man sie nutzen, denn dadurch gewinnt man Informationen über die Kostruktvalidität und bestenfalls auch über notwendige Revisionen der Theorie, wenn sich Dissoziationen zwischen den Maßen zeigen (d. h. sie reagieren unterschiedlich auf eine UV).

Multiple Indikatoren

Messniveau

Ein weiterer Nebenaspekt der Auswahl von Operationalisierungen kann das Skalenniveau sein, auf dem ein Indikator erfasst werden kann (vgl. Kapitel 2.1.1). Je höher das Skalenniveau ist, desto mehr statistische Auswertungsverfahren sind später sinnvoll möglich. Parametrische Verfahren für intervallskalierte Daten sind teststärker als vergleichbare Verfahren für Ordinal- oder gar nur Nominaldaten und erlauben daher strengere und ökonomischere Prüfungen der Hypothesen. Die Validität und Reliabilität (Messgenauigkeit) des Indikators muss vor solchen Überlegungen jedoch Priorität haben.

> **Merke:**
>
> Zusammengefasst kann man festhalten, dass validierte und bewährte Maße Ad hoc-Indikatoren vorzuziehen sind, und dass es (je nach Gegenstandsbereich) besser ist, sich auf objektive als auf subjektive Daten zu verlassen. Validität und Reliabilität sind Hauptkriterien der Indikatorwahl, das Skalenniveau kann ein weiteres Optimierungskriterium sein.

Operationalisierung versus operationale Definition

Percy Williams Bridgman

Fotograf: akg-images
© picture-alliance/
akg-images

Gelegentlich wird Operationalisierung auch als „operationale Definition" eines theoretischen Begriffs bezeichnet. Dies ist nicht richtig. Die operationale Definition geht auf eine Idee des Physikers und Wissenschaftstheoretikers Percy W. Bridgman (1882–1961) zurück, der das Ziel anstrebte, alle in der Physik gebräuchlichen theoretischen Begriffe oder „latente" Variablen durch operationale Definitionen zu objektiven Begriffen zu machen. Die operationale Definition einer Größe ist dann die Angabe aller empirischen Mess- und experimentellen Operationen, die zu einem bestimmten Effekt führen.

Dieser „Operationalismus" wurde in der Psychologie von Vertretern des radikalen Behaviorismus begeistert aufgenommen, da er genau dem Programm entsprach, unbeobachtbare Variablen aus der Wissenschaftssprache verbannen zu wollen. Allerdings hat schon der Neobehaviorist Edward C. Tolman (1886–1959) gesehen, dass der Operationalismus theoretisch unbefriedigend ist, und dass Aussagen über theoretische Variablen durchaus empirisch gestützt werden können. Eine Karikatur des Operationalismus ist der in der Psychologie bekannte Satz „Intelligenz ist, was der Intelligenztest misst". Daran werden die Probleme operationaler Definitionen deutlich: Hat eine Person, die nie einen IQ-Test bearbeitet, keine Intelligenz? Welcher IQ-Test ist relevant (Gibt es so viele Intelligenzen wie Tests?). Wie behandelt man zufällige Messfehler der Tests? Darüber hinaus sollen theoretische Variablen Erklärungs- und Integrationskraft für verschiedene beobachtbare Phänomene haben. Der Operationalismus wird heute nicht mehr als fruchtbare wissenschaftstheoretische Haltung angesehen.

Operationalisierungen sind bescheidener, da sie nur *einen möglichen* Indikator der latenten Variablen darstellen. Wie gut dieser geeignet ist, muss in Validierungsstudien geprüft werden.

5.2.2 Versuchsplanung und statistische Hypothese

Der Versuchsplan legt unter anderem fest, wie in einem Experiment die UVn operationalisiert werden, unter denen die Indikatoren erfasst werden sollen. Überlegungen dazu wird man typischerweise gemeinsam mit Überlegungen zur Operationalisierung der AV sowie im Hinblick auf die später anzuwendenden statistischen Verfahren zur Hypothesenprüfung anstellen. Wir erinnern uns, dass eine statistische Hypothese logisch aus der empirischen Hypothese folgen sollte, wenn der Versuchsplan bestimmte Voraussetzungen erfüllt (z. B. Äquivalenz der Gruppen durch Randomisierung). Nehmen wir an, Sie wollten die psychologische Hypothese prüfen, dass verteiltes Lernen verbalen Materials zu besseren Behaltensleistungen führt als das massierte Lernen, wenn die Gesamtlernzeit für das Material konstant ist (Ebbinghaus, 1885). Sie könnten sich entscheiden, zwei Gruppen zu

Operationalisierung der UV

vergleichen, denen Sie dasselbe Material für die gleiche Zeitdauer präsentieren, jedoch einer Gruppe mit Abständen zwischen denselben Lerndurchgängen (verteiltes Lernen), während in der anderen Gruppe die gleichen Lerndurchgänge jeweils mehrmals hintereinander präsentiert bekommt (massiertes Lernen). Haben Sie durch Randomisierung sichergestellt, dass die Gruppen sich nicht systematisch unterscheiden, können Sie aus dem Versuchsplan und der psychologischen Hypothese die konkrete *empirische Hypothese* ableiten, dass die Behaltensleistung in der zweiten Gruppe schlechter sein sollte als in der ersten. Sie könnten sich für die Anzahl reproduzierter Wörter in einer freien Wiedergabe als Indikator der Behaltensleistung entscheiden, woraus direkt die *statistische Hypothese* folgt, dass im Mittel mehr Wörter in der ersten Gruppe reproduziert werden sollten als in der zweiten. Als Verfahren zum statistischen Test dieser Hypothese würden Sie dann vermutlich auf den t-Test für unabhängige Stichproben zurückgreifen (Bortz, 2005). Wenn Sie dies bereits vor der Untersuchung festlegen, kann mit Hilfe einer A priori-Teststärkeanalyse der nötige Stichprobenumfang geplant werden, der eine ausreichende Power ermöglicht (vgl. Kapitel 4.3). Bei der Erstellung des Versuchsplanes sollte man also die spätere Datenauswertung im Hinblick auf die Hypothese schon im Blick haben.

Operationalisierung der UV. Auch für die UVn eines Experiments gilt, dass bewährte und validierte Verfahren ad hoc konstruierten vorzuziehen sind, wenn sie zur Verfügung stehen. So gibt es in der Gedächtnispsychologie beispielsweise bestimmte Standardoperationen, mit denen die Güte der Behaltensleistung beeinflusst werden kann, wie die Lerndauer, die Anzahl der Wiederholungen oder die Tiefe der semantischen Verarbeitung. In der Emotions- und Sozialpsychologie werden verschiedene Methoden zur Induktion von positiven oder negativen Stimmungen verwendet, z. B. kleine Geschenke für positive Stimmung (Isen & Erez, 2007), Filmausschnitte, Musik, Bilder oder die schon angesprochene notorische Velten-Technik. In solchen Fällen mit häufig wiederkehrenden Manipulationen existieren oft vergleichende Validierungsstudien, die die nützlichsten Verfahren und Stimuli identifizieren, was bei der Auswahl für die eigene Versuchsplanung ausgesprochen hilfreich ist (z. B. Hewig et al., 2005; Westermann et al., 1996). Eine gezielte Literaturrecherche nach solchen Studien ist auf jeden Fall angeraten.

Manchmal findet man jedoch keine Vorgaben, beispielsweise bei der Untersuchung neuer oder spezifischer UVn. In diesen Fällen muss

Empirische und statistische Hypothese werden durch den Versuchsplan mitbestimmt

man sich auf seine Intuition und ggf. Befragungen erfahrener Experimentalpsychologen verlassen, ob diese eine bestimmte Operationalisierung für Erfolg versprechend halten. Insbesondere bei ersten Studien zu einer UV sollte man sich bemühen, allzu subtile Manipulationen zu vermeiden und die Bedingungen deutlich unterschiedlich zu gestalten, so dass ein erwarteter Effekt auch eine Chance hat aufzutreten. Dazu ein einfaches Beispiel: Wenn Sie die Behaltensleistung durch die Häufigkeit der Präsentation von Reizen beeinflussen wollen, wird die Erhöhung von zehnmaliger auf elfmalige Präsentation vermutlich nur einen sehr kleinen Effekt haben. Eine so gewählte Manipulation könnte also bei einem ausbleibenden Effekt die (falsche) Schlussfolgerung nahe legen, die Häufigkeit der Präsentation habe keine Auswirkung auf die Gedächtnisleistung (ein fälschliches Falsifikationsurteil). Bei einem Vergleich fünfmaliger mit zehnmaliger Darbietung dagegen sind die Chancen eines Effekts – wenn es ihn gibt – deutlich stärker ausgeprägt.

Materialauswahl und konkrete Ausgestaltung. Ein wesentlicher Aspekt der konkreten Ausgestaltung eines Experiments ist das Vermeiden von Boden- und Deckeneffekten.

Begriffsklärung: Boden- und Deckeneffekte

Ein *Bodeneffekt* liegt vor, wenn in keiner der Bedingungen das interessierende Verhalten in genügend hohem Ausmaß gezeigt wird, um Unterschiede zu entdecken.

Ein *Deckeneffekt* ist spiegelbildlich dazu das Phänomen, dass alle Personen nahezu maximale Ausprägung des Verhaltens zeigen.

Boden- und
Deckeneffekte

Wenn Sie z. B. Problemlöseaufgaben oder Gedächtnistests so leicht wählen, dass jeder sie perfekt lösen kann, so werden Sie schwerlich einen Einfluss Ihrer experimentellen Manipulationen auf die Aufgabenleistung feststellen können (Deckeneffekt). Genauso werden Sie sich keine Beerdigung als soziale Situation aussuchen, um Formen der Humorverarbeitung zu untersuchen und auch keinen Sonntagmorgengottesdienst zur systematischen Beobachtung aggressiven Verhaltens, da hier vermutlich Bodeneffekte auftreten werden. Aber ab wann ist eine Aufgabe zu leicht oder zu schwer? Wann tritt welches Verhalten überhaupt auf? Auch hier gilt zunächst wieder die Standardantwort, dass Sie sich am besten an der Fachliteratur orientieren. Dort finden Sie typische Listenlängen für Gedächtnisexperimente, typische Problemlöseaufgaben oder Hinweise auf Laborsituationen, in denen Sie das interessierende Verhalten in ausreichendem Ausmaß hervorrufen können. Wenn Sie mit neuem Material arbeiten, ist eine kleine Voruntersuchung zu dessen Brauchbarkeit – also der Vermeidung von Decken- und Bodeneffekten – anzuraten. Dies ist wohl die einzige Anwendung, für die das in Kapitel 3.4 genannte „One-group-one-shot"-Design sinnvoll ist.

Auswahl von Stimuli
In vielen Anwendungen der Allgemeinen Psychologie werden Sie die Versuchsteilnehmer mit unterschiedlichen *Stimuli* konfrontieren, deren Verarbeitung Sie untersuchen wollen, beispielsweise Bilder oder Wörter. Bilder und Wörter unterscheiden sich jedoch hinsichtlich vieler möglicher Dimensionen, die Sie kaum kontrollieren können, wenn Sie sie selbst generieren. Bei Wörtern kann man z. B. die emotionale Tönung, Verwendungshäufigkeit, Bildhaftigkeit, Konkretheit, Silbenzahl, assoziativen Gehalt usw. unterscheiden, die sich alle auf die Gedächtnisleistung auswirken und damit ggf. Störvariablen darstellen können. Bevor man seine eigenen Stimuli nach Gusto

Normierte Reize
kreiert, kann man recherchieren, ob ggf. normierte Sets von Reizen vorliegen, auf die man zurückgreifen kann. Dies erlaubt es, die Stimuli bezüglich verschiedener Kriterien zu homogenisieren. Der Bezug auf publizierte Normen kann auch hilfreich sein, das Stimulusmaterial in der Berichtlegung exakt zu charakterisieren, ohne dass man es explizit in seiner Gesamtheit aufführen muss.[32] Zu psychologisch relevanten Dimensionen von Wörtern existiert eine Fülle von Normierungsstudien, die zu einem großen Teil im *Handbuch Deutschsprachiger Wortnormen* von Hager und Hasselhorn (1994) zusammengestellt sind. Einfache Strichzeichnungen konkreter Objekte für Gedächtnisuntersuchungen, die bzgl. Komplexität und Bedeutungsgehalt homogenisiert sind, findet man in Snodgrass und Vanderwaart (1986). Das *International Affective Picture System (IAPS)* (Bradley & Lang, 2007) sowie die Sammlung der *International Affective Digitized Sounds (IADS)* (Stevenson & James, 2008) stellen große Sammlungen von Reizen bereit, die hinsichtlich der Valenz (angenehm – unangenehm) und der Erregung, die sie auslösen, normiert wurden und demnach gezielt zur Emotionsinduktion eingesetzt werden können. Eine große

---

32 Ein Beispiel: „For each participant, 64 target items and 64 distractors were randomly drawn from a pool of 220 English nouns of four to seven letters. The nouns were taken from the word-norm study of Gilhooly and Logie (1980) and had mean concreteness scores of at least 6.00 on a 7-point rating scale." (Meiser & Bröder, 2002, S. 125). Aufgrund dieser Angaben kann jeder Leser die benutzten Wörter anhand der Normierungsstudie exakt rekonstruieren.

Sammlung emotionaler Gesichtsausdrücke hat Smith (2004) normiert. Dies sind nur wenige Beispiele. In jedem neuen Anwendungsfall lohnt es sich, nach potenziell existierenden normierten Materialien zu suchen. Das macht die Stimulusauswahl leichter und rationaler und erhöht die Vergleichbarkeit mit anderen Studien sowie die Transparenz der Auswahlkriterien.

Der Versuchsplan. In Kapitel 3 wurden eingehend verschiedene Typen von Faktoren sowie deren Kombinationen in mehrfaktoriellen Plänen (mehr als eine UV) behandelt. Wir beschränken uns im Folgenden auf *experimentelle* Faktoren, bei denen eine gezielte Manipulation der interessierenden UV möglich ist. Eine Ausnahme sind Blockfaktoren, die durch Parallelisierung von Gruppen gebildet werden und demnach quasi-experimentell sind. Bezüglich quasi-experimenteller Faktoren ist eine experimentelle Manipulation nicht möglich, da die Vpn die Ausprägung der Variable schon „mitbringen" (Geschlecht, Alter, Art der Krankheit etc.). Sie können bezüglich der Versuchsplanung und -auswertung aber wie experimentelle Between-subjects-Faktoren behandelt werden. Zu beachten ist allerdings, dass ihre Effekte nicht ohne weiteres kausal interpretiert werden dürfen! (vgl. Kapitel 2).

Versuchsplan

Im Rahmen der experimentellen Versuchsplanung werden wir folgende Arten von Faktoren kurz behandeln, die alle in Kreuz- oder Nestrelationen (vgl. Kapitel 3) miteinander kombiniert werden können:
* experimentelle Faktoren ohne Messwiederholung,
* experimentelle Faktoren mit Messwiederholung und
* Blockfaktoren.

Wir beschränken uns auf diese Arten von Faktoren und einfache mehrfaktorielle Designs (Kreuz- und Nestrelationen), da sie die häufigsten in der Psychologie gebräuchlichen Versuchspläne darstellen und die meisten Fragestellungen abdecken. Nicht experimentelle Designs finden sich bei Bortz und Döring (2006) sowie Rudinger (in Vorb.). Eine größere Auswahl spezieller Designs mit Auswertungshinweisen findet man in dem Klassiker von Campbell und Stanley (1963), in Hussy und Jain (2002) oder in Kirk (1995).

Experimentelle Faktoren. Unabhängige Variablen, die aktiv manipuliert werden, werden als verschiedene *Treatments* (Versuchsbedingungen bzw. Faktorstufen) realisiert, unter denen die AV beobachtet wird. Diese Versuchsbedingungen können entweder zwischen oder inner-

halb von Versuchsteilnehmern variiert werden. Hier stellen sich zwei wesentliche Fragen:
- Wie viele Faktorstufen sind angemessen?
- Nach welchen Kriterien entscheide ich mich für ein Between- oder Within-subjects-Design?

Die Frage nach der *angemessenen Anzahl von Faktorstufen* hängt von der interessierenden Hypothese ab. Bei *qualitativen* UVn wird die Zahl der Faktorstufen oft durch die Fragestellung vorgegeben. Beispielsweise wird man bei der Frage, ob Frustration Aggression fördert, wahrscheinlich eine Experimentalgruppe mit Frustration gegen eine Kontrollgruppe ohne Frustration kontrastieren. Unterschiedliche Formen oder Abstufungen von Frustrationen wird man nur dann verwenden, wenn man über deren unterschiedliche Auswirkungen eine Hypothese hat, und auch dann wird die interessierende Zahl der Treatments meist durch die Hypothese vorgegeben. Liegt eine *quantitative* UV vor, dann hängt die nötige Zahl von Faktorstufen von der Präzision der formulierten Hypothese ab. Für einfache ordinale Hypothesen („Je mehr X, desto mehr Y") reichen im Prinzip zwei Faktorstufen zur Hypothesenprüfung. Ein Beispiel wären die oben genannten Präsentationszeiten von Reizen (lang bzw. kurz), deren Auswirkung auf die Behaltensleistung geprüft werden soll. Eine *strengere* Prüfung der Hypothese könnte aber auch mehr Abstufungen enthalten. Es könnte ja sein, dass die Behaltensleistung nur bis zu einer bestimmten Präsentationszeit ansteigt, danach aber wieder abfällt. Solche nicht monotonen Zusammenhänge würde man im ersten Design übersehen.[33] Falls die Hypothese sogar einen spezifischen funktionalen Zusammenhang der AV mit der UV postuliert, sind ebenfalls mehrere Abstufungen notwendig. Beispielsweise nehmen manche Autoren an, dass beim Vergessen die Gedächtnisleistung über die Zeit in Form einer Potenzfunktion abfällt (Anderson & Schooler, 1991; Ebbinghaus, 1885; Wixted & Ebbesen, 1991, 1997). Würde man hier nur zwei Zeitabstände nach dem Lernen (Retentionsintervalle) untersuchen, erhielte man nicht genug Daten, um diese Hypothese zu prüfen, denn durch zwei Punkte kann man auch eine Gerade oder fast jede andere beliebige monoton fallende Funktion legen, so dass das Ergebnis niemals die Hypothese einer Potenzfunktion eindeutig stützen

---

33 In diesem Fall wäre der im Experiment betrachtete Zeitausschnitt eine Moderatorvariable des Zusammenhangs, die die externe Validität bedroht. Zur Erhöhung der externen Validität würde man demnach die Allgemeingültigkeit der Hypothese prüfen, indem man unterschiedliche Zeitbereiche in verschiedenen Experimenten realisiert.

könnte. Hier würde man also deutlich mehr Retentionsintervalle wählen, um Aufschluss über die Funktionsform zu erhalten. Ebbinghaus (1885) etwa untersuchte die Behaltensleistung für Listen sinnloser Silben nach 20 Minuten, 60 Minuten, 9 Stunden, 24 Stunden, 48 Stunden, 6 Tagen und 31 Tagen, also in 7 Abstufungen.

Die Frage nach der *Art der experimentellen Variation* der UV (between versus within subjects) hängt davon ab, für wie wahrscheinlich in einem Experiment unerwünschte Effekte der Mehrfachmessung gehalten werden.

Eine Variation der UV innerhalb von Vpn (jede Vp durchläuft alle Versuchsbedingungen) bietet große Vorteile (vgl. Kapitel 3): Die Versuchsbedingungen werden dadurch bezüglich aller in den Versuchspersonen lokalisierten Störvariablen strikt parallelisiert, so dass es keinerlei Unterschiede in den Bedingungen bzgl. der Alters-, Geschlechts-, Intelligenzverteilung etc. gibt, auf die eventuelle Unterschiede zurückgeführt werden könnten. Zudem werden die a priori-Unterschiede der Versuchspersonen bezüglich der AV in den statistischen Auswertungsverfahren als eigener Personenfaktor betrachtet, d. h. als Varianz in der AV, die in der Unterschiedlichkeit der Personen begründet ist und durch diese „erklärt" wird. Dadurch reduziert sich im Vergleich zu Between-subjects-Plänen massiv der Anteil an „nicht aufgeklärter" Varianz (Fehlervarianz), gegen die der Effekt der UV getestet wird. Statistische Tests von UV-Effekten haben demnach eine deutlich größere Power, was Messwiederholungsdesigns besonders ökonomisch macht.

Vorteile der Messwiederholungs-designs

Zu den möglichen unerwünschten Auswirkungen von Messwiederholungen zählen jedoch Sensitivierungseffekte, Übungs- und Ermüdungseffekte, Konsistenzeffekte und Demand Characteristics. Eine *Sensitivierung* liegt vor, wenn die erste Messung die zweite beeinflusst oder gar die Wirkung des Treatments selbst verändert. Im schon genannten Beispiel könnte ein Stimmungsfragebogen vor der Präsentation eines Films die Aufmerksamkeit der Personen auf den Aspekt der Stimmung lenken. Dies könnte entweder die Wirkung des Films selbst verändern oder aber zur Hypothesenbildung der Versuchsperson beitragen, die sich dann dementsprechend verhält (Demand Effect). Beides wären Wechselwirkungen mit dem Treatment, die die externe Validität der Studie massiv bedrohen. Mehrmalige Messungen von Einstellungen könnten durch Konsistenzeffekte verfälscht sein („Wenn ich vorhin gesagt habe, dass ich für

Unerwünschte Effekte der Mess-widerholung

Umweltschutz bin, muss ich das jetzt wieder sagen"). Übungseffekte können dazu führen, dass spätere Aufgaben besser gelöst werden als frühere, Ermüdungseffekte bewirken das Gegenteil. Während Übungs- und Ermüdungseffekte durch Ausbalancieren der Reihenfolgen von Treatments kontrolliert werden können (vgl. Kapitel 6.5), trifft das für Sensitivierungs-, Konsistenz- und Demand-Effekte leider nicht zu. Wenn ihr Vorliegen befürchtet werden muss, sollte auf Messwiederholungen gänzlich verzichtet werden oder ein Mischdesign analog zum in Kapitel 3.6 vorgestellten Solomon-Viegruppenplan verwendet werden (vgl. Abb. 17), in dem sowohl eine Messwiederholungsgruppe alle Treatments durchläuft als auch weitere Gruppen jeweils nur eines der Treatments durchlaufen. Dadurch wird der Vorteil der Ökonomie zwar aufgegeben,[34] jedoch ist der Frage der Validität unbedingter Vorrang vor ökonomischen Erwägungen einzuräumen.

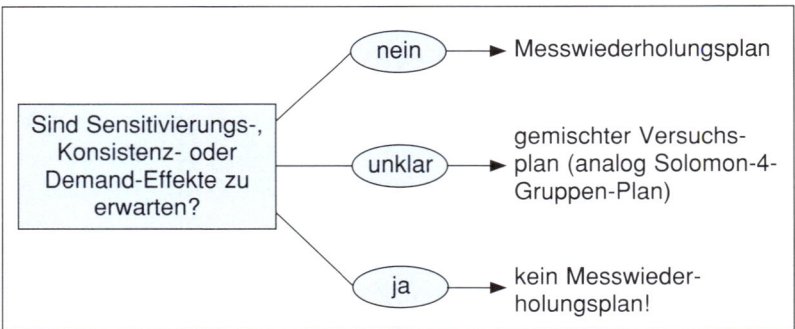

Abbildung 17: Entscheidungshilfe bei der Wahl zwischen Within- und Between-subjects-Designs

Blockfaktoren. Blockfaktoren stellen meist keine direkt in der Hypothese interessierenden UVn dar, haben aber einen vermuteten Einfluss auf die AV. Sie sind damit definitionsgemäß Realisierungen von personenspezifischen Störvariablen. In der experimentellen Planung kann man anstreben, die Gruppen hinsichtlich dieser Variablen zu parallelisieren. Beispielsweise hat das Lebensalter eine große Auswirkung auf Gedächtnisleistungen, so dass man in einem Gedächtnisexperiment bestrebt sein könnte, die Gruppen bezüglich des Alters strikt zu parallelisieren. Genauso wird Intelligenz die Problemlöse-

---

34 Ein solches Design ist zwar zunächst aufwendig, kann aber zur Abklärung dienen, ob in Folgestudien Messwiederholungspläne problemlos eingesetzt werden können.

fähigkeit beeinflussen oder der sozioökonomische Status einer Person das Ausmaß spontan gezeigter Hilfeleistung usw.

Durch gezieltes Einbeziehen von Blockfaktoren kann ebenfalls die unerklärte Varianz in der AV stark reduziert werden, indem die durch den Blockfaktor erklärte Varianz aus der Fehlervarianz herausgezogen wird und dadurch Tests der interessierenden UV mehr Power haben. Parallelisierung und Randomisierung scheinen sich zunächst zu widersprechen. Wie trotz Parallelisierung randomisiert werden kann, berichtet Kapitel 6.2.2.

5.2.3 Planung des benötigten Stichprobenumfangs

In Kapitel 4 wurde eine kurze konzeptuelle Einführung in den Neyman-Pearson-Ansatz des statistischen Hypothesentestens gegeben, der zwischen der Nullhypothese und einer spezifischen Alternativhypothese zu entscheiden hilft. Letztere wird ausgedrückt als eine Mindesteffektgröße, die man entdecken will, um sie theoretisch oder praktisch für bedeutsam zu halten und die Nullhypothese zu verwerfen. Der Vorteil des Ansatzes gegenüber dem häufig als defizitär kritisierten Verfahrens des Fisher'schen Nulhypothesentestens liegt darin, dass man dann nicht nur die Fehlerwahrscheinlichkeit für das fälschliche Verwerfen der H_0 kontrollieren kann (α-Fehler), sondern auch diejenige für das fälschliche „Übersehen" der H_1 (β-Fehler). Dies erlaubt es, die Untersuchung möglichst informativ bzgl. der beiden statistischen Hypothesen zu gestalten. Es ist daher schon bei der Planung einer Untersuchung ratsam, das später zum Test der wichtigsten interessierenden Hypothese verwendete statistische Verfahren im Blick zu haben. In Kapitel 4.3 und 4.4 wurde schon näher auf Teststärkeanalysen eingegangen. Für die Planung einer Untersuchung kommen vor allem a priori-Poweranalysen in Betracht, die den nötigen Stichprobenumfang zur Entdeckung der Effektgröße (ES) mit den angestrebten Fehlerwahrscheinlichkeiten α und β ermitteln.

A-priori-Poweranalyse

> **Beispiel**
>
> Sie möchten den Effekt der semantischen Verarbeitungstiefe von Wortmaterial auf die Gedächtnisleistung prüfen und planen in Anlehnung an Craik und Lockhart (1972) ein Experiment, in dem die Verarbeitung von Wörtern entweder im Zählen von Buchstaben (flache Verarbeitung), der Generierung eines Reimwortes (mittlere Verarbeitungstiefe) oder im Nennen eines Synonyms (große Ver-

arbeitungstiefe) besteht. Die Verarbeitungstiefe wird demnach in drei Stufen variiert. Später testen Sie das Gedächtnis mittels freier Reproduktion und erheben die Anzahl reproduzierter Wörter als Indikator der AV. Sie werden die Ergebnisse mit einer Varianzanalyse zum Mittelwertsvergleich analysieren und definieren als Alternativhypothese einen mindestens „mittelstarken" Effekt ($f = .25$) nach den Konventionen von Cohen (1988). Als Fehlerwahrscheinlichkeiten streben Sie $\alpha = \beta = .05$ an. Für ein Between-subjects-Experiment legt Ihnen eine Poweranalyse mit dem Programm G-Power (Faul et al., 2007, vgl. Kapitel 4.3) eine Stichprobengröße von $N = 252$ nahe. Das ist ernüchternd. Wenn Sie darüber nachdenken, die Manipulation als Messwiederholungsfaktor zu realisieren (Jede Vp bearbeitet je ein Drittel der Wörter nach einer der beschriebenen Methoden), dann reduziert sich die benötigte Versuchspersonenzahl auf $N = 68$, wenn Sie eine Korrelation der Messwerte von nur $\rho = .20$ zwischen den Bedingungen annehmen.[35] Wenn Sie keine groben experimentellen Fehler machen, sind Sensitivierungs- und Konsistenzeffekte hier nicht zu erwarten, so dass man dem Messwiederholungsdesign klar den Vorzug geben sollte.

Eine Einführung in die Poweranalyse geben Buchner, Faul und Erdfelder (1996), umfassend informiert das Buch von Cohen (1988). Bortz (2005) gibt ebenfalls zu vielen behandelten Verfahren Ratschläge zur Bestimmung optimaler Stichprobenumfänge.

5.3 Generelle Aspekte der Durchführung eines Experiments

Hat man einen Versuchsplan erstellt, Materialien ausgewählt und implementiert, den Stichprobenumfang geplant, dann erfolgt typischerweise die Durchführung des Experiments: Versuchsteilnehmer werden rekrutiert, zum Durchführungsort (z. B. das Labor im Psychologischen Institut oder das Wohnzimmer eines Diplomanden) eingeladen und durchlaufen das Experiment. In diesem Abschnitt werden ein paar Hinweise gegeben, wie man Versuchsteilnehmer behandeln sollte, wie eine Instruktion zu gestalten ist, und wie die Datensammlung zu handhaben ist. Diese Ausführungen beziehen sich auf die häufig anzu-

---

35 Diese Korrelation repräsentiert die Unterschiede der Vpn bzgl. ihrer generellen Gedächtnisleistung für Wörter, unabhängig vom Treatment. Realistischerweise dürfte sie noch höher sein, wodurch die Power weiter steigt.

treffende Form des Laborexperiments, an dem freiwillige Versuchspersonen teilnehmen. In Feldexperimenten oder Feldstudien sind die folgenden Ratschläge ggf. nicht immer sinnvoll anwendbar.

5.3.1 Umgang mit Versuchsteilnehmern

Heute gibt es strenge ethische Bestimmungen der *American Psychological Association (APA)* und auch der *Deutschen Gesellschaft für Psychologie (DGPs)*, wie sich Psychologinnen und Psychologen in professionellen Kontexten zu verhalten haben, natürlich auch in der Forschung. Wir werden die wichtigsten Richtlinien in Kapitel 9.1 erläutern.

Während in diesen ethischen Richtlinien geregelt ist, dass Versuchspersonen z. B. nicht schweren Belastungen ausgesetzt werden dürfen (schon gar nicht ohne deren Einverständnis) oder sie nicht ohne triftigen Grund getäuscht werden dürfen, gibt es einige weitere Verhaltensregeln, die das Geschehen für alle Beteiligten und vor allem die Versuchsteilnehmer angenehmer macht. Betrachten Sie die Versuchspersonen nicht als Datenlieferanten, sondern als *Partner* im Forschungsprozess, die ihre kostbare Zeit freiwillig zur Verfügung stellen, um Sie in der Forschung zu unterstützen. Auch wenn sie für die Teilnahme entschädigt werden, sind sie immer höflich, freundlich und zuvorkommend zu behandeln. Gestalten Sie die Situation so komfortabel wie möglich und beruhigen Sie ggf. Teilnehmer, die gewisse Ängste vor der ungewohnten Situation einer psychologischen Studie haben. Vermeiden Sie den Versuchspersonen gegenüber die Vokabeln „Test", „Untersuchung" oder „Experiment" und „Versuchsperson", sondern sprechen Sie von einer „Studie", und begrüßen Sie sie als „Teilnehmer" oder „Teilnehmerin". Es sollte selbstverständlich sein, für die Teilnahme zu danken und auf Wunsch nach dem Experiment Auskunft über den Zweck der Forschung zu geben.

Die Vp ist Partner im Forschungsprozess

Auch ist höchster Wert darauf zu legen, dass zum Persönlichkeitsschutz der Teilnehmer ihre Daten nur in anonymisierter Form Verwendung finden und eventuell notwendige Speicherungen von persönlichen Daten vor dem Zugriff Dritter zu schützen sind.[36]

---

36 Möchte man über Versuchsbedingungen oder gar Studien hinweg die Leistungen derselben Personen vergleichen, so kann ein nach konstanten Regeln erstellter anonymisierter Versuchspersonencode verwendet werden, der zwar die Indentifikation von Daten derselben zulässt, aber keinen Rückschluss auf die konkrete Person erlaubt.

5.3.2 Instruktion

Wenn die Details des Versuchsplans geklärt sind, bemerkt man manchmal, dass man sich über die Instruktionen und Handlungsanweisungen an die Versuchspersonen noch gar keine expliziten Gedanken gemacht hat. Die Instruktion ist jedoch ein zentraler und sehr bedeutender Teil der Versuchsdurchführung. Sie setzt für die Teilnehmer idealerweise einen transparenten Rahmen für ihr Verhalten in einer eventuell unbekannten sozialen Situation. Klare Handlungsanweisungen sind nicht nur wichtig für Sie als Forscherin oder Forscher, damit die Versuchsteilnehmer auch die Arten von Daten generieren, die für Sie brauchbar sind. Auch für die Versuchsteilnehmer muss transparent sein, welche Form von Verhalten von ihnen erwartet wird, z. B. ob sie eher schnell oder eher gründlich antworten sollen, welche Tasten Sie für welche Antwort drücken müssen usw. Natürlich darf die Instruktion keinesfalls Hinweise darüber enthalten, welche *Art* von Verhalten durch die Hypothese erwartet wird. Beispielsweise wäre es ein grober Fehler, einen Experimenttitel oder sonstige Informationen in die Instruktion aufzunehmen, die Hinweise auf die Hypothese enthalten, etwa „Willkommen zur Studie über depressive Symptome im höheren Erwachsenenalter" oder „Wir untersuchen die Auswirkung von Urteilen unter Zeitdruck auf ethnische Stereotype". Dies könnte kooperativ oder unkooperativ gesinnte Teilnehmer zu Hypothesenbildung und entsprechendem Verhalten verleiten – ein Demand-Effekt, der unter allen Umständen zu vermeiden ist. Der Hinweis, dass es sich um eine Studie des höheren Erwachsenenalters oder Urteilen unter Zeitdruck handelt, wäre hier durchaus ausreichend.

Instruktion: Transparenz

Zur Gestaltung von Instruktionstexten sei angemerkt, dass sie keinesfalls zu lang geraten dürfen, vor allem, wenn die Versuchspersonen sie selbst lesen müssen. Vermeiden Sie eng beschriebene Bildschirm- oder Druckseiten, sorgen Sie beim Layout für eine ansprechende Gliederung mit Hervorhebungen etc. Falls Ihr Experiment aus mehreren Teilen besteht, leiten Sie jeden Teil mit einer neuen Instruktion ein und vermeiden Sie es, alle Informationen am Anfang zu nennen. Dieser anfängliche Teil sollte aber einen groben Überblick darüber enthalten, was die Teilnehmer in etwa während des Experiments erwartet (z. B. wie lange es voraussichtlich etwa dauern wird). Manchmal fallen Instruktionen etwas länger aus, in diesem Fall empfiehlt es sich, ans Ende noch einmal eine übersicht-

Instruktion: Klare Handlungsanweisungen

liche Zusammenfassung zu setzen. Instruktion sollten generell an einigen unbeteiligten Personen ausprobiert werden, bevor die Studie startet. Wenn die Instruktionen etwas komplexer sind empfiehlt es sich häufig, die Vpn zu befragen (oder ggf. sogar zu testen), ob sie alles verstanden haben.

Tabelle 9 fasst die wichtigsten Punkte der letzten beiden Abschnitte zusammen.

Tabelle 9: Do's and Dont's der Behandlung und Instruktion von Versuchs-teilnehmern

Das sollte man nicht tun	Stattdessen sollte man ...
• Teilnehmer als „Versuchs-personen" ansprechen.	• ... die Bezeichnung „Teilneh-mer(in)" verwenden.
• Die Studie als „Experiment", „Untersuchung" oder „Test" an-kündigen. Das weckt schlechte Assoziationen!	• ... von einer „(wissenschaftli-chen) Studie" sprechen.
• Die Hypothese in den Instruktio-nen andeuten („Wir untersu-chen Gedächtnisprobleme bei Schlafstörungen").	• ... neutrale und allgemeine Aus-sagen verwenden („Wir unter-suchen Gedächtnisleistungen").
• Seitenlange und ermüdende Instruktionen präsentieren.	• ... die Instruktion präzise und knapp, dabei gut gegliedert und verständlich formulieren. Legen Sie sie vorher anderen Personen vor!
• Eng und voll beschriebene Textseiten präsentieren.	• ... ein übersichtliches, geglie-dertes, mit Hervorhebungen gestaltetes Layout anstreben.

5.3.3 Datenregistrierung und -codierung

Durch die Operationalisierung der AV haben Sie festgelegt, wie sie genau erfasst wird. Bei systematischen Verhaltensbeobachtungen werden Sie beispielsweise ein Kategoriensystem entwerfen, wie verschiedene Verhaltensweisen einzuordnen sind, in dem Sie idea-lerweise mehrere Beobachter geschult haben. Mehrere Beobachter würden dann ihre Beobachtungen gemäß dem System codieren und protokollieren. In anderen Arten von Experimenten würde z. B. der Computer die Reaktionen und Reaktionszeiten der Versuchsperson „protokollieren". In wieder anderen Settings protokollieren die Versuchspersonen selbst, indem sie beispielsweise Items in Fragebögen oder Tests schriftlich beantworten. Das Resultat besteht in jedem der Fälle in einem Beobachtungsprotokoll, das *Rohdaten* enthält, welche durch entsprechende weitere Aufbereitung zu hypothesenrelevanten *Daten* werden. Ein wichtiger Grundsatz der Protokollierung ist neben der Reliabilität (Messgenauigkeit) und Objektivität die weitgehende Konservierung von möglichst viel Information in den Rohdaten. Zusammenfassen kann man die Daten später jederzeit (Informationsreduktion), aber einmal kondensierte Information ist später nicht mehr rekonstruierbar. Informationsreiche Rohdaten erlauben immer zusätzlich zur angestrebten Hypothesenprüfung explorative Analysen oder ggf. Hinweise auf mögliche Gründe für unerwartete oder schwer zu interpretierende Ergebnisse.

Bewahre die Rohdaten!

Beispiel 1

Sie geben der Vp einen Fragebogen zur Selbstbeurteilung vor, der aus 20 Items besteht. In Ihrer Forschungshypothese interessiert Sie nur die Ausprägung des Merkmals, also der Summenwert jeder Person über die 20 Items. Sie könnten nun den Summenwert jeder Vp berechnen und in ein Statistikprogramm zur weiteren Analyse eingeben. Dabei verlieren Sie jedoch die Information zu einzelnen Items. Geben Sie stattdessen die Rohdaten (alle Itembeantwortungen) der Versuchspersonen in die Datenmatrix ein! Ein Summenwert lässt sich daraus leicht und ohne Fehleranfälligkeit mechanisch errechnen. Gleichzeitig sind aber weitere Analysen möglich, etwa eine Reliabiltätsanalyse der Skala nach Cronbach, oder das Auffinden von Items, die ein seltsames Antwortverhalten hervorrufen.

Beispiel 2

In einer Verhaltensbeobachtung der sogenannten Interaktionprozessanalyse nach Bales (1950) beobachten und protokollieren Sie verschiedene Interaktionsmuster (Bales, 1950; Hare et al., 1965) der Diskussionspartner, wobei die Beobachtungszeit in diskrete Stufen à 5 Minuten eingeteilt wird. Selbst wenn sich Ihre derzeitige Forschungshypothese nur auf die Gesamtzahl z. B. „emotional stützender" Aussagen beziehen sollte, sollten Sie die Daten separat für die 5-Minuten-Intervalle in eine elektronische Datendatei codieren. Dies ermöglicht es ggf. spätere Reanalysen der Dynamik der Interaktion, an die Sie vorher nicht gedacht haben.

Der Grundsatz lautet also, dass eine Informationsreduktion in den Daten so spät wie möglich erfolgen sollte. Übernehmen Sie die Rohdaten auch in Ihre Dateien zur EDV-Datenanalyse. Summenwerte und andere Statistiken errechnet ein gutes Statistikprogramm daraus schneller und zuverlässiger als Sie das selbst können, und es bleibt Ihnen die Möglichkeit zu weiteren Analysen, an die Sie beim Aufstellen der Hypothese womöglich noch nicht gedacht haben.

Achten Sie darauf, dass keine Ihrer Daten verloren gehen. Machen Sie regelmäßig Ersatzkopien und behalten Sie auf jeden Fall immer eine klar gekennzeichnet und unveränderte Version Ihrer Rohdaten! An diesen lassen sich im Bedarfsfall später wieder alle Transformationen und Berechnungen nachvollziehen. Mit transformierten Daten (z. B. umcodierte Fragebogenitems), bei denen man nicht mehr weiß, in welchem Veränderungsstadium sie sich befinden, ist das nicht möglich![37]

Zusammenfassung

Der Ablauf in der Planung und Durchführung einer empirischen Studie wurde behandelt. Zunächst wurden die wünschenswerten Eigenschaften einer konkretisierten Fragestellung bzw. Hypothese erläutert: empirischer Gehalt und Präzision. Eine Literaturrecherche sollte immer am Beginn stehen, um Vorarbeiten zu würdigen und das Rad nicht neu zu erfinden. Existierende Literatur kann auch über Möglichkeiten der Operationalisierung informieren. Es wurde betont, dass die statistische Auswertung bereits bei der Versuchsplan mitgedacht werden sollte, da nur eine statistische Hypothese, die aus einer psychologischen Hypothese folgt, eine strenge Prüfung erlaubt.

Es wurden Tipps für die Behandlung von Versuchsteilnehmern und die Eingabe der Daten gegeben.

---

[37] Hier sind Statistikprogramme mit einer Befehlssprache (z. B. SPSS) hilfreich: Sämtliche Datentransformationsbefehle können in einer Befehlsdatei gespeichert und immer wieder für aktuelle Analysen identisch auf die Rohdaten angewandt werden. Anhand dieser Befehlsdateien ist dann immer vollkommen transparent nachvollziehbar, wie die Daten verändert wurden.

Fragen

1. Welche Merkmale besitzt eine „gute" empirische Hypothese?
2. Wozu dient eine Literaturrecherche und -sichtung?
3. Wozu braucht man einen Versuchsplan? Was muss alles genau geplant werden?
4. Was sind Bodeneffekte und Deckeneffekte, und wie kann man sie vermeiden?
5. Wann sollte kein Messwiederholungsplan verwendet werden?

Lösungshinweise finden Sie unter
www.hogrefe.de/buecher/lehrbuecher/psychlehrbuchplus

Kapitel 6

Kontrolltechniken: Grundlagen und Tipps

Inhaltsübersicht

- Welche Arten von Störvariablen (SVn) gibt es?
- Welche Maßnahmen können gegen welche SVn ergriffen werden?
- Wie sehen diese Maßnahmen (Kontrolltechniken) konkret aus?

Experimente zeichnen sich durch die aktive Manipulation einer oder mehrerer UVn sowie die Randomisierung als wichtigste Kontrolltechnik aus. Daneben hatten wir als Definitionskriterium die Kontrolle weiterer Störvariablen genannt. Störvariablen stammen dabei gerade in der Psychologie aus vielen verschiedenen Quellen. Wir werden daher zunächst eine Übersicht und Einordnung verschiedener Störbedingungen anstreben und die Kontrollmöglichkeiten benennen. Im zweiten Abschnitt werden die Techniken dann genauer charakterisiert und Durchführungstipps für einige von ihnen gegeben. Damit bildet dieses Kapitel gewissermaßen den Kern des Buchs, in dem die vielfältigen Dinge geschildert werden, die bei der konkreten Planung und Durchführung eines Experiments zu beachten sind.

6.1 Arten von Störvariablen

Systematische und zufällige Fehler

Wie in Kapitel 2 dargelegt wurde, sind Störvariablen (SVn) all diejenigen Größen, die die AV beeinflussen können, aber in der geplanten Studie nicht von Interesse sind. In einer Untersuchung bewirken SVn immer dann einen *systematischen Fehler*, wenn sie mit der UV konfundiert sind. In diesem Fall ist die interne Validität der Untersuchung bedroht, da Effekte in der AV nicht mehr eindeutig auf die UV zurückgeführt werden können. Aber auch ohne Konfundierung mit der UV beeinflussen SVn natürlich die AV und erhöhen typischerweise deren Fehlervarianz oder den *zufälligen Fehler*. Zufällige Fehler sind nicht so dramatisch wie systematische, aber sie verringern die Chance, einen Effekt der UV im „Rauschen" der Zufallseinflüsse zu erkennen. Anders ausgedrückt: Wenn viele Variablen die AV beeinflussen, dann wird es schwerer, auch einen möglichen Effekt der UV in diesen vielen Zufallseinflüssen zu entdecken. Kontrolltechniken in der Versuchsplanung dienen dazu, systematische und zufällige Fehler so gut wie möglich zu eliminieren respektive zu reduzieren. Unterschiedliche Kontrollmethoden zielen dabei auf unterschiedliche Störeinflüsse. Um deren Wirken zu verstehen, ist

eine kleine Übersicht hilfreich, woher Störvariablen stammen können. Man unterscheidet grob

- SVn der Versuchspersonen,
- SVn in der Untersuchungssituation,
- SVn durch Mehrfachmessung und
- SVn durch Erwartungen von Versuchsleiter und/oder Versuchsper-
  son.

Als SVn der Vp können alle Eigenschaften der Vp (dauerhaft oder
zum Zeitpunkt des Experiments) angesehen werden, die potenziell
ihr Verhalten und damit die AV mitbestimmen. Dauerhafte Eigenschaften wären z. B. die Ängstlichkeit, das Leistungsmotiv oder die
Intelligenz, temporäre Eigenschaften wären dagegen die Müdigkeit,
Stimmung oder das Ausmaß des Hungers. Alle diese Eigenschaften
können in unterschiedlichem Ausmaß eine AV im Experiment mitbestimmen, z. B. die Leistung beim Problemlösen, die Suche nach
sozialem Anschluss oder den Konsum von Süßigkeiten. Es ist klar,
dass diese Eigenschaften der Vpn sowohl als systematische Fehler
als auch als zufällige Fehler wirksam werden können. Ersteres ist
dann der Fall, wenn eine Konfundierung mit der UV vorliegt (z. B.:
Die Vpn in der EG sind im Durchschnitt intelligenter als die der KG).
Unsystematische bzw. zufällige Fehler treten dagegen umso stärker
auf, je mehr sich die Vpn innerhalb der Treatmentgruppen (z. B. bezüglich der Intelligenz) unterscheiden. In den typischen Auswertungsverfahren wie Varianzanalyse und t-Test wird die Variation der
AV innerhalb von Gruppen als Fehlervarianz behandelt, gegen die
der Mittelwertsunterschied zwischen den Gruppen getestet wird. Ein
bestehender Mittelwertsunterschied, der durch das Treatment hervorgerufen wurde, wird demnach durch reduzierte Varianz in den Gruppen leichter sichtbar.

Störvariablen der Versuchspersonen

Wir haben die Randomisierung bereits ausführlich als Technik zur
Ausschaltung von *systematischen* Einflüssen der Versuchsperson-
SVn erläutert (vgl. Kapitel 3.2). Eine weitere Technik, die darüber
hinaus auch zur Reduktion *zufälliger* Fehler geeignet ist, ist die Parallelisierung, die unten erläutert wird.

Natürlich hat neben der Vp selbst auch die *Situation* einen Einfluss
auf das Verhalten oder die Leistung in einem Experiment. Faktoren
ganz banaler Art sind dabei Störungen, die durch Lärm, ungünstige
Beleuchtung oder generell durch Ablenkung der Vp verursacht werden. Auch hier gefährden die Störungen immer dann die interne

Störvariablen der Situation

Validität der Untersuchung, wenn sie mit der UV konfundiert sind (z. B. wenn der Baulärm im Nebenzimmer tendenziell auftritt, wenn die Kontrollgruppe untersucht wird, seltener dagegen, wenn die Experimentalgruppe dran ist). Wenn diese Störungen zufällig auftreten, erhöhen sie die zufälligen Fehler, da sie die Varianz der AV erhöhen (z. B. zeigen die Vp mit Baulärm während des Experiments vermutlich schlechtere Problemlöse- oder Gedächtnisleistungen als diejenigen ohne Baulärm). Das Bemühen sollte also dahin gehen, solche Störfaktoren zu *eliminieren* oder wenigstens für alle Vpn *konstant* zu halten.

Elimination und Konstanthaltung

Zu den situativen Faktoren, die das Verhalten der Vpn beeinflussen können, gehören natürlich auch die vermittelten Informationen und Instruktionen, die Räumlichkeiten, sowie das Verhalten des Versuchsleiters etc., von denen im Einzelnen unbekannt ist, auf welche Weise sie die AV beeinflussen. Hier ist ebenfalls das oberste Ziel, für eine weitgehende Konstanthaltung zu sorgen, die man durch eine möglichst gelungene *Standardisierung* des Versuchsablaufs erreicht. Instruktionstexte, das Verhalten des Versuchsleiters, die räumlichen Bedingungen etc. sollten für alle Vpn möglichst identisch sein. Manchmal ist es nicht möglich, für konstante Bedingungen zu sorgen, z. B. weil die Studie aus organisatorischen Gründen mit mehreren Versuchleitern oder in verschiedenen Räumen durchgeführt werden muss. In diesen Fällen ist natürlich wieder das oberste Ziel, Konfundierungen mit der UV zu vermeiden. Beispielsweise wäre es ein grober experimenteller Fehler, wenn ein Versuchleiter alle Vpn der Experimentalgruppe betreut, während ein anderer Versuchsleiter für die Kontrollgruppe zuständig ist.[38] Konfundierungen können entweder durch Randomisierung vermieden werden oder besser durch die explizite Aufnahme des mit der UV gekreuzten Kontrollfaktors „Versuchsleiter" in den Versuchsplan. Dies erlaubt später, eventuelle systematische Versuchsleitereinflüsse von denen der UV zu trennen und – sofern der Versuchsleiter einen Effekt hat – den systematischen Fehler in der statistischen Auswertung zu reduzieren.

Konstanthaltung durch Standardisierung

Kontrollfaktor, wenn Konstanthaltung nicht möglich

Ein psychologisches Experiment ist unter anderem eine *soziale Situation*, in der Versuchsleiter und Versuchsteilnehmer interagieren.

---

38 Es ist natürlich genau dann *kein* experimenteller Fehler, wenn Merkmale des Versuchsleiters (z. B. das Geschlecht) genau die interesseierende UV des Experiments darstellen, wie es in sozialpsychologischen Experimenten gelegentlich der Fall ist. Wenn Versuchleitermerkmale aber bzgl. der Fragestellung Störvariablen sind, dann läge hier eine Konfundierung vor.

Zudem ist es für viele Probanden auch eine unbekannte Situation, für die kein Skript über angemessene Verhaltensweisen zur Verfügung steht. Insofern wird die Vp ggf. in der Situation nach Hinweisen suchen, welches Verhalten von ihr erwartet wird. Die Erwartungen über das vermeintliche Ziel der Untersuchung, die vermuteten Erwartungen des Versuchsleiters oder eine Orientierung an Normen, die sie für sozial erwünscht hält, kann das Ergebnis der Untersuchung verfälschen. Die Vp wird versuchen, sich Hypothesen über den Sinn der experimentellen Manipulation herzuleiten und – wenn sie kooperativ ist – möglicherweise ihr Verhalten an dieser Hypothese ausrichten, um dem Versuchsleiter vermeintlich einen Gefallen zu tun. Wie der aus der Medizin und Psychotherapieforschung bekannte Placebo-Effekt belegt, können solche Erwartungen außerordentlich mächtig sein: Allein die Erwartung, dass eine (tatsächlich unwirksame) Behandlung oder Medikation heilend wirkt, kann zu einer Verbesserung des Gesundheitszustandes führen (z. B. Harrington, 2000). In der medizinischen Forschung werden daher standardmäßig Placebo-Kontrollgruppen eingesetzt, um zu prüfen, ob die tatsächliche Wirkung neuer Medikamente über den Placeboeffekt hinausgeht.

Störvariablen durch Erwartungen von VL und Vp

Orne (1962) hat den Begriff der „Demand Characteristics" eingeführt. Dies sind mögliche Hinweise in der experimentellen Situation, die von Vpn zur Bildung von Hypothesen über das erwünschte Verhalten genutzt werden. Wenn das Verhalten der Vp aber auf ihrer Hypothese über das Experiment basiert und dem Wunsch, dem Versuchsleiter zu gefallen, dann liegt eine ernste Bedrohung der Validität vor. Für die Elimination dieser Demand-Effekte gibt es keine einfachen Rezepte. Hier braucht es eine gute Intuition und ein abgestuftes Vorgehen, diese Hypothesenbildung zu verhindern. Im extremsten Fall kann man ihnen nur durch Fehlinformierung der Vpn begegnen, die aber immer dass letzte Mittel der Wahl sein sollte. Obwohl Demand-Effekte zu krassen Fehlinterpretationen und Artefakten (= Kunstprodukten) führen können, werden sie gelegentlich in der experimentellen Psychologie zu wenig ernst genommen, und es steht zu befürchten, dass einige „klassische" Effekte der Psychologie im Wesentlichen Demand-Effekte sein könnten.

Demand Characteristics und Vp-Hypothesen

Neben den Erwartungen des Versuchsteilnehmers kann auch die Erwartung des Versuchsleiters das Ergebnis beeinflussen. Es ist nie auszuschließen, dass der Versuchsleiter den Teilnehmer durch subtile (nonverbale) Hinweise in eine bestimmte Richtung lenkt. Dabei muss

Blind- und Doppelblindstudien

ihm noch nicht einmal selbst bewusst sein, dass er diese Signale sendet. Wie subtil solche Signale sein können, zeigt der historische Fall des „Klugen Hans", eines Pferdes, das vermeintlich rechnen und buchstabieren konnte (vgl. Kasten). Wenn der Versuchsleiter aber Vpn verschiedener Versuchsbedingungen unwillentlich verschieden behandelt (z. B. weil er sich ein bestimmtes Ergebnis des Experiments wünscht), dann liegt natürlich eine gefährliche Störvariable vor. Maßnahmen gegen diese Form der Störvariablen bestehen in einer weitgehenden Automatisierung des Versuchsablaufs oder besser in der Durchführung einer Blind- bzw. Doppelblindstudie. In einer Blindstudie weiß der Beurteiler der AV (z. B. diagnostizierender Arzt) bzw. der Versuchsleiter nicht, in welcher Bedingung sich der Proband befindet. In einer Doppelblindstudie (z. B. typische Placebo-Studie) wissen weder der Proband noch der beurteilende Versuchsleiter, in welcher Bedingung der Proband ist.

Subtile Hinweise: Der Kluge Hans

Um 1900 erregte ein Pferd des Berliner Mathematiklehrers Wilhelm von Osten großes Aufsehen, das elementare Grundrechenarten zu beherrschen schien. Ergebnisse von Rechenaufgaben gab das Pferd, das in der Öffentlichkeit als der „Kluge Hans" bekannt wurde, durch Klopfen mit dem Vorderhuf oder Nicken des Kopfes bekannt. Die Leistungen des Tieres waren so außerordentlich, dass 1904 eine wissenschaftliche Kommission zur

Abbildung 18:
Wilhelm von Osten, der Kluge Hans und der Psychologe Oskar Pfungst (aus Krall, 1912)

Klärung des Phänomens eingesetzt wurde unter der Leitung des Philosophieprofessors Carl Stumpf. Zusammen mit seinem Schüler Oskar Pfungst fand er in kontrollierten Experimenten heraus, dass Hans offenbar auf sehr subtile nonverbale Signale seines Befragers und des Publikums reagierte: Eine leicht veränderte Körperhaltung, wenn das Klopfen der Hufe die „Lösung" der Aufgabe erreichte. Ohne dieses vom Publikum ausgesendete Signal oder wenn der Befrager die Lösung der Aufgabe selbst nicht kannte, gab Hans nur Zufallsantworten.

In der psychologischen Geschichtsschreibung wird die Aufdeckung des Rätsels um die Pferdeintelligenz gerne als Triumph der systematischen experimentalpsychologischen Methodik gefeiert (z. B. Prinz, 2006). Auch wenn diese Einschätzung nicht von allen Autoren geteilt wird (Schönpflug, 2006), bleibt unbestritten, dass dieser Fall der jungen Wissenschaft der experimentellen Psychologie damals einen ungemeinen Reputationsschub gab. Das in unserem Zusammenhang wichtigste Ergebnis ist jedoch die Erkenntnis, dass sehr subtile nonverbale Signale das Verhalten stark beeinflussen können. Und wenn dies schon für ein Pferd gilt, dann sicher umso mehr für menschliche Teilnehmer an psychologischen Studien!

Eine besondere Klasse möglicher Störvariablen tritt nur in Messwiederholungsversuchsplänen auf und wurde in Kapitel 3.4 schon eingehend behandelt: Sensitivierungs-, Ermüdungs-, Carry-over- und Lerneffekte. Auch die Reihenfolge der Versuchsbedingungen sowie das verwendete Material können darüber hinaus einen Effekt haben. Reihenfolge- und Materialeffekte können durch *Ausbalancierung* neutralisiert werden. Diese Maßnahme ist für die meisten Messwiederholungspläne notwendig, weshalb diese in der Planung etwas komplexer sind als Between-subjects-Variationen derselben UV. Die höhere Effizienz des Messwiederholungsplans rechtfertigt diesen Zusatzaufwand jedoch meist, wenn keine theoretischen Gründe gegen eine Within-Subjects-Variation sprechen (zur Erinnerung s. Kapitel 5.2.2). In Tabelle 10 sind die genannten wichtigsten Störquellen und Gegenmaßnahmen noch einmal in einer Übersicht aufgeführt. Wenden wir uns nun der Frage zu, wie die Maßnahmen zur Störvariablenkontrolle praktisch durchführbar sind.

Störvariablen in Messwiederholungsplänen

Tabelle 10: Quelle von Störungen, Maßnahmen dagegen und angestrebtes Ziel (Ein * gibt an, welche Art von Fehler durch diese Kontrolltechnik kontrolliert wird)

Quelle des Störfaktors	Maßnahme	Zielt auf Kontrolle …	
		systematischer Fehler	zufälliger Fehler
Vpn	Randomisierung	*	
	Parallelisierung (Matching)	*	ℵ
Situation	Elimination	*	*
	Konstanthaltung	*	*
	Kontrollfaktorbildung	*	*
	Standardisierung	*	*
	Automatisierung	*	*
	Versuchsleiter- und Beobachtertraining	*	*
Erwartungen Vp/Vl	(Doppel-)Blindstudie	*	
	Fehlinformation	*	
Mehrfachmessung	Ausbalancierung	*	

6.2 Kontrolltechniken für Störvariablen der Versuchspersonen

6.2.1 Randomisierung

Wie in Kapitel 3 ausführlich begründet wurde, besteht die Bedeutung der Randomisierung darin, dass sie die Konfundierung der UV mit allen denkbaren Störbedingungen 1. Art aufhebt. Das macht sie zur wichtigsten experimentellen Kontrolltechnik. Von Randomisierung sprechen wir, wenn die Untersuchungseinheiten – in der Psychologie meist Versuchsteilnehmer – nach einem Zufallsverfahren auf die verschiedenen Bedingungen oder verschiedene Reihenfolgen von Bedingungen aufgeteilt werden.

Ziehung mit oder ohne Zurücklegen

Der folgende Kasten gibt ein paar einfache Beispiele für Zufallsaufteilungsprozeduren. Man unterscheidet Zufallsziehung *mit Zurück-*

legen und Zufallsziehung *ohne Zurücklegen*. ~~Ohne~~ mit Zurücklegen bedeutet, dass für jede Versuchsperson das gleiche Zufallsexperiment (Würfelwurf, Zufallszahlengenerator etc.) durchgeführt wird, so dass sie mit Wahrscheinlichkeit p_i in Versuchsbedingung *i* landet. Hier hat demnach jede Vp exakt dieselben Wahrscheinlichkeiten, in jeder der Bedingungen zu landen.[39] Dieses Verfahren ist demnach das theoretisch einwandfreiste, hat jedoch den Nachteil, dass gerade bei kleinen Stichpronen durch Zufall recht unterschiedliche Gruppengrößen entstehen können.[40] Da es für viele parametrische statistischen Verfahren von Vorteil ist, vergleichbare Stichprobengrößen zu haben, bietet sich demnach die Randomisierung ohne Zurücklegen an. Am einfachsten ist es hier, pro Bedingung so viele Lose anzufertigen wie Teilnehmer in der Bedingung geplant sind (z. B. gleich viele Lose für jede Bedingung), für jeden Teilnehmer dann ein Los zu ziehen und dieses danach zu vernichten. Dies stellt sicher, dass die Versuchsbedingungen mit der geplanten Anzahl Personen angefüllt werden. Strenggenommen haben hier nicht alle Versuchspersonen die gleichen Wahrscheinlichkeiten, in den Versuchsbedingungen zu landen. Insbesondere die letzten Versuchspersonen gelangen notwendigerweise in die Bedingungen, die noch übrig sind. Wenn hier aber kein bewusster Fälschungsversuch des Experimentators vorliegt („Oh, es sind noch Plätze in Bedingung 3 frei. Da muss ich noch ein paar besonders clevere Bekannte einladen, damit Bedingung 3 hypothesenkonform abschneidet"), dann ist die Prozedur hinreichend gut geeignet.

Randomisierungsprozeduren

Hier einige Beispiele für Randomisierungsprozeduren:

Mit Zurücklegen:
- Bei 2, 3 oder 6 Versuchsbedingungen ein Würfelwurf für jede Versuchsperson.
- Bei 2 Versuchsbedingungen ein Münzwurf für jede Versuchsperson (oder 2 Münzwürfe bei 4 Versuchsbedingungen, 3 bei 8 usw.).

---

39 Dabei müssen die Wahrscheinlichkeiten nicht für alle Bedingungen gleich sein, d. h. es sind auch unterschiedlich große Gruppen möglich. Aber die Wahrscheinlichkeitsverteilung über die Bedingungen muss für alle Vpn gleich sein.

40 Beispielsweise ist bei N = 20 und zwei Gruppen die Wahrscheinlichkeit, ein Verhältnis von 13 : 7 (oder noch extremer) zu erreichen, schon größer als 10 %.

- Bei mehreren Versuchsbedingungen wird für jede Bedingung ein Chip oder Los beschriftet, das nach Durchmischen blind gezogen und danach wieder zurückgelegt wird.
- Der Computer wird programmiert, eine Zufallszahl zu generieren.

Ohne Zurücklegen:
- Für jede Versuchsbedingung werden so viele Lose erstellt wie Versuchspersonen erhoben werden sollen. Für jede Vp wird ein Los gezogen und danach vernichtet.
- In Classroomtests mit Fragebögen oder Testheften kann man nach Versuchsbedingungen variierte Fragebögen in neutrale Umschläge stecken, die man gut mischt und dann verteilt.
- Der Computer wird programmiert, die Bedingung zufällig zuzuweisen.

Die Vorschriften einer Randomisierungsprozedur müssen *strikt* befolgt werden! Jede Abweichung stellt eine potenzielle Störvariable dar.

6.2.2 Parallelisierung (Matching)

Voraussetzung: Bekannte Störvariable

Manche Störvariablen sind von vornherein als Einflussfaktoren auf die AVn bekannt. Beispielsweise weiß man, dass das Lebensalter stark negativ mit der Gedächtnisleistung zusammenhängt. Vergleicht man nun in einem Between-subjects Design verschiedene Gruppen eines experimentellen Faktors, so kann man die Gruppen gezielt hinsichtlich der bekannten Störvariable vergleichbar machen. Im Prinzip tut dies ja auch die Randomisierung, aber insbesondere bei kleinen Stichproben können natürlich per Zufall Unterschiede zwischen Gruppen entstehen. Die Parallelisierung der Gruppen nach bekannten Störvariablen hat dann zwei Vorteile: Der mögliche systematische Effekt dieser SVn wird eliminiert (das erhöht die interne Validität), und die Fehlervarianz wird reduziert, da die entsprechende SV als Blockfaktor (vgl. Kapitel 5) in die Analyse eingehen kann. Damit werden experimentelle Effekte der UV leichter entdeckbar. Eine Voraussetzung zur Anwendung ist allerdings, dass die Werte der SV schon vor der Untersuchung von allen Teilnehmern bekannt sind.

Parallelisierung mit Randomisierung

Die Methode der experimentellen Parallelisierung kombiniert die Parallelisierung mit Zufallszuweisung: Nehmen wir an, Sie wollen between subjects drei Versuchsbedingungen für das Lernen von Wortlisten vergleichen (semantische, phonologische, oberflächliche Codierung). Sie haben Versuchspersonen unterschiedlichen Alters in Ihrer Stichprobe und wünschen eine Parallelisierung der drei Gruppen bzgl. des Alters, da dieses die Gedächtnisleistung beeinflusst. Bringen Sie alle Versuchsteilnehmer in eine Rangfolge bezüglich des Alters und teilen Sie sie in Tripel (Dreiergruppen) mit benachbarten Rangplätzen ein. Die Probanden in jedem Tripel teilen Sie dann zufällig auf die drei Versuchsbedingungen auf. Mit dieser Methode stellen Sie trotz Randomisierung eine weitgehende Vergleichbarkeit der Versuchsgruppen bzgl. des Alters her. Diese Form der Parallelisierung ist schematisch in Abbildung 19 dargestellt.

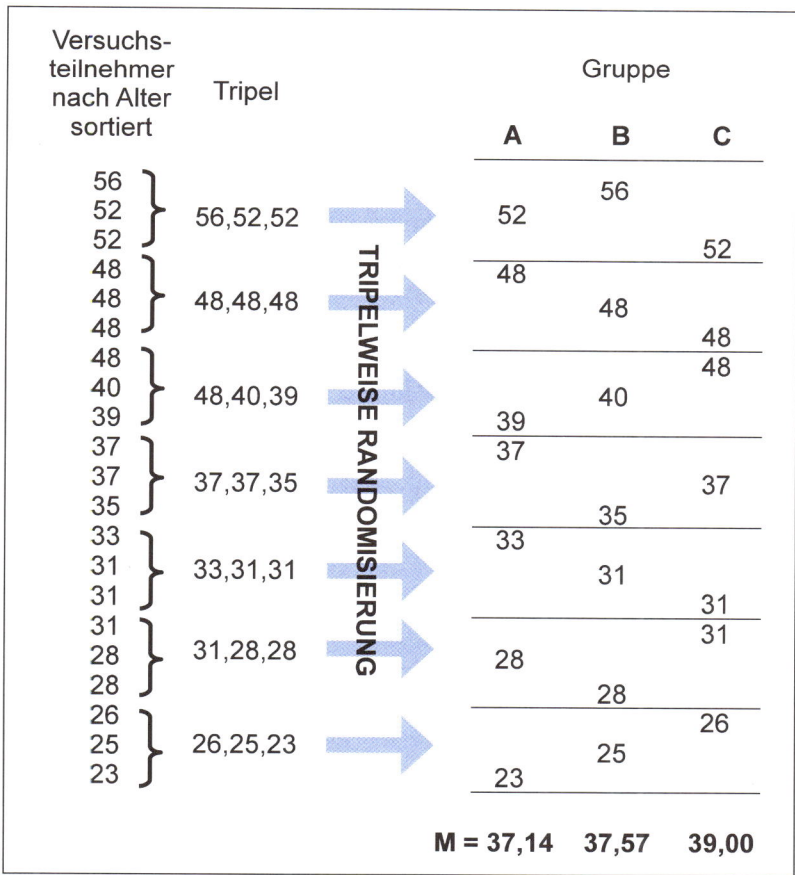

Abbildung 19: Exemplarische Darstellung der Parallelisierung dreier experimenteller Bedingungen A, B und C nach dem Alter der Versuchspersonen.

Das Beispiel kann leicht auf Treatmentfaktoren mit anderen Anzahlen an Faktorstufen verallgemeinert werden.

Parallelisierung
nach mehreren
Variablen Etwas komplexer wird die Angelegenheit, wenn man die Gruppen nach mehreren SVn parallelisieren möchte. Hat eine der SVn nur wenige Ausprägungen (z. B. Geschlecht), kann man die Methode wie oben geschildert anwenden: Man bildet einfach Altersrangfolgen für jedes der beiden Geschlechter und führt das in Abbildung 20 veranschaulichte Verfahren getrennt für beide Geschlechter durch. Das hat eine gleiche Geschlechterverteilung sowie vergleichbare Altersverteilungen in den Versuchsgruppen zur Folge. Hat man es dagegen mit einer vielstufigen Variablen zu tun (z. B. IQ-Werte), dann wird man eine der Variablen in wenige gröbere Klassen einteilen müssen (z. B.: IQ < 70, 70 bis 90, 90 bis 110, 110 bis 130 und > 130), für die jeweils das o. g. Verfahren sinnvoll angewendet werden kann. Die Breite der Kategorien hängt dabei von der Größe der Gesamtstichprobe ab, so dass eine Reihung innerhalb der Kategorien noch sinnvoll möglich ist.

Ein bekanntes Experiment, das Parallelisierung beinhaltete, ist die klassische Studie zur Imitation aggressiven Verhaltens von Bandura, Ross und Ross (1961). Kinder beobachteten entweder eine nicht aggressive oder eine aggressive Modellperson (UV1), die entweder männlich oder weiblich war (UV2). In einer späteren Situation, die eine Frustration beinhaltete, wurde dann als AV das spontan gezeigte aggressive Verhalten durch Beobachtung erfasst. Sowohl das Geschlecht als auch die dispositionelle Aggressivität beeinflussen das Ausmaß der in einer Situation gezeigten Aggression, deshalb wurden die Versuchsgruppen sowohl bezüglich des Geschlechts als auch nach der von Lehrern vor dem Versuch eingeschätzten Aggressivität parallelisiert.

Sonderfall:
Jochkontrolle bei
Einfluss der Vp auf
das Treatment Ein Sonderfall der Parallelisierung ist die sogenannte *Jochkontrolle* (englisch *yoked control*). In manchen Fällen hängt in einem Experiment die Qualität des Treatments vom Verhalten einer Versuchsperson ab. Dieses steht dann natürlich nicht in der Kontrolle des Experimentators, und es ist zunächst unklar, wie diese Aspekte des Treatments für beide Gruppen vergleichbar gemacht werden können. Ein typisches Beispiel ist das Experiment von Funke (1992), in dem untersucht werden sollte, ob das aktive Explorieren (= Erkunden) eines dynamischen Kleinsystems einen Lernvorteil gegenüber dem reinen Beobachten von Veränderungen im System bewirkt. In der Explorationsgruppe konnten die Vpn beliebig Variablen im System verändern und die Auswirkung auf andere Variablen beobachten. Ein

Problem dabei ist nun, dass die Qualität der Information, die eine Versuchsperson über das System erhält, in diesem Fall von ihrem Explorationsverhalten abhängt. Eine Versuchsperson kann gut explorieren und hochwertige Information aus der Lernphase ziehen oder weniger geschickt explorieren und demnach weniger brauchbare Information erhalten. Wenn nun der Versuchsleiter willkürlich die Information für eine nur beobachtende Kontrollgruppe aussuchen würde, wüsste man nicht, ob die Qualität dieser Information sich nicht ggf. systematisch von derjenigen der Experimentalgruppe unterschiede. Ein Unterschied zwischen den Gruppen in der Lernleistung könnte also nicht mehr allein auf das Explorieren gegenüber reinem Beobachten selbst zurückgeführt werden, da die Informationsqualität eine potenzielle SV darstellte. In dieser Situation erreicht man eine Vergleichbarkeit der Gruppen bzgl. der Informationsqualität, indem man experimentelle „Paarlinge" bildet, von denen eine Person (natürlich randomisiert zugewiesen!) zunächst die Explorationsbedingung absolviert. Die andere Person in der Kontrollbedingung beobachtet dann *genau die* Systemveränderungen, die der andere aktiv durch Exploration des Systems verursacht und ebenfalls beobachtet hat. Damit steht beiden exakt dieselbe Information zur Verfügung, und Unterschiede zwischen den Gruppen können nicht mehr auf der unterschiedlichen Qualität derselben beruhen. Funke (1992) fand übrigens, dass das aktive Explorieren des Systems zwar die Fähigkeit förderte, es später zu steuern, die Vpn der EG erwarben aber kein besseres Wissen über die hinter dem System stehende Kausalstruktur. Der Name Jochkontrolle für diese Technik stammt vermutlich daher, dass eine der Vpn gewissermaßen unter das „Joch" der anderen gezwungen wird und so Paarlinge gebildet werden wie bei Ochsen vor einem Karren.

Eine letzte Variante des Matching findet man in quasi-experimentellen Studien, z. B. beim Vergleich klinischer Gruppen mit gesunden Kontrollprobanden. Da hier keine Randomisierung möglich ist, können keine kausalen Schlüsse bezüglich der UV (z. B. krank vs. gesund) gezogen werden. Dennoch ist es oft sinnvoll, die gesunde Kontrollgruppe bezüglich mehrerer als wichtig erachteter Variablen der Patientengruppe so ähnlich wie möglich zu machen, um deren Einfluss auf das Ergebnis auszuschließen. Häufig verwendete Variablen sind Alter, Geschlecht, Bildungsstand und sozioökonomischer Status, aber je nach betrachteter AV können natürlich auch andere Variablen als sinnvoll erachtet werden, z. B. die Dauer des Klinikaufenthalts bis zur Datenerhebung in klinischen Studien.

Nicht randomisiertes Matching

6.3 Kontrolltechniken für Störfaktoren der Situation

6.3.1 Elimination und Konstanthaltung

Ausschaltung „trivialer", aber bedeutsamer Störungen

In jedem psychologischen Experiment sollten „Störungen" im landläufigen Sinne des Wortes möglichst eliminiert werden. Typischerweise müssen sich die Versuchsteilnehmer in Experimenten der kognitiven Psychologie konzentrieren oder gar bei Reaktionszeitmessungen zeitkritisch antworten. Es ist klar, dass jede Ablenkung hier das Ergebnis der Untersuchung verfälschen kann. In sozialpsychologischen Experimenten kann jede Form ungeplanter sozialer Interaktion das zu untersuchende Sozialverhalten beeinflussen etc. Es ist daher einleuchtend, dass der Versuchsleiter dafür Sorge tragen muss, dass bedeutsame Störungen während der Untersuchung nicht auftreten. Ideal sind im Falle kognitionspsychologischer Experimente schallgedämmte und abdunkelbare Laborräume, die eigens für störungsfreie Experimente zur Verfügung stehen. Wenn diese von mehreren Versuchsleitern benutzt werden, dann muss ein klares Signal (z. B. Schild an der Tür) dafür sorgen, dass während einer laufenden Untersuchung niemand hereinkommt und stört.

Gelegentlich werden Experimente auch aus Mangel an besseren Labormöglichkeiten in einfachen Büro-, Klinik- oder Wohnräumen stattfinden. Störquellen wie Lärm und schlechte Beleuchtung sind hier weniger gut kontrollierbar, aber bzgl. anderer Variablen kann Störungsfreiheit angestrebt werden, z. B. durch ein Schild an der Tür, das Ausschalten von Handys und Telefonen etc. Eine kleine Checkliste findet man im folgenden Kasten.

> **Checkliste zur Elimination „trivialer" Störquellen**
> - Schild „Bitte nicht stören!" an die Tür hängen.
> - Alle Telefone und Handys im Raum ausstellen.
> - Potenzielle Lärmquellen entfernen oder ausschalten (Faxgeräte, Drucker).
> - Bei rechnergesteuerten Versuchen alle im Hintergrund laufenden Programme, automatische Updates etc. ausschalten.
> - Als Versuchsleiter keine ablenkenden Tätigkeiten ausführen (Essen, Computerspielen).

Für alle weiteren Aspekte der experimentellen Situation (Räumlichkeiten der Durchführung, ungefähre Tageszeit, Versuchsleiter etc.)

sollte man anstreben, dass sie für alle Vpn annähernd gleich sind, wobei je nach Fragestellung natürlich unterschiedliche Variablen relevanter sind. Eine Konstanthaltung wird nicht immer möglich sein. In diesen Fällen sollte für wichtige Variablen (z. B. Versuchsleiter) in Erwägung gezogen werden, sie als Kontrollfaktor in den Versuchsplan aufzunehmen. Andere potenziell wichtige Variablen (z. B. Raum, Tageszeit) sollten auf jeden Fall in den Daten miterfasst werden, um später ggf. vorhandene Einflüsse zu identifizieren.

6.3.2 Standardisierung, Versuchsleitertraining, Automatisierung

Die Standardisierung der Untersuchung ist eine spezielle Form der Konstanthaltung, die den Ablauf und die Behandlung der Vpn in der experimentellen Situation betrifft. Alle Vpn in einer Versuchsbedingung sollten exakt dieselben Informationen erhalten, und die Interaktion mit dem Versuchsleiter sollte weitgehend gleich ablaufen. Dies betrifft alle Aspekte von der Begrüßung der Versuchsteilnehmer bis hin zum Abschluss der Datensammlung. Manchen Versuchsleitern kommt es oft etwas künstlich vor, standardisierte Begrüßungsformeln zu verwenden. Ein Experiment ist jedoch eine gewollt künstliche Situation, und diese Künstlichkeit erwächst aus der Notwendigkeit der Störvariablenkontrolle. Niemand hindert Sie als Versuchsleiter daran, *nach* Beendigung der Untersuchung, ganz „natürlich" und ungezwungen mit der Vp umzugehen.

Standardisierung: Konstanthaltung des Ablaufs und der Vp-VI-Interaktion

Die Standardisierung betrifft einerseits die Instruktionen (= Anweisungen), die die Vp erhält. Die Instruktionstexte müssen im Vorhinein verfasst und jedem Versuchsteilnehmer im gleichen Wortlaut dargeboten werden. Eine Darbietung am Computerbildschirm oder auf Informationsblättern ist durchaus möglich, jedoch hat man dabei wenig Kontrolle darüber, wie viel Aufmerksamkeit den Informationen geschenkt wird. Persönliches Vorlesen der Instruktion fördert oft die Aufmerksamkeit der Vp, bzw. der Mangel an Aufmerksamkeit fällt dem Versuchsleiter leichter auf. Eine weitere Möglichkeit besteht darin, nach der Instruktion einige Kontrollfragen zu deren zentralen Inhalten zu stellen und ggf. Teile der Instruktion zu wiederholen oder klärende Zusammenfassungen darzubieten. Diese Kontrolle kann in einem computergesteuerten Experiment ohne Interaktion mit dem Versuchsleiter oder durch diesen gesteuert stattfinden. Je stärker ein Experiment automatisiert ist (z. B. alle Instruktionen, Aufgaben und

Instruktion

Vor- und Nachteile hoher Automatisierung

Reaktionen am Computer), desto weniger kann natürlich das Verhalten des Versuchsleiters als Störvariable wirksam werden. Auch die Datenerfassung durch einen Computer ist weniger fehleranfällig, präziser und in manchen Fällen informationshaltiger (z. B. Reaktionszeiten) als eine Protokollierung durch einen Beobachter oder Versuchsleiter. Insofern ist ein hoher Grad an Automatisierung meist vorzuziehen. Allerdings ist dabei zu bedenken, dass die Interaktion mit einer echten Person häufig deutlich motivierender für die Versuchsteilnehmer ist als eine reine Interaktion mit einem Computer. Es gilt hier, den richtigen Mittelweg zwischen Standardisierung und Motivierung zu finden.

Viele Experimente werden sich entweder aus organisatorischen oder aus forschungslogischen Gründen nicht „automatisieren" lassen. Beispielsweise fehlen Programmierfähigkeiten, oder die Interaktion mit dem Versuchsleiter ist ein wichtiger Teil des Treatments, wie z. B. in manchen sozialpsychologischen Fragestellungen. Genauso kann es sein, dass Verhalten durch Beobachter erfasst und kategorisiert werden muss und nicht mittels Computern erhoben werden kann. In diesen Fällen ist es nötig, Beobachter und/oder Versuchsleiter ausreichend zu trainieren, damit ein standardisierter Versuchsablauf gewährleistet werden kann. Anleitungen dazu findet man im Lehrbuch von Greve und Wentura (1997). Dieses Training dient dazu, die Bedingungen über Situationen und Versuchsleiter hinweg möglichst gleichartig zu gestalten. Wenn die Art der Interaktion zwischen Vp und Vl das eigentliche Treatment darstellt, ist besonders intensives Training nötig.

6.4 Kontrolltechniken für Erwartungen von Versuchsperson oder Versuchsleiter

6.4.1 Versuchsleitererwartungen: (Doppel-)Blindstudie

Versuchsleiter-erwartungseffekt

Neben dem Phänomen des Klugen Hans ist in der Psychologie und Pädagogik der Rosenthal-Effekt als mögliche Störquelle in Verhaltensstudien besonders bekannt geworden. Rosenthal und Jacobson (1966) informierten in einem Feldexperiment Lehrer zu Beginn des Schuljahres über einige Schüler, dass diese sich aufgrund von Testergebnissen vermutlich als intellektuelle „Aufblüher" erweisen würden. In Wahrheit waren diese Schüler zufällig ausgesucht worden. Tatsächlich zeigten die vermeintlichen Aufblüher jedoch nach Ablauf des Schuljahres im Durchschnitt bessere Intelligenztestleistungen als die anderen Schüler. Offenbar hatte irgendetwas im Verhalten der Lehrer eine selektive Förderung dieser Schüler bewirkt. Die unbewussten Signale des Versuchsleiters können nicht nur die Intelligenz von Schülern, sondern auch die von Ratten beeinflussen, wie ein Laborexperiment von Rosenthal und Fode (1963) zeigte, in dem er Studenten angeblich „intelligent gezüchtete" und „dumme" Ratten (in Wirklichkeit aus demselben Stamm) zu Übungsexperimenten überließ. Die vermeintlich intelligenteren Ratten zeigten bessere Lernleistungen in Labyrinth- und anderen Aufgaben als die angeblich dummen Ratten. Auch hier gab es also einen Einfluss der Versuchsleitererwartung, der zu einer selbsterfüllenden Prophezeiung wurde. Wie genau die Wirkmechanismen dieses Einflusses sind und welche Aspekte des Versuchsleiterverhaltens die Effekte bewirken, ist unklar und stellen für sich genommen ein faszinierendes psychologisches Forschungsthema dar. Für die Verhaltensforschung und Methodik sind diese Effekte aber ein gravierendes Problem, da sie zu Scheinbestätigungen oder -falsifikationen von Hypothesen führen und somit Artefakte produzieren können. Durch Automatisierung reduzierte Vp-Vl-Interaktion verringert die Gefahr dieser Effekte, eliminiert sie aber nicht vollkommen. Ebenfalls hilfreich ist es, wenn die konkreten Versuchsleiter (z.B. bezahlte Hilfskräfte) mit der Hypothese der Studie gar nicht vertraut sind.

Die sauberste Variante ist hier die sogenannte Blindstudie: Man verhindert dabei, dass der ausführende Versuchsleiter die Versuchsbedingung kennt, in der sich die Vp befindet. Diese Maßnahme sollte eigentlich immer ergriffen werden, wenn sie sich realisieren lässt.[41] Die Möglichkeiten dazu sind vielfältig. In computerisierten Experimenten kann man z.B. den Computer die Versuchsbedingung der Vp zufällig festlegen lassen. Wenn das Treatment in unterschiedlichen Instruktionen besteht, kann der Vl sie z.B. zufällig aus neutralen Umschlägen auswählen und der Vp überreichen.

Blindstudie als Mittel der Wahl

Wenn zudem die AV ebenfalls durch Menschen erfasst wird (Beobachter, Interviewer, ärztliche oder psychologische Gutachter), dann ist unbedingt dafür zu sorgen, dass diese „blind" gegenüber der Versuchsbedingung des zu beurteilenden Probanden sind. Ein Arzt, der in einer klinischen Studie den Gesundheitszustand der Patienten beurteilt, darf *nicht* wissen, ob der Patient vor ihm das zu testende

---

41 Dies geht erneut nicht in den Fällen, wo die Art der Interaktion selbst das Treatment darstellt.

Medikament oder ein Placebo erhalten hat. Wüsste er das, wäre seine Einschätzung nicht unvoreingenommen. Die Beobachter, die das aggressive Verhalten eines Kindes in der Studie von Bandura et al. (1961, s. o.) zu beurteilen hatten, durften natürlich *nicht* wissen, ob das Kind vorher eine neutrale oder eine aggressive Modellperson beobachtet hatte usw.

Doppelblindstudie

Von einer Doppelblindstudie spricht man immer dann, wenn nicht nur die Experimentatoren und Beurteiler, sondern auch die Vpn selbst nicht wissen, in welcher Versuchsbedingung sie sich befinden. Ein Beispiel sind die schon erwähnten Placebo-Studien, in denen den Patienten nicht gesagt wird, dass sie ein Placebo erhalten. Oft wissen die Patienten aber über das Placebo-Design der Studie bescheid (sie müssen das schon aus ethischen Gründen erfahren), aber man verschweigt ihnen, in welcher Gruppe sie sich befinden. Immer dann, wenn die Vpn wissen, dass es mehrere Bedingungen gibt, sollte ihnen verschwiegen werden, in welcher sie sich befinden. Ein weiteres Beispiel sind Studien zur Wirkung von Alkohol, denn diese werden stark durch Erwartungen beeinflusst: Hier müssen große Anstrengungen unternommen werden, den Geschmack des Alkohols in der Experimentalgruppe so zu verdecken, dass die Vpn selbst nicht genau wissen können, ob sie Alkohol getrunken haben oder nicht.

6.4.2 Versuchspersonenerwartungen: Kontroll-befragungen und Fehlinformation (Täuschung)

Hypothesen-bildung der Vp

In einer für die Vp typischerweise ungewohnten Experimentalsituation wird sie nach Hinweisen Ausschau halten, die Auskunft über das vermeintlich „angemessene" oder von ihr „erwartete" Verhalten geben. Da die interessierende AV in psychologischen Experimenten oft das Verhalten, die Meinungsäußerung oder die Selbstbeschreibung der Person sind, können diese Hypothesen natürlich das Ergebnis beeinflussen. Anders als in der Physik steuern in der Psychologie die Untersuchungsobjekte ihr eigenes Verhalten und sind nicht „passiv" den Manipulationen des Versuchleiters ausgesetzt. Orne (1962) hat in einem wegweisenden Artikel die Möglichkeiten der Verfälschung durch diese Vp-Hypothesen diskutiert.

Demand-Effekte

Eine besondere Gefahr für solche Vp-Hypothesen stellen Sensitivierungseffekte bei Mehrfachmessungen dar: Wenn ich eine Vp einen Stimmungsfragebogen ausfüllen lasse, sie danach mit emotionalen

Reizen konfrontiere und erneut nach ihrer Stimmung frage, so wird eine kooperative Vp dies eher als eine Problemlöseaufgabe betrachten, bei der eine bestimmte Antwort von ihr erwartet wird. Ob die zweite Angabe der Stimmung noch ein valides Maß ist, ist dann mehr als zweifelhaft. In anderen Anwendungen ist es ggf. weniger klar, ob Sensitivierungseffekte vorliegen. Hier wäre dann ein Solomon-4-Gruppen-Plan der Ausweg, dies zu prüfen (vgl. Kapitel 6.5 und Kapitel 3). Aber nicht nur Mehrfachmessungen, sondern auch andere Aspekte in der Experimentalsituation können vom Versuchsteilnehmer als Hinweise gedeutet werden, worum es in einer Studie geht.

Grundsätzlich können mehrere Verfahren angewendet werden, um die Möglichkeit des Vorliegens von Demand-Effekten zu minimieren. Eine bewährte Möglichkeit besteht darin, den Versuchsaufbau vor der Datenerhebung mehreren Personen aus der angestrebten Population vorzulegen oder exakt zu beschreiben und sie Vermutungen generieren zu lassen, was mit der Studie wohl herausgefunden werden soll oder welches Verhalten der Versuchsleiter wohl erwartet. Wenn die „simulierten" Vpn Hypothesen formulieren, die der zu Untersuchenden nahe kommen oder ein Verhalten erwarten lassen, das in dieselbe Richtung geht, muss über Modifikationen des Experiments nachgedacht werden. Die Befragung der simulierten Personen wird dann auch Hinweise darauf geben, worauf sich die Hypothesenbildung stützt. Demand-Effekte sind besonders dann relevant, wenn anstatt vergleichsweise „harter" Daten Selbstbeschreibungen oder Meinungsäußerungen erhoben werden, die leicht bewusst verfälschbar sind.

„Simulierte"
Versuchsteilnehmer

In jeder Studie, in der Demand-Effekte nicht auszuschließen sind, sollte eine ausführliche und strukturierte Nachbefragung der Teilnehmer über ihre Hypothesen und ggf. Antwortstrategien durchgeführt werden. Dies kann z. B. in Form eines „Trichter-Interviews" geschehen, in dem zunächst offene Fragen gestellt werden, die immer spezifischer werden. Danach werden immer konkretere Fragen mit Auswahloptionen gestellt. So lassen sich ggf. Personen identifizieren, deren Verhalten durch Demand-Hypothesen beeinflusst wurde. Dies kann bei der Datenauswertung als Kontrollvariable berücksichtigt werden, um den Einfluss der Demand Characteristics zu erfassen. Gibt es keine Personen mit passenden Hypothesen oder unterscheidet sich deren Verhalten nicht von dem der anderen Personen, so ist eine Alternativerklärung gefundener Effekte durch Demand-Artefakte weniger wahrscheinlich (wenn auch nicht vollständig ausgeschlossen).

Nachbefragung

Trichter-Interview

Prinzip des „Trichter"-Interviews, bei dem Fragen nach möglichen Demand-Effekten immer spezifischer werden:

1. Offene Fragen

- Ist Ihnen in der Studie etwas aufgefallen?
- Worum ging es Ihrer Meinung nach in der Studie?
- Haben Sie bei der Beantwortung der Fragen eine Strategie oder eine Systematik verwendet? (ggf.: Können Sie diese beschreiben?)

2. Gezielte Fragen (Beispiele)

- Worin unterschieden sich die Reize, die wir Ihnen präsentiert haben?
- Hatte dieser Unterschied einen Einfluss auf Ihre Antworten? (ggf. welchen?)

3. Gezielte Fragen mit Antwortoptionen (Beispiel)

- Die präsentierten Wörter unterschieden sich vor allem

  a) in ihrer emotionalen Färbung,
  b) in ihrer Bildhaftigkeit,
  c) in der grammatischen Wortklasse,
  d) in der Silbenzahl,
  e) in der Häufigkeit des Gebrauchs oder
  f) in ihrem Bedeutungsgehalt.

Eine heikle Maßnahme: Täuschung von Versuchsteilnehmern

In manchen Fällen erscheint es evident, dass die Teilnehmer nicht über den „wahren" Zweck des Experiments informiert sein dürfen, da sie dann ihr Verhalten bewusst verfälschen könnten. Viele bekannte Beispiele aus der Sozialpsychologie lassen sich aufzählen, z. B. Studien zur Konformität bei Gruppendruck (Asch, 1951), zum Gehorsam gegenüber Autoritäten (Milgram, 1964) oder zum Hilfeverhalten (Darley & Latané, 1968). Würde man den Teilnehmern vorab sagen, dass man ihre Bereitschaft zu gruppenkonformem oder autoritätshörigem oder hilfsbereitem Verhalten misst, würden sie sicher keine spontanen Verhaltensäußerungen mehr zeigen. Nicht nur in den genannten sozialpsychologischen Bereichen, sondern auch in der Allgemeinen Psychologie sind leichte Formen von Täuschung manchmal notwendig. So muss ich den Vpn in Studien zum „beiläufigen Lernen" verschweigen, dass ein späterer Gedächtnistest folgen wird, da sonst das Lernen nicht mehr beiläufig wäre. Vielmehr würden sie ggf. Strategien zum Einprägen der Information anwenden. Gleichzeitig muss ich ihnen eine plausible Begründung dafür liefern, wieso sie sich mit dem Lernmaterial beschäftigen sollen (z. B. Wörter hinsichtlich der Angenehmheit beurteilen). In allen mehr oder weniger schweren Fällen von Täuschung soll die Hypothesenbildung der Vp über die wahre Intention des Versuchsleiters verschleiert werden, um Demand Effekte auszuschließen.

Die Täuschung von Versuchsteilnehmern stellt ein schweres ethisches Dilemma dar. Einerseits sind sie als Partner im Forschungsprozess zu sehen, und der Wissensvorsprung des Forschers sollte nicht ausgenutzt werden, um sie zu „belügen".[42] Andererseits scheint manche wissenschaftliche Fragestellung ohne ein gewisses Maß an Fehlinformation nicht untersuchbar. Seit dem „Höhepunkt" der Studien mit Täuschungen in den 1960er und 1970er Jahren ist die Zahl zwar deutlich zurückgegangen, aber insbesondere in zwei wichtigen Zeitschriften der Sozialpsychologie finden sich immer noch gut $1/3$ an Studien, die Täuschung beinhalten (Hertwig & Ortmann, 2008). Die ethischen Richtlinien der American Psychological Association für Täuschung im Forschungsprozess sind klar (vgl. Kasten) und sind als Minimalforderung strikt zu befolgen.[43] Danach ist Täuschung nur das letzte Mittel der Wahl, darf niemals potenziell schmerzhafte oder schädigende Aspekte der Studie betreffen, und die Vpn sind im Anschluss an die Untersuchung umfassend aufzuklären.

Ethische und forschungslogische Konsequenzen

> ## Ethische Richtlinien bei der Täuschung von Versuchsteilnehmern (APA, 1. Juni 2003)
>
> *8.07 Täuschung in der Forschung*
>
> a) Psychologen führen keine Studie durch, die Täuschung beinhaltet, bevor sie sichergestellt haben, dass die Verwendung von Täuschungstechniken durch den zu erwartenden wissenschaftlichen, pädagogischen oder angewandten Nutzen gerechtfertigt ist, und dass alternative Verfahren ohne Täuschung nicht durchführbar sind.

---

42 Hertwig und Ortmann (2008) konstatieren, dass es keine eindeutige Abgrenzung zwischen Täuschung und wahrheitsgemäßer Information gibt. Alle Forscher sind sich einig, dass bewusste Fehlinformationen über Zweck des Experiments, Rolle der Vp und evtl. anderer Vpn zum Begriff „Täuschung" gehört, weniger Einigkeit herrscht bzgl. eines „ökonomischen Umgangs mit der Wahrheit", also dem Zurückhalten von Information über wahre Ziele, andere Versuchsbedingungen etc.

43 Allerdings bezweifeln Hertwig und Ortmann (2008), dass Forscher dies routinemäßig tun, denn dann sollte die Zahl der Studien mit Täuschung geringer sein.

b) Psychologen täuschen potenzielle Versuchsteilnehmer nicht über Forschung, die die Ursache körperlicher Schmerzen oder schwerer emotionaler Belastung sein könnte.

c) Psychologen klären die Teilnehmer auf über jede Täuschung, die Untersuchungsbestandteil ist. Dies erfolgt so früh wie möglich, am besten im Anschluss an deren Teilnahme, aber spätestens nach Abschluss der Datenerhebung. Teilnehmer dürfen ihre Daten zurückziehen (s. auch Standard 8.08, Aufklärung).

8.08 Aufklärung

a) Psychologen ermöglichen den Probanden, angemessene Information über das Wesen, die Resultate und die Schlussfolgerungen der Forschung zu erlangen, und sie unternehmen sinnvolle Schritte, eventuelle Missverständnisse auf Seiten der Probanden zu klären.

b) Wenn wissenschaftliche oder ethische Werte es rechtfertigen, diese Information zu Verzögern oder zurückzuhalten, ergreifen Psychologen alle Maßnahmen, das Risiko eines Schadens zu minimieren.

c) Wenn Psychologen erfahren, dass Forschungsmethoden einen Probanden geschädigt haben, ergreifen sie Maßnahmen, den Schaden zu minimieren.

(Quelle: Auszug aus „Ethical Principles of Psychologists and Code of Conduct" der American Psychological Association, Übersetzung vom Verfasser, Zugriff am 19.07.2010, http://www.apa.org/ethics/code/index.aspx)

Bumerang-Effekt Ortmann und Hertwig (1997) haben darauf hingewiesen, dass Täuschung nicht nur ethisch, sondern auch im Sinne anderer möglicher Konsequenzen bedenklich ist: Als schädliche Langzeitfolge könnten einmal getäuschte Versuchspersonen misstrauisch werden, in künftigen Untersuchungen nach der „wahren" Hypothese suchen und unkooperativ werden. Eine Reputation psychologischer Versuchsleiter als potenzielle Lügner könnte demnach genau den Effekt bewirken, den die Täuschung eigentlich verhindern sollte. Hertwig und Ortmann (2008) fassen die spärliche empirische Evidenz zu dieser Frage zusammen und kommen zu dem Schluss, dass die *Gefahr* einer Verhaltensbeeinflussung durch Misstrauen der Versuchsteilnehmer eindeutig gegeben ist und das Verhalten misstrauischer Versuchsteilnehmer (durch Befragung ermittelt oder durch Instruktion misstrauisch

gemacht) sich in einigen Studien systematisch von demjenigen „na-
iver" Vpn unterschied. Negative Langzeiteffekte der Verwendung von
Täuschung als Kontrolltechnik können also nicht ausgeschlossen
werden.[44] Allein die Gefahr negativer Langzeiteffekte sollte neben
den ethischen Überlegungen also deutlich machen, dass Täuschung
immer nur die allerletzte Möglichkeit sein kann, nachdem andere
Möglichkeiten ernsthaft geprüft wurden. *Niemals* darf über signifikante Aspekte der Studie getäuscht werden, die potenzielle seelische
oder physische Schmerzen verursachen könnten. *Wenn* man sich allerdings gezwungen sieht, aktiv falsche Informationen weiterzuge-
ben, so sollte man es glaubwürdig tun! Eine schlechte Täuschung
erreicht ihr Ziel in der konkreten Untersuchung nicht *und* trägt darüber hinaus potenziell zu den schädlichen Langzeitfolgen bei.

*Täuschen als aller-
letzte Zuflucht*

6.5 Probleme der Mehrfachmessung: Vier-Gruppen-Plan und Ausbalancierung

Sogenannte Demand Characteristics, wie sie im letzten Abschnitt
beschrieben wurden, sind besonders bei Mehrfachmessungen von
Selbstbeschreibungen zu erwarten. Wir hatten die Auswirkungen als
Sensitivierungs- oder Konsistenzeffekte bezeichnet. In Kapitel 3.6
wurde der Solomon-4-Gruppen-Plan bzw. seine Erweiterungen auf
mehrere Experimentalbedingungen als möglicher Ausweg beschrieben. Mit ihm kann festgestellt werden, ob die Vorhermessung einen
verfälschenden Effekt auf die Ergebnisse hat.

*Sensitivierungs-
effekte*

In Kapitel 5.2.2 wurden die Vorzüge von Messwiederholungsdesigns
erläutert, die hauptsächlich in der größeren Ökonomie durch höhere
statistische Power begründet sind. Wenn Sensitivierungs- und Konsistenzeffekte (also Antworttendenzen der Vp) unwahrscheinlich sind,
gibt es dennoch immer zwei mögliche Bedrohungen der internen und
externen Validität: Wenn die zu vergleichenden Versuchsbedingungen
nacheinander durchlaufen werden, kann die *Reihenfolge* der Versuchsbedingungen möglicherweise das Ergebnis beeinflussen, etwa durch
Lern- oder Ermüdungseffekte. Nehmen wir an, die Vpn bearbeiten

Reihenfolgeeffekte

---

44 Misstrauische Personen zeigten allerdings oft weniger starke Effekte als die nicht
misstrauischen. Dies ist ein Zeichen dafür, dass die Täuschung *in den konkreten
Untersuchungen selbst* gewirkt hat! Diese Debatte kann hier nicht vertieft werden, interessierte Leserinnen seien auf Hertwig und Ortmann (2008) sowie die
Debatte um Ortmann und Hertwig (1997) verwiesen (Bröder, 1998; Kimmel,
1998; Korn, 1998).

Leistungsaufgaben (z. B. einen IQ-Test) in zwei verschiedenen Bedingungen A und B. Dies könnte z. B. die Bearbeitung unter Zeitdruck oder ohne Zeitdruck sein. Würde man ein Messwiederholungsdesign so realisieren, dass alle Vpn zunächst A, dann B bearbeiten, dann könnte ein gefundener Unterschied zwischen den Bedingungen nicht eindeutig interpretiert werden. B könnte besser sein als A, weil die Vpn generell durch Übung besser wurden (Bedingung A war eine Vorübung für B), oder B könnte schlechter sein als A, weil die Motivation nachließ oder Ermüdung einsetzte. Es liegt also eine Konfundierung zwischen Reihenfolge und UV vor, und so lange die Auswirkung der Reihenfolge unklar ist, kann ein Effekt des Treatments nicht eindeutig auf das Treatment selbst zurückgeführt werden. Hier ist es demnach nötig, auch die *Reihenfolge* der Bedingungen aktiv als Kontrollfaktor zu manipulieren. Das heißt, je eine randomisiert zugewiesene Gruppe durchläuft die beiden Treatments in unterschiedlichen Reihenfolgen. Diese sogenannte vollständige Ausbalancierung ist schematisch in Tabelle 11 dargestellt.

Tabelle 11: Ausbalancieren der Reihenfolge zweier messwiederholter Treatments A und B

	Erstes Treatment	Zweites Treatment
Gruppe 1	A	B
Gruppe 2	B	A

Wenn sich dann ein Haupteffekt des Treatments unabhängig von der Reihenfolge ergibt, kann auf den ursächlichen Effekt des Treatments geschlossen werden. Bei ordinalen oder disordinalen Wechselwirkungen mit dem Reihenfolgefaktor (vgl. Kasten auf Seite 80 in Kapitel 3) ist dagegen davon auszugehen, dass der Treatmenteffekt durch die Reihenfolge moderiert oder sogar umgedreht wird. Das würde die Allgemeingültigkeit der Hypothese einschränken. Designs zum Ausbalancieren von Reihenfolgeeffekten finden sich in den nächsten beiden Abschnitten.

Materialeffekte Fast immer, wenn wir Messwiederholungen anstellen, werden wir in den Treatments unterschiedliche Materialien verwenden müssen. Nehmen wir erneut das Beispiel der Bearbeitung von Leistungsaufgaben unter zwei Bedingungen A und B. Diesmal sei der Einfachheit halber aber die Bearbeitung der Aufgaben unter Bedingung A (ohne Zeitdruck) versus Bedingung B (mit Zeitdruck) zufällig durchmischt, so dass keine systematischen Reihenfolge- und Ermüdungseffekte zu erwarten sind. Dennoch können wir natürlich in beiden Bedingungen nicht *dieselben* Items verwenden, da die zweite Bearbeitung derselben Aufgabe sicher nicht von derjenigen der ersten Aufgabe unabhängig ist. Das heißt, die Leistung der Vp muss in beiden Bedingungen mit *unterschiedlichen* Items gemessen werden, was aber wieder das Problem mit sich bringt, dass gefundene Unterschiede zwischen den Treatments auf zufälligen Unterschieden zwischen den Items beruhen könnten. Es läge also eine Konfundierung zwischen Material und Treatment vor. Diese Konfundierung können wir ganz analog zur Ausbalancierung von Reihenfolgeeffekten aufheben, indem wir dafür sorgen, dass jedes Item gleich häufig in jeder Versuchsbedingung auftaucht. Das erreicht man wiederum durch vollständiges Ausbalancieren (schematisch in Tab. 12), indem je die Hälfte der Items für die Hälfte der randomisiert zugewiesenen Vpn in Bedingung A, für die andere Hälfte in Bedingung B auftaucht.

Tabelle 12: Ausbalancieren des Materials zweier messwiederholter Treatments A und B

	Treatment A	Treatment B
Gruppe 1	Itemset 1	Itemset 2
Gruppe 2	Itemset 2	Itemset 1

Auch hier wäre ein Haupteffekt des Treatments klar interpretierbar, solange keine disordinale Wechselwirkung mit dem Materialfaktor vorliegt.

Wenn die Treatments zeitlich nacheinander (statt durchmischt) erfolgen, müssen demnach fast immer Reihenfolge- und Materialeffekte *simultan* ausbalanciert werden. In einer vollständigen Ausbalancierung würde man daher alle Kombinationen aus Reihenfolgen und Treatment-Material-Bedingungen realisieren wie in Tabelle 13 schematisch dargestellt.

Kombinierte Reihenfolge- und Materialeffekte

Tabelle 13: Simultanes Ausbalancieren des Materials und der Reihenfolge zweier messwiederholter Treatments A und B

	erstes Treatment	zweites Treatment
Gruppe 1	A, Itemset 1	B, Itemset 2
Gruppe 2	A, Itemset 2	B, Itemset 1
Gruppe 3	B, Itemset 1	A, Itemset 2
Gruppe 4	B, Itemset 2	A, Itemset 1

Man sieht also, dass die weitaus größere Effizienz eines Messwiederholungsplans durch ein aufwendigeres Design zur Erhaltung der internen Validität erkauft werden muss. Dies stellt aber kein prinzipielles Problem dar und ist den Planungsaufwand wert.

> **Merke:**
>
> Materialeffekte müssen bei Mehrfachmessungen *immer* ausbalan-
> ciert werden, Reihenfolgeeffekte nur dann, wenn die Treatments
> tatsächlich in zeitlicher Abfolge (und nicht durchmischt) erfolgen.

6.5.1 Vollständiges Ausbalancieren

Die im vorigen Abschnitt genannten Beispiele zeigten *vollständiges
Ausbalancieren*, da alle Kombinationen von Reihenfolgen (Tab. 11),
Materialsets (Tab. 12) oder gar beidem (Tab. 13) experimentell realisiert werden. Dies ist die ideale Variante des Ausbalancierens, weil
damit auch die Konfundierung der UV mit Sequenzeffekten höherer
Ordnung ausgeschlossen wird. Beispielsweise könnte die UV nur
dann einen Effekt haben, wenn Treatment B auf Treatment A folgt,
nicht aber in umgekehrter Reihenfolge, während sich der Effekt
umdreht, wenn zwischen A und B noch Treatment C erfolgt. Bei
vollständigem Ausbalancieren kann ein Haupteffekt der UV unab-
Kombinatorische hängig von all diesen Interaktionen interpretiert werden. Das voll-
Explosion ständige Balancieren stößt allerdings sehr schnell an Grenzen der
Machbarkeit, wenn mehr als zwei Treatmentstufen involviert sind.
Schon bei drei Treatmentstufen eines Faktors gibt es z.B. sechs mögliche Reihenfolgen (vgl. Tab. 14) oder Material-Treatment-Kombi-
nationen, bei vier Treatmentstufen sind es bereits 24, bei fünf sind es
120 usw. Allgemein sind für k Faktorstufen $k!$ (sprich „k Fakul-
tät" $= 1 \times 2 \times \ldots \times (k-1) \times k$) Reihenfolgen möglich; das sind schnell
mehr Reihenfolgen als Versuchsteilnehmer! Wenn dies noch mit
Balancieren der Materialeffekte zu kombinieren ist, wird es bald
unhandlich bzw. undurchführbar.

Eine Möglichkeit der Kontrolle besteht darin, die Material-Treatment-
kombination und Reihenfolge für jede Vp zufällig festzulegen und
damit eine Zufallsstichprobe aus der Menge aller möglichen Kombinationen zu ziehen. Das ist durchaus zulässig, kann aber vor allem
bei kleinen Stichproben ebenso wie die Randomisierung mit Zurücklegen zu zufälligen Ungleichverteilungen führen. Die Randomisie-

Tabelle 14: Vollständiges Ausbalancieren der Reihenfolge von drei Treatments

	Reihenfolge der Treatments
Gruppe 1	A, B, C
Gruppe 2	A, C, B
Gruppe 3	B, A, C
Gruppe 4	B, C, A
Gruppe 5	C, A, B
Gruppe 6	C, B, A

rung hebt die Konfundierung der UV mit allen SVn nur auf lange Sicht auf, in einer konkreten Untersuchung kann durch Zufall eine Konfundiereung entstehen. „Sauberer" ist in diesem Fall das *unvollständige Ausbalancieren,* bei dem das Ziel erhalten bleibt, dass jedes Treatment gleich häufig in jeder Reihenfolgenposition vorkommt bzw. jedes Versuchsmaterial gleich häufig jedem Treatment zugeordnet wird, so dass Reihenfolge beziehungsweise Material und UV unkonfundiert sind.

6.5.2 Unvollständiges Ausbalancieren

Der Vorteil des unvollständigen Ausbalancierens besteht darin, dass für einen Faktor mit k Stufen auch nur k Versuchsgruppen benötigt werden. Die gängigste Methode ist dabei das sogenannte lateinische Quadrat. Dies ist allgemein eine $k \times k$-Matrix, die mit k Symbolen belegt wird, wobei jedes Symbol nur einmal pro Zeile und Spalte vorkommen darf. Beispiele für die einfache systematische Generierung lateinischer Quadrate zeigt Abbildung 20.

Lateinisches Quadrat

Wenn es sich bei den Spalten der Quadrate in Abbildung 20 um verschiedene Messzeitpunkte handelt und die Treatments mit den Buchstaben A bis C, A bis D oder A bis F bezeichnet werden, so stellt jede Zeile dann eine andere Treatmentreihenfolge dar. Es werden also (randomisiert zugewiesene) Gruppen mit je einer Reihenfolge untersucht. Wenn die Gruppen gleich groß sind (z. B. durch Randomisieren ohne Zurücklegen) stellt das lateinische Quadrat demnach sicher, dass jedes Treatment gleich häufig auf jeder Position der Wiederholungsmessungen vorkommt. Genauso können die

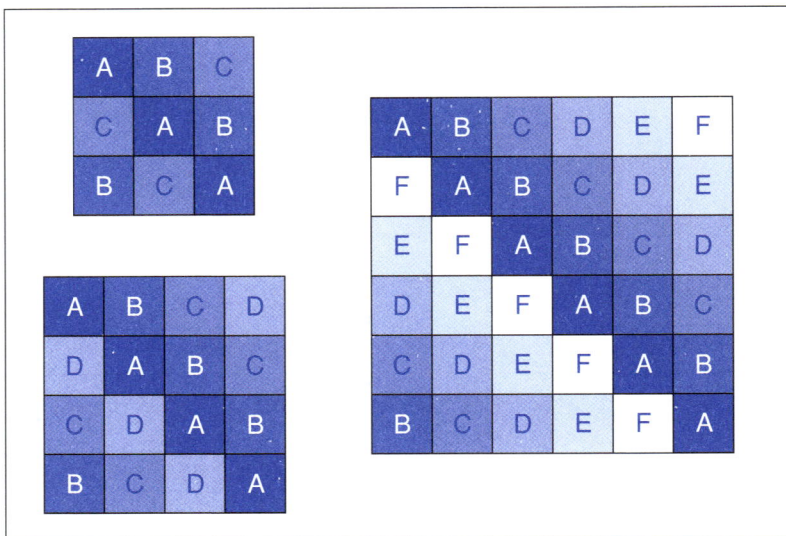

Abbildung 20: Beispiel für die systematische Generierung lateinischer Quadrate mit $k=3$, 4 und 6. Ein lateinisches Quadrat mit $k=2$ entspricht vollständigem Ausbalancieren.

Spalten auch unterschiedliche Itemsets des verwendeten Materials darstellen, die Gruppen entsprechen dann den unterschiedlichen Treatment-Material-Kombinationen. Auch von diesen wird dann sichergestellt, dass sie gleich häufig vorkommen und die Konfundierung zwischen Material und UV aufgehoben ist. Um wirklich gleiche Gruppenbesetzungen sicherzustellen, muss demnach die Versuchspersonenzahl immer ein Vielfaches der Anzahl von Treatmentstufen k sein.

Einschränkung des unvollständigen Balancierens

Mit dem unvollständigen Balancieren werden nur *Haupteffekte* der Reihenfolgeposition bzw. des Materials auf die AV kontrolliert. Wenn z.B. über das Experiment hinweg Ermüdung zu zunehmend schlechteren Leistungen in der AV über die Messzeitpunkte hinweg führt (Haupteffekt des impliziten Faktors Messzeitpunkt), dann ist in einem lateinischen Quadrat jedes Treatment gleich stark von diesem Effekt betroffen, und Unterschiede zwischen den Treatments gehen dann immer noch auf die UV selbst zurück. *Nicht* kontrolliert werden können dagegen Interaktionen von Treatment und Messzeitpunkt oder Sequenzeffekte. Beispielsweise könnte ein Treatment X nur dann einen Effekt auf die AV haben, wenn es an dritter Stelle kommt. Oder Treatment B hat nur dann einen Effekt, wenn direkt vorher Treatment A erfolgte. Solche Wechselwirkungen sind nur in vollständig balancierten Designs überprüf- und kontrollierbar. Aufgrund des schnell wachsenden Ressourcenbedarfs für vollständiges Balancieren mit wachsendem *k* muss man sich demnach meist mit der Kontrolle etwaiger Haupteffekte zufrieden geben. Sind dagegen aus theoretischen Gründen komplexe Wechselwirkungen dieser Art zu erwarten, sollte man besser ein Between-Subjects-Design erwägen.

6.5.3 Ein Beispiel

Wenn man das Prinzip des Balancierens von Reihenfolgen und Versuchsmaterial einmal verstanden hat, stellt sich jede Realisierung eines entsprechenden Versuchsplans im Wesentlichen als Knobelaufgabe dar, die vor allem gute Organisation in der späteren Durchführung erfordert. Man sollte sich z. B. eine gute Benennung für die Versuchsbedingungen ausdenken, um beim Experimentieren nicht durcheinanderzukommen. Insbesondere bei mehren gekreuzten Within-subjects-Faktoren oder bei der Notwendigkeit, Item- und Reihenfolgeeffekte simultan auszubalancieren, kann ein einfaches Grunddesign schon einmal etwas umfangreicher werden. Dies verdeutlichen wir an einem Beispiel.

Kehren wir zurück zur Theorie der Verarbeitungstiefe während des Lernens verbaler Information (Craik & Lockhart, 1972, vgl. Kapitel 3). Die Theorie nimmt an, dass die Gedächtnisspur umso fester verankert ist, je semantisch tiefer die Verarbeitung während der Enkodierung war. Sie entschließen sich, in ihrem Experiment wie in der klassischen Untersuchung drei Verarbeitungstiefen zu variieren. Die Bedingung „Buchstaben zählen" (B) ist diejenige mit sehr flacher Verarbeitung, die Bedingung „Synonym finden" (S) stellt dagegen hohe Anforderungen an die semantische Verarbeitung. Eine Aufgabe mit mittlerer Verarbeitungstiefe könnte z. B. „Reimwort finden" (R) heißen.[45] Sie möchten die Auswirkungen der Verarbeitungstiefe beim Lernen auf die Leistung in einem *Wiedererkennungstest* überprüfen. In einem solchen Test werden die gelernten (= alten) Wörter mit nicht gelernten neuen Wörtern durchmischt dargeboten, und die Vpn müs-

---

45 Dem Ansatz der Verarbeitungstiefe ist von Kritikern vorgeworfen worden, dass oft nicht a priori klar sei, welche „Tiefe der Verarbeitung" man bei verschiedenen Aufgaben annehmen kann und dass der Ansatz daher letztlich zirkulär sei (Baddeley, 1978). Dies ist ein theoretisch ernst zu nehmendes Argument, für unsere hier interessierende versuchsplanerische Perspektive gehen wir aber einfach davon aus, dass die Aufgaben eine brauchbare Operationalisierung darstellen.

sen für jedes Wort angeben, ob es alt oder neu ist. Sie überlegen sich, dass sie die UV gerne innerhalb der Vpn variieren wollen. Das Grunddesign dieser Untersuchung mit zwei Within-Subjects-Faktoren findet sich in Tabelle 15. Der Faktor „Itemart" ergibt sich dabei implizit durch die Verwendung des Wiedererkennungstests.

Tabelle 15: Grunddesign des Beispiels

Wortart im Test	UV „Verarbeitungstiefe"		
	flach: Buchstaben zählen (B)	mittel: Reimwort finden (R)	tief: Synonym generieren (S)
Alt (50 %)			
Neu (50 %)			

Sie müssen also mindestens Itemeffekte ausbalancieren, und zwar für beide Faktoren: jedes verwendete Testwort sollte gleich häufig als altes respektive als neues Wort auftauchen, und alle Wörter sollten gleich häufig unter jeder der Verarbeitungsbedingungen verwendet werden. Wie nun der genaue ausbalancierte Plan aussieht, hängt von der Entscheidung ab, wie Sie die Lernphase gestalten. Eine mögliche Variante (Variante 1) wäre die durchmischte Darbietung der Wörter in der Lernphase: Eine Hinweis kündigt für jedes präsentierte Wort an, welche der drei Aufgaben (B, R oder S) die Vp zu erfüllen hat. Später erfolgt dann ein gemeinsamer Test mit allen präsentierten Wörtern und einer gleichen Anzahl neuer Wörter. Der Vorteil dieser Variante ist, dass sie keine Messzeitpunkteffekte zu erwarten haben, da für Lernen und Test die drei Bedingungen im Wesentlichen identisch sind.

Für diese Variante müssen also nur Materialeffekte ausbalanciert werden. Da es für jedes Wort sechs mögliche Versuchsbedingungen gibt (vgl. Tab. 16), wird ein großer Pool von Wörtern, die im Experiment Verwendung finden sollen, zufällig in sechs gleichgroße Sets A bis F aufgeteilt. Eine Ausbalancierung kann hier dann wie oben dargestellt durch ein lateinisches Quadrat erfolgen. Eine ebenso gültige Methode stellt Tabelle 16 dar.

Sie könnten sich aber auch dafür entscheiden, anstatt einer durchmischten Darbietung der drei Verarbeitungsarten lieber separate Lern- und Testlisten für jede Bedingung zu verwenden. Beispielsweise könnten sie vermuten, dass die Vpn die Instruktionen nicht

Tabelle 16: Ausbalancierung von Materialeffekten in Variante 1 des Beispiels mit lateinischem Quadrat innerhalb der alten Items (A bis F = gleichgroße Itemsets)

Alt			Neu
Buchstaben zählen	**Reimwort generieren**	**Synonym finden**	**–**
A	B	C	D,E,F
C	A	B	D,E,F
B	C	A	D,E,F
D	E	F	A,B,C
F	D	E	A,B,C
E	F	D	A,B,C

adäquat befolgen oder verstehen, oder dass der permanente Wechsel zwischen verschiedenen Aufgaben zu anspruchsvoll für ihre angestrebte Stichprobe ist. Wir wissen, dass rasche Aufgabenwechsel große kognitive Kosten verursachen (task switch costs, z. B. Mayr & Kliegl, 2003), die ggf. das Ergebnis beeinträchtigen könnten. Eine Variante 2 des Experiments würde daher mit klar abgegrenzten Lernlisten und einem sich daran anschließenden Test für diese Liste arbeiten. Wenn aber drei verschiedene Lernlisten inklusive Test nacheinander dargeboten werden, sind zusätzlich zum Material auch Reihenfolgeeffekte auszubalancieren. Eine vollständige Variante mit Ausbalancierung sowohl des Materials als auch der Reihenfolgen im lateinischen Quadrat würde dann die achtzehn in Tabelle 17 gezeigten Versuchsbedingungen erfordern.

Es ist ersichtlich, dass für ein derartiges Design recht gute Planung und Dokumentation erforderlich ist. Insbesondere in computerisierten Verfahren wird häufig auf eine annäherungsweise Ausbalancierung zurückgegriffen, indem die Items den sechs Bedingungen zufällig zugewiesen werden, so dass lediglich noch die Reihenfolge ausbalanciert werden müsste. Das ist auch zulässig, wenn die Stichprobe groß ist, und führt auf lange Sicht ebenfalls zum Ausschluss von systematischen Materialeffekten. Da zufällige Ungleichheiten in einem Experiment jedoch umso wahrscheinlicher werden, je kleiner die Stichprobe ist, lohnt sich der Aufwand des Balancierens paradoxerweise umso mehr, je weniger Vpn sie untersuchen wollen oder können.

Kleinere Stichproben erfordern mehr Planungsaufwand

Tabelle 17: Ausbalancieren von Material- und Reihenfolgeeffekten in Variante 2 des Beispiels (A bis F = zufällig aufgeteilte Itemsets A bis F)

Reihenfolge	Alt			Neu		
	B	**R**	**S**	**B**	**R**	**S**
BRS	A	B	C	D	E	F
SBR	A	B	C	D	E	F
RSB	A	B	C	D	E	F
BRS	C	A	B	F	D	E
SBR	C	A	B	F	D	E
RSB	C	A	B	F	D	E
BRS	B	C	A	E	F	D
SBR	B	C	A	E	F	D
RSB	B	C	A	E	F	D
BRS	D	E	F	A	B	C
SBR	D	E	F	A	B	C
RSB	D	E	F	A	B	C
BRS	F	D	E	C	A	B
SBR	F	D	E	C	A	B
RSB	F	D	E	C	A	B
BRS	E	F	D	B	C	A
SBR	E	F	D	B	C	A
RSB	E	F	D	B	C	A

Anmerkungen: B = Buchstaben zählen, R = Reimwort generieren, S = Synonym finden

Zusammenfassung

Zu Beginn dieses Kapitels wurden verschiedene Arten von Störvariablen vorgestellt. Hierbei wurde zwischen systematischen und zufälligen Fehlereinflüssen unterschieden. Störvariablen werden in die folgenden vier Kategorien eingeteilt: Störvariablen der Versuchspersonen, Störvariablen in der Untersuchungssituation, Störvariablen durch Mehrfachmessung und Störvariablen durch

Erwartungen von Versuchsleiter oder Versuchsperson. Sobald Störvariablen bekannt sind, können sie durch spezifische Kotrolltechniken eliminiert werden. Die wichtigsten Kontrolltechniken bezogen auf Störvariablen, die die Versuchspersonen mitbringen, sind Randomisierung und Parallelisierung. Zu den Kontrolltechniken, die bei situativen Störvariablen angewendet werden, zählen Automatisierung, Standardisierung, Eliminierung, Versuchsleiter- und Beobachtertraining und die Kontrollfaktorbildung. Um Erwartungseffekte von Versuchsleiter oder Versuchsperson zu umgehen, werden (Doppel-)Blindstudien durchgeführt, oder die Versuchspersonen erhalten falsche Angaben über den Zweck der Studie. Von letzterer Kontrolltechnik ist aufgrund ethischer Erwägungen und negativer Langzeiteffekte abzuraten, sofern sie sich vermeiden lässt (Hertwig & Ortmann, 2008). Wegen der hohen Effizienz von Messwiederholungsplänen lohnen sich deren aufwendigere Versuchsdesigns, in denen aber Materialeffekte und – wenn nötig – Reihenfolgeeffekte ausbalanciert werden müssen.

Fragen

1. Nennen und erläutern Sie die Ihnen bekannten Arten von Störvariablen.
2. Nennen Sie Beispiele für systematische und zufällige Fehler.
3. Welche Kontrolltechniken kennen Sie? Welche Störvariablen kann man mit diesen eliminieren?
4. Was bedeutet „vollständiges Ausbalancieren"? Was sind seine Nachteile?
5. Wann und warum wendet man „unvollständiges Ausbalancieren" an?

Lösungshinweise finden Sie unter
www.hogrefe.de/buecher/lehrbuecher/psychlehrbuchplus

Kapitel 7

Analyse der Daten und Schlussfolgerungen

Inhaltsübersicht

Schlüsselbegriffe

- Wie werden aus Beobachtungen Daten?
- Hypothesengeleitete Datenauswertung
- Explorative Datenauswertung

7.1 Datengewinnung

Beobachtungen sind noch keine „Daten"

Nach Abschluss einer experimentellen Untersuchung liegen Beobachtungen, Fragebogenantworten oder Computerdateien mit Reaktionszeitmessungen etc. vor, die zunächst einmal in interessierende Rohdaten zu verwandeln sind. Als *Daten* bezeichnet man erst die klassifizierten oder transformierten Beobachtungen bzw. Aufzeichnungen, die in eine bezogen auf die Hypothese analysierbare Form gebracht wurden. Es sind also diejenigen Aspekte der Beobachtungen, die für eine wissenschaftliche Analyse benötigt werden. Liegt z. B. ein detailliertes Beobachtungsprotokoll einer Gruppendiskussion oder gar eine Videoaufzeichnung vor, so wird man ggf. die einzelnen protokollierten Äußerungen von Gruppenmitgliedern gemäß eines bestimmten Schlüssels codieren. Je nach Fragestellung wird man unterschiedliche Codierungssysteme nutzen, im Falle einer Gruppendiskussion z. B. die Interaktionsprozessanalyse von Bales (1976). Die erhaltenen Daten für jede Person werden dann oft in EDV-Dateien übertragen und werden so einer weiteren Analyse zugänglich gemacht.

Eingabe der Daten

Damit beinhaltet die Umwandlung des Rohmaterials in Daten sowie deren Kodierung in eine EDV-Datei meist eine Informationsreduktion. Man sollte jedoch beachten, im ersten Schritt der Transformation so viel Information wie möglich in den Rohdaten zu erhalten. Datenreduktion im Nachhinein ist immer möglich, aber verloren gegangene Information lässt sich nicht wieder rekonstruieren. Nehmen Sie z. B. einen Fragebogen mit 30 Items zur Persönlichkeitseigenschaft „Extraversion". Laut Handbuch des Fragebogens interessiert nur der Summenwert über die Antworten dieser Items als Maß der Extraversion. Sie könnten nun also den Summenwert für jede Person berechnen und ihn in eine Computerdatei eingeben. Dieses Vorgehen hat mehrere Nachteile: Erstens ist es fehleranfällig, da Sie beim Berechnen der Summenwerte Flüchtigkeitsfehler begehen können. Zweitens ist es – je nach der Anzahl untersuchter Personen – sehr zeitaufwendig. Drittens verlieren Sie die Information über die

Beantwortung einzelner Fragebogenitems. Wenn Sie dagegen die Antworten auf alle Items direkt im Computerprogramm codieren, kann der Computer schnell und fehlerfrei den Summenwert errechnen, und Ihnen bleibt zusätzlich im Nachhinein die Möglichkeit, einzelne Items gesondert zu betrachten oder Kennwerte der Skalenreliabilität zu berechnen etc. Es empfiehlt sich daher, Rohdaten so detailliert wie möglich aufzuheben und jede nachfolgende Transformation der Daten gut zu dokumentieren.

Routinearbeiten dem Computer überlassen

Die meisten statistischen Datenanalyseprogramme sind so aufgebaut, dass jede Zeile eine Untersuchungseinheit (in der Regel eine Versuchsperson) repräsentiert, für die in den Spalten Variablenwerte eingetragen werden. Ein kleines Beispiel ist in Abbildung 21 veranschaulicht.

Ver-suchs-person	Geschlecht	Alter	Ver-suchsbe-dingung	Item 1	Item 2	Item 3	Item 4	Item 5	Item-summe
1	männlich	24	1	1	1	0	0	1	3
2	weiblich	26	2	1	0	0	0	0	1
3	männlich	29	1	0	1	0	1	0	2
4	weiblich	20	1	0	1	1	1	0	3
5	männlich	21	2	1	1	0	1	1	4
6	weiblich	32	2	0	1	0	1	0	2
7	weiblich	19	2	1	0	1	0	1	3
8	weiblich	22	1	1	1	1	1	1	5
...	...	...	...	...	...	...	...	...	...

Abbildung 21: Prinzip des Aufbaus einer Datendatei mit einer Zeile pro Versuchsperson und einer Spalte für jede Variable (Die Variable „Itemsumme" wurde über die Items 1 bis 5 durch den Computer generiert. Dies vermeidet Fehler beim Rechnen und erhält die Rohdaten einzelner Items für weitere Analysen).

Die Werte der Untersuchungsvariablen werden oft als numerische Daten codiert, und eine wesentliche Eigenschaft der erhaltenen Messwertskalen ist deren sogenanntes *Skalenniveau*. Dieses legt fest, welche statistischen Analysen mit den Messwerten sinnvoll durchführbar sind. „Sinnvoll" bedeutet hier, dass die Zahleneigenschaften bestimmte Eigenschaften der Variablen repräsentieren, weshalb diese Zahlenrelationen dann auch inhaltlich interpretiert werden können.

Information in den Daten: Skalenniveau

Nominaldaten

Solche Zahlenrelationen sind z. B. die Gleichheit oder Ungleichheit von Zahlen sowie deren *Ordnung* entlang des Zahlenstrahls, die eine Größer-Kleiner-Relation definiert. Eine sogenannte *Nominalskala* – die einfachste Skalenform – verwendet die Zahlen lediglich als Bezeichnungen für Variablenabstufungen, die nicht quantitativ gedeutet werden können. Wenn z. B. der Beruf einer Person mit „0 = arbeitslos", „1 = angestellt", „2 = Beamter" und „3 = selbstständig" codiert wird, so macht es offenbar keinen Sinn, über solche Zahlen Mittelwerte zu berechnen, da die Reihenfolge der Codierung willkürlich ist und durch jede eineindeutige Transformation verändert werden könnte (also eine Benennung mit anderen Zahlenwerten). Hier wird also nur die Gleichheitsrelation der Zahlen inhaltlich genutzt, nicht dagegen die Ordnungsrelation. Sinnvolle Statistiken sind bei Nominalskalen lediglich (relative) Häufigkeiten und als Lagemaß der Mo-

Ordinaldaten

dus, also der häufigste Wert. *Ordinalskalen* enthalten darüber hinaus auch quantitative Information über ein Merkmal und beziehen die Ordnungsrelation der Zahlen mit ein: Eine höhere Zahl bezeichnet dann auch eine höhere Merkmalsausprägung. Allerdings ist die quantitative Information beschränkt, da nur die Ordnungsrelation der Zahlen interpretiert werden darf, nicht jedoch deren Abstände. Die Rangplätze des Zieleinlaufs bei einem Marathon enthalten z. B. Information über die Geschwindigkeit der einzelnen Läufer (Nr. 1 war der schnellste, Nr. 2 war der zweitschnellste etc.), aber sie sagen uns nichts über die Abstände. Neben dem Modus ist hier der Median als Lagemaß sinnvoll interpretierbar, und ordinale Korrelationen mit

Intervalldaten

anderen Variablen können berechnet und interpretiert werden. Die Abstände der Zahlenwerte können inhaltlich interpretiert werden, wenn eine Messung auf *Intervallskalenniveau* vorliegt, wie es z. B. bei der Temperaturmessung in °C oder °F der Fall ist. Die Festlegung des Nullpunkts und der Einheit der Skala ist willkürlich, und sogenannte lineare Transformationen sind daher erlaubt.[46] Vergleiche von arithmetischen Mittelwerten sind bei Intervallskalen sinnvoll interpretierbar, und die meisten sogenannten parametrischen statistischen Verfahren (t-Test, ANOVA, multiple Regression) setzen intervallskalierte Variablen voraus. Oft wird in der Psychologie die Intervallskalierung von Variablen angenommen, ohne dass eine empirische oder messtheoretische Begründung dafür vorliegt. Beispielsweise geht man häufig davon aus, dass Ratingskalen oder Summenwerte von Fragebogenitems die interessierende Variable auf Intervallskalenniveau

---

46 Beispielsweise erhält man die Fahrenheitskala aus der Celsiusskala durch die lineare Transformation $°F = 1,8 \times °C + 32$.

repräsentieren. Wenn diese Annahme verletzt scheint, sollten nicht-parametrische statistische Verfahren angewendet werden, die nur die ordinale Information nutzen, und Wechselwirkungen in parametrischen Verfahren sollten vorsichtig interpretiert werden.[47]

Verhältnisskalen haben darüber hinaus noch einen natürlichen Null-punkt (z. B. Temperaturmessung in °K, Längenmessung etc.) und kommen in der Psychologie nahezu nicht vor außer bei der Angabe von relativen Häufigkeiten und Wahrscheinlichkeiten.

Verhältnisskala

Tabelle 18 fasst die Skalenniveaus zusammen. Es ist klar, dass vor jeder statistischen Analyse zu reflektieren ist, auf welchem Skalen-niveau die Daten (vermutlich) vorliegen und welche Verfahren daher sinnvoll anwendbar sind. Dies gilt sowohl für hypothesengeleiteten Analysen als auch für zusätzliche explorative Analysen, die in den nächsten beiden Abschnitten erläutert werden.

Tabelle 18: Übersicht über Skalenniveaus, zulässige Transformationen und sinnvolle Statistiken

Skala	bedeut-same Aussage	zulässige Trans-formation	Beispiel	Lagemaße
Nominal	Gleichheit/ Ungleichheit	eineindeutige	Studienort, Geschlecht, Partei-zugehörigkeit	Modus
Ordinal	+ Größer-Kleiner-Relationen	monotone	Single-Charts, Windstärke	+ Median
Intervall	+ Verhält-nisse von Differenzen	lineare $(y = a \times x + b)$	Temperatur, IQ-Werte	+ arithme-tisches Mittel
Ver-hältnis	+ Gleichheit von Verhält-nissen	proportionale $(Y = a \times x)$	Länge, Einkommen, Reaktionszeit	+ geo-metrisches Mittel

---

47 Eine Wechselwirkung besagt, dass die Größe eines Effekts der UV 1 auf die AV vom Wert der Variablen UV 2 abhängt (vgl. Kasten auf Seite 80 in Kapitel 3). Damit behauptet man aber, dass der *Abstand* der AV zwischen Stufen der UV 1 sich mit der UV 2 ändert, und das setzt die Interpretation von Abständen – also eine Intervallskala – voraus!

7.2 Hypothesengeleitete Datenanalyse

Typischerweise wird man eine experimentelle Untersuchung zur Prüfung einer psychologischen Hypothese so geplant haben, dass die hypothesenbezogene Auswertungsprozedur schon *vor* der Untersuchung feststeht. Im Normalfall haben wir unser Experiment so gestaltet, dass es eine optimale – also strenge und faire – Prüfung der Hypothese ermöglicht. Wir hatten in Kapitel 2 erläutert, warum psychologische Hypothesen oft nur statistisch testbar sind. Die statistische Hypothese ist dann ein Stellvertreter für die inhaltliche Hypothese, der logisch aus ihr ableitbar ist, wenn bestimmte Hilfshypothesen erfüllt sind, die wir auch Untersuchungsvoraussetzungen genannt hatten. Letzteres versuchen wir durch gute Versuchsplanung zu erreichen.

Statistische Hypothese als Stellvertreter

Haben wir beispielsweise eine Experimental- und eine Kontrollgruppe erhoben (z. B. Medikament vs. Placebo) sowie eine intervallskalierte AV (z. B. Score im Depressivitätsfragebogen), dann prüfen wir typischerweise die Hypothese, dass das Medikament wirksamer als ein Placebo ist mit Hilfe eines Mittelwertvergleichs beider Gruppen, sofern diese bezüglich möglicher Störvariablen äquivalent sind (Randomisierung!). Dies tun wir zunächst *deskriptiv* und dann gegebenenfalls *inferenzstatistisch* mittels eines t-Tests.

Deskriptive und Inferenzstatistik

Eine *Deskription* der hypothesenrelevanten Daten sollte immer am Anfang der Analyse stehen. Für einen einfachen Mittelwertsvergleich zwischen Gruppen würde man z. B. die Mittelwerte und Standardabweichungen sowie Gruppengrößen in beiden Gruppen tabellarisch berichten. Anschaulicher kann aber auch ein Mittelwertsdiagramm mit Fehlerbalken sein oder ein sogenannter *Boxplot*, in dem auch Ausreißerwerte dargestellt sind, die auf mögliche Probleme hinweisen können (vgl. Abb. 22).

Bei einer gerichteten H_1 über Mittelwerte (z. B., Das Medikament wirkt besser als ein Placebo) können wir es ggf. schon der Deskription ansehen, falls die Hypothese *nicht* zutrifft (Die Mittelwerte unterscheiden sich nicht oder in der falschen Richtung). Wenn wir einen hypothesenkonformen Effekt deskriptiv finden, so werden wir typischerweise einen Signifikanztest anschließen, um zu prüfen, ob die Daten eher mit der H_0 oder mit der H_1 verträglich sind. Wie in Kapitel 4 ausführlich erläutert, haben wir günstigenfalls nach dem Neyman-Pearson-Verfahren beide Hypothesen formuliert (die H_1 in Form

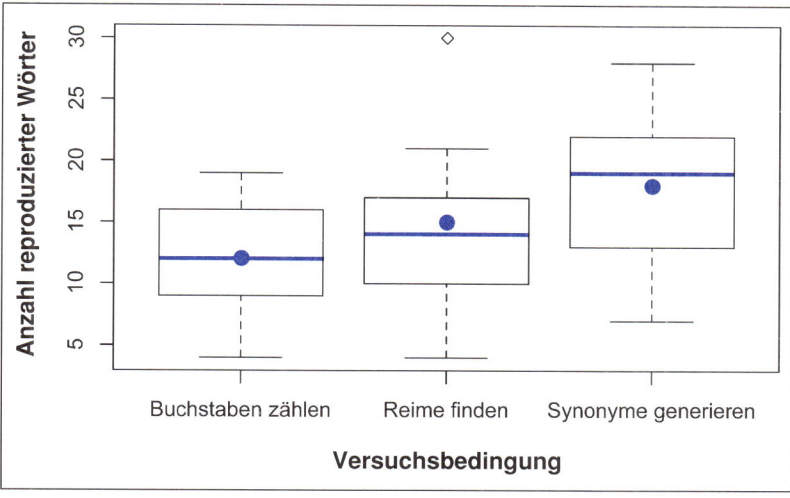

Abbildung 22: Boxplot, der Mittelwerte (Punkte), Mediane (dicke waage-
rechte Striche), den Range (dünne waagerechte Striche),
Interquartilabstände (Ober- und Unterseite der Boxen) und
Ausreißer (Rauten) der Verteilungen zeigt

einer Effektstärke), aufgrund der Stichprobengröße die Irrtumswahrscheinlichkeiten α und β optimal gewählt (am besten gleichgroß) und
den kritischen Wert entsprechend bestimmt, nach dem wir uns für die
Annahme der H_0 oder der H_1 entscheiden wollen. Wenn wir nach
dem weniger sinnvollen (aber weit verbreiteten) Fisher'schen Verfahren testen würden, hätten wir ein Signifikanzniveau α festgelegt und
würden die H_0 verwerfen oder beibehalten, ohne dabei allerdings
Kontrolle über einen möglichen β-Fehler zu haben (vgl. Kapitel 4 für
Details). Zusätzlich zum inferenzstatistischen Test sollte auch immer
die gefundene empirische Effektgröße berichtet werden (vgl. Kasten
auf Seite 105 in Kapitel 4).

In den folgenden Unterabschnitten werden kurz die wichtigsten inferenzstatistischen Verfahren angesprochen. Da heute statistische Auswertungen fast ausschließlich mit Hilfe von Computerprogrammen
durchgeführt werden, verliert die Darstellung von Rechenformeln und
-prozeduren sowie Tabellen von Prüfverteilungen an Bedeutung, dafür
sei auf die Statistikliteratur verwiesen (Bortz, 2005; Sedlmeier &
Renkewitz, 2008). Dennoch ist es wichtig, die Grundprinzipien und
Prüfverteilungen der Verfahren zu kennen, um die Ergebnisse der
Computerberechnungen verstehen und interpretieren zu können. Zu
einigen Testverfahren wird ein typischer Computeroutput erläutert.

7.2.1 Vergleich zweier Versuchsbedingungen mit quantitativer AV

Der einfachste Fall einer experimentellen Variation ist eine zweistufige UV in einem einfaktoriellen Plan. Das ist entweder der Vergleich zweier unabhängiger Gruppen oder der Vergleich zweier Bedingungen, die innerhalb der Vpn variiert wurden. Liegt die AV als quantitative Variable vor (intervall- oder ordinalskaliert), so wird die interessierende statistische Alternativhypothese sich meist auf einen Unterschied der Bedingungen bezüglich des Lagemaßes der Verteilungen (also Mittelwert oder Median) beziehen. Die korrespondierende Nullhypothese behauptet dann im Normalfall das Fehlen eines Unterschieds. Gerichtete und ungerichtete Hypothesen unterscheiden sich darin, ob die H_1 lediglich einen Unterschied vorhersagt (egal in welcher Richtung) oder ob sie auch die Richtung vorhersagen kann. Gerichtete Hypothesen haben eine höhere Teststärke als ungerichtete.

Wahl des Tests: Skalenniveau und (Un-)Abhängigkeit der Messungen

Liegt eine *intervallskalierte* AV vor, so verwendet man einen Test, der auf der t-Statistik beruht und Mittelwerte als Lagemaße vergleicht. Die Ermittlung der t-Statistik unterscheidet sich in den beiden Fällen inter- und intraindividueller Variation der UV. Wenn eine *ordinalskalierte* UV vorliegt oder die Voraussetzungen des t-Tests stark verletzt sind (s. Bortz, 2005, Kapitel 5), werden nicht-parametrische Verfahren eingesetzt: Der Mann-Whitney-U-Test im Falle interindividueller Manipulation, der Wilcoxon- oder Vorzeichen-Test dagegen bei intraindividueller Manipulation der UV. Eine Übersicht bietet Tabelle 19.

Tabelle 19: Inferenzstatistische Verfahren für den Vergleich zweier Versuchsbedingungen

	Skalenniveau	
	Intervall	**Ordinal (oder Intervall mit verletzten Voraussetzungen)**
interindividuelle Variation (2 Gruppen)	t-Test für unabhängige Stichproben	Mann-Whitney-U-Test
intraindividuelle Variation (1 Gruppe in 2 Bedingungen)	t-Test für abhängige Stichproben	Wilcoxon-Test Vorzeichentest

T-Test für unabhängige Stichproben

Wurde die AV in zwei unabhängigen Stichproben A und B erhoben, so prüft man die Signifikanz eines Mittelwertsunterschiedes mit Hilfe der einfachen t-Statistik, definiert als:

$$t = \frac{\overline{x}_A - \overline{x}_B}{\widehat{\sigma}_{\overline{x}_A - \overline{x}_B}}$$

Dabei bedeuten die Terme im Zähler die jeweiligen Stichprobenmittelwerte, und der Nenner enthält die geschätzte Standardabweichung der Stichprobenverteilung der Mittelwertsdifferenzen bzw. den geschätzten Standardfehler der Mittelwertsdifferenzen. Diese Schätzung ermittelt man über die Formel:

$$\widehat{\sigma}_{\overline{x}_A - \overline{x}_B} = \sqrt{\frac{(n_A - 1) \cdot s_A^2 + (n_B - 1) \cdot s_B^2}{(n_A - 1) + (n_B - 1)} \cdot \left(\frac{1}{n_A} + \frac{1}{n_B}\right)}$$

Die Größen s_A^2 und s_B^2 sind dabei jeweils die Schätzungen der Populationsvarianzen aus den Stichproben, definiert als

$$s^2 = \frac{\sum_i (x_i - \overline{x})^2}{n - 1}$$

Sind beide Populationen mit gleicher Varianz normalverteilt, so folgt die Statistik t einer t-Verteilung mit $(n_A - 1) + (n_B - 1)$ Freiheitsgraden. Die Werte aus der Stichprobe können also eingesetzt werden, um den empirischen t-Wert zu ermitteln. Überschreitet dieser laut einer t-Tabelle den vorher (für ein gewünschtes α und β festgelegten) kritischen t-Wert, so verwirft man typischerweise die H_0 auf dem Signifikanzniveau α.

T-Test für abhängige Stichproben

Wenn wir je zwei Messwerte bei jeder Vp erheben, so sind diese Werte nicht mehr stochastisch unabhängig. Ein Teil der Messwertvarianz wird auf Personenunterschiede zurückgehen, die a priori bestehen. Vergleichen wir z. B. die Gedächtnisleistungen in zwei Versuchsbedingungen, die intraindividuell erhoben wurden (z. B. flache vs. tiefe Verarbeitung beim Lernen), so wird es generell in der Stichprobe Personen mit unterschiedlich gutem Gedächtnis geben.

Korrelierte
Messwertreihen

Das heißt, die Messwertreihen sind voraussichtlich korreliert: Gedächtniskünstler sind in beiden Aufgaben gut, Leute mit schlechtem Gedächtnis in beiden Aufgaben schlecht. Dennoch wollen wir prüfen, ob tiefe Verarbeitung (Bedingung A) unabhängig von der generellen Gedächtnisfähigkeit der Person einen förderlichen Effekt hat und besser ist als flache Verarbeitung (Bedingung B). Das hieße, dass jede Person – egal ob mehr oder weniger begabt – von einer tiefen Verarbeitung profitiert. Man kann nun für jede Person die Differenz x_{diff} der Gedächtnisleistung in Bedingung A und B bilden. Wenn A keinen förderlichen Effekt gegenüber B hat, so sollten diese Differenzen im Populationsmittel Null betragen. Wenn dagegen A besser ist als B, wären die Differenzen im Mittel positiv! Man kann nun diese Hypothese mit folgender t-Statistik prüfen (s. Sedlmeier & Renkewitz, 2008):

$$t = \frac{\overline{x}_{diff}}{\widehat{\sigma}_{\overline{x}_{diff}}}$$

Dabei ist $\overline{x}_{diff}$ der Mittelwert der Differenzen der Messwertpaare in der Stichprobe, und $\widehat{\sigma}_{\overline{x}_{diff}}$ ist der geschätzte Standardfehler derselben. Diesen ermittelt man als:

$$\widehat{\sigma}_{\overline{x}_{diff}} = \frac{\widehat{\sigma}_{diff}}{\sqrt{n}} \; mit \; \widehat{\sigma}_{diff} = \sqrt{\frac{1}{n-1}\sum_{i=1}^{n}(x_{i,diff} - \overline{x}_{diff})^2}$$

Die geschätzte Standardabweichung der Differenzen kann bei Vorliegen von Varianz- und Korrelationsschätzungen (r) auch folgendermaßen ausgedrückt werden:

$$\widehat{\sigma}_{diff} = \sqrt{s_A^2 + s_B^2 - 2 \cdot r \cdot s_A \cdot s_B}$$

An dieser Formel ist deutlich zu sehen, dass die Korrelation r der Messwerte untereinander umso stärker die Varianz der Differenzen verringert, je höher sie ausfällt. Dadurch wird die t-Statistik größer (s. o.) und daher bei gegebenem Mittelwertunterschied eher signifikant. Die systematischen Personenunterschiede, die sich in der Korrelation ausdrücken, werden also *nicht* zur Fehlervarianz gerechnet, wodurch die Teststärke gegenüber Between-subjects-Designs erhöht wird. Das ist der statistische Grund für die weit höhere Effizienz von Messwiederholungsplänen, die in Kapitel 5 schon angesprochen wurde. Auch hier werden die Stichprobenwerte in die Formeln eingesetzt, um einen empirischen t-Wert zu ermitteln. Dieser wird mit dem vorher festgesetzten kritischen t-Wert bei $n-1$ Freiheitsgraden verglichen, und wir entschließen uns daraufhin, die H_0 beizubehalten oder zu verwerfen.

Mann-Whitney-U-Test für unabhängige Stichproben und ordinale Daten

Ein sogenanntes nonparametrisches Verfahren ist angezeigt, wenn eine lediglich ordinalskalierte quantitative AV vorliegt oder wenn Annahmen des t-Tests massiv verletzt sind. Beispielsweise könnte man aufgrund einer Visualisierung der Verteilungen in der Stichprobe feststellen, dass diese stark von einer Normalverteilung abweichen oder einige Ausreißer enthalten, die die Mittelwertschätzungen in den Gruppen verzerren.[48] Der U-Test nutzt nur die ordinale Information in den Daten und macht keine Voraussetzungen über die Verteilungsform. Für den U-Test werden alle vorhandenen Messwerte in eine Rangreihe gebracht und durchnummeriert vom kleinsten bis zum größten Wert.[49] Die Nullhypothese, dass *kein* Gruppenunterschied besteht, lässt sich nun übersetzen in die Behauptung, dass die *Mittelwerte der Rangplätze* in beiden Gruppen gleich sind. Das heißt, es sollte in keiner Gruppe systematisch mehr höhere Rangplätze geben als in der anderen. Diese Nullhypothese kann mit der Prüfstatistik U getestet werden. Dazu berechnet man zunächst die Summe der Rangplätze in einer der beiden Gruppen (z. B. A), die mit T_A bezeichnet wird. U ergibt sich dann als:

$$U = n_A \cdot n_B + \frac{n_A \cdot (n_A + 1)}{2} - T_A,$$

Nichtparametrische Alternative zum t-Test

wobei die n_j die Gruppengrößen darstellen (s. Sedlmeier & Renkewitz, 2008). Der Erwartungswert von U unter der Nullhypothese beträgt $E(U) = \frac{n_A \cdot n_B}{2}$, und je weiter der empirisch ermittelte U-Wert von dieser Erwartung abweicht, desto unwahrscheinlicher ist das Stichprobenergebnis unter der H_0. Bei kleinen Stichproben ($n_j < 20$) folgt

---

48 Das ist z. B. häufig bei Reaktionszeiten der Fall, die Ausreißer nach oben zeigen, welche den Mittelwert verzerren und die Varianz aufblähen. Ausreißer nach unten sind dagegen nicht möglich.

49 Oder umgekehrt, die Richtung ist unerheblich. Haben zwei Personen den gleichen Messwert, erhalten sie beide den gleichen gemittelten Rangplatz. Liegen zu viele solcher „Rangbindungen" vor, müssen Korrekturverfahren für den U-Test eingesetzt werden, s. dazu Siegel und Castellan (1988).

die U-Statistik einer eigenen Verteilung, die z. B. in Sedlmeier und Renkewitz (2007) zur Signifikanzprüfung tabelliert ist. Bei größeren Stichproben kann die U-Verteilung sehr gut durch die Standardnormalverteilung approximiert werden, und man ermittelt den z-transformierten U-Wert als

$$z = \frac{U - E(U)}{\hat{\sigma}_U} \quad mit \quad \hat{\sigma}_U = \sqrt{\frac{n_A \cdot n_B \cdot (n_A + n_B + 1)}{12}}.$$

Der empirische z-Wert kann nun mit einem kritischen Wert der Standardnormalverteilung verglichen werden, den man vorher für ein gewünschtes Signifikanzniveau α festgelegt hat.

Wilcoxon-Test und Vorzeichentest für ordinale Daten aus abhängigen Stichproben

Liegen zwei Messungen bei jeder Vp vor oder auf andere Art „gepaarte" (und vermutlich korrelierte) Messwerte, so kann man deren Differenz berechnen. Der Wilcoxon-Test nutzt *ordinale Information über die Differenzen*. Das heißt, man sollte ihn nur anwenden, wenn eine größere Differenz zwischen den Werten auch Sinnvollerweise als größerer Unterschied interpretiert werden kann. Das ist bei einigen AVn sicher unproblematisch, z. B. bei der Anzahl reproduzierter Wörter pro Bedingung, der Menge getrunkenen Alkohols pro Woche etc. Hier kann eine größere Differenz auch als größerer Unterschied gedeutet werden, und die Differenzen werden nach der Größe ihres Absolutbetrags geordnet und mit einem Rangplatz versehen. Zusätzlich wird für jeden Rangplatz das Vorzeichen der korrespondieren Differenz vermerkt (positiv vs. negativ).[50] Jemand, der 13 Wörter in Bedingung A und 20 Wörter in Bedingung B reproduziert, bekäme demnach einen höheren Rangplatz (Differenz = −7) als jemand, der 15 Wörter in Bedingung A und 11 Wörter in Bedingung B reproduziert (Differenz = 4), wobei bei der ersten Person ein negatives, bei der zweiten ein positives Vorzeichen vermerkt würde. Vpn mit zwei identischen Werten (Differenz = 0) gehen nicht in die Analyse ein. Nun werden einfach jeweils die negativen und positiven Rangplätze aufsummiert zu den Werten T_+ und T_-. Wenn die Nullhypothese gilt, sollten T_+ und T_- etwa gleichhoch ausfallen. Das würde bedeuten, dass Änderungen zwischen den Messzeitpunkten etwa gleich häufig

---

50 Daher auch der häufig zu findende Name „Signed Rank Test" für dieses Verfahren.

in die eine wie in die andere Richtung stattfänden und im Durchschnitt gleich groß sind. Gäbe es dagegen eine *systematische* Änderung in eine Richtung (also einen Effekt der UV), so würde sich das Verhältnis der beiden Rangsummen asymmetrisch verschieben. Die kleinere der beiden Summen wird als Prüfgröße T verwendet und mit kritischen Werten verglichen, die entsprechenden Tabellen zu entnehmen sind (z. B. Sedlmeier & Renkewitz, 2008).

In manchen Fällen wird eine ordinale Interpretation von Differenzen schwer zu rechtfertigen sein. Nehmen wir z. B. Konfidenzurteile, bei denen jemand auf einer Ratingskala angibt, wie sicher er sich seines Urteils ist. Ist hier eine Änderung von „40 % sicher" auf „60 % sicher" wirklich eine größere Änderung als die von „90 %" auf „100 %"? Ähnliche Zweifel gelten für alle anderen Ratingskalen. Wenn die Beträge der Differenzen jedoch nicht ordinal interpretiert werden können, ist der Wilcoxon-Test nicht angebracht, und man sollte stattdessen den Vorzeichentest verwenden. Dieser zählt lediglich aus, wie viele Differenzen positiv oder negativ sind, die Größe der Differenzen bleibt unberücksichtigt. Unter der Nullhypothese keiner (bzw. nur unsystematischer) Änderungen über beide Versuchsbedingungen würde man genauso viele negative wie positive Differenzen erwarten, gibt es dagegen einen systematischen Effekt der UV, sollte sich eine Asymmetrie einstellen. Die mögliche Ungleichverteilung positiver und negativer Differenzen kann mit der in Kapitel 4 beschriebenen Binomialverteilung (mit Hypothese H_0: $\pi = 0{,}5$) auf Signifikanz geprüft werden (s. a. Sedlmeier & Renkewitz, 2008).

Vorzeichentest

Powerberechnung bei den beschriebenen Verfahren

In Kapitel 4 wurde begründet, warum der Signifikanztest nach Neyman und Pearson deutlich informativer ist als der nach Fisher. Durch die Möglichkeit, aufgrund der exakten Formulierung einer Alternativhypothese H_1 nicht nur den α-Fehler, sondern auch die β-Fehlerwahrscheinlichkeit zu kontrollieren oder abzuschätzen, kann auch die Beibehaltung der H_0 rational begründet werden. Das Werkzeug für das Neyman-Pearson-Testen ist die statistische Poweranalyse, da die Power oder Teststärke nichts anderes ist als $(1 - \beta)$, also die Wahrscheinlichkeit, sich für H_1 zu entscheiden, falls diese tatsächlich gilt. Illustrierend hatten wir in Kapitel 4.3 eine Poweranalyse für die beiden t-Tests (unabhängige und abhängige Stichproben) dargestellt. Es stellt vor allem mit moderner Software also kein prinzipielles Problem mehr dar, eine H_1 in Form einer Effektgröße zu definieren und beispielsweise den benötigten Stichprobenumfang N zu ermitteln, um die gewünschten Fehlerwahrscheinlichkeiten α und β zu erreichen.

Keine exakte Poweranalyse für nonparametrische Verfahren

Leider stehen entsprechende Verfahren zur Poweranalyse für nonparametrische Verfahren nicht zur Verfügung. Dies liegt vor allem darin begründet, dass hier schwer ein Maß der Effektgröße definiert werden kann, wie es in parametrischen Verfahren möglich ist.[51] Ohne die Möglichkeit, eine exakte H_1 zu formulieren, kann auch die Verteilung der Teststatistik unter H_1 nicht exakt bestimmt werden, somit auch nicht die Power. Die Vorteile der nonparametrischen Verfahren (weniger Voraussetzungen bzgl. Skalenniveau und Verteilungsform) erkauft man sich daher durch den Verzicht auf einen informativeren Signifikanztest. Zudem ist die Teststärke nonparametrischer Verfahren generell geringer als die parametrischer Tests. Es gibt also gute Gründe, parametrische Tests anzustreben und eine Untersuchung daraufhin zu planen. Auf nonparametrische Tests sollte also lediglich ausgewichen werden, wenn die Voraussetzungen für parametrische Tests eindeutig nicht erfüllt sind.

7.2.2 Einfaktorieller Versuchsplan (k > 2) mit quantitativer AV

In vielen Fällen wird eine UV im Experiment mehr als 2 Stufen haben. Denken wir beispielsweise zurück an den möglichen Einfluss der Verarbeitungstiefe beim Lernen von Wortlisten. Hier wurden drei Bedingungen verglichen: Buchstaben zählen (flache Verarbeitung), Reimwort finden (mittlere Verarbeitung), Synonym generieren (tiefe Verarbeitung). Es interessiert nun zunächst, ob die Manipulation der UV einen Einfluss auf die AV (Anzahl reproduzierter Wörter) hat, ob sich also die Versuchsbedingungen voneinander unterscheiden. Aus verschiedenen statistischen Gründen empfiehlt es sich hier nicht, alle Gruppen paarweise gegeneinander zu testen, z. B. mit t-Tests (zur Begründung s. Bortz, 2005; Sedlmeier & Renkewitz, 2008). Das gravierendste Problem dabei ist die sogenannte Kumulierung des α-Fehlers: Da in jedem einzelnen Test auch unter Gültigkeit der H_0 „zufällig" signifikante Ergebnisse entstehen können (nämlich genau

Kumulierung des α-Fehlers

---

51 Eine Ausnahme ist der Vorzeichentest, in dem eine Abweichung von $\pi = 0.5$ leicht in Termini von π definiert und die Binomialverteilung unter H_1 konstruiert werden kann.

mit Wahrscheinlichkeit α), ist die Gesamtwahrscheinlichkeit, in mehreren Tests mindestens ein zufällig signifikantes Ergebnis zu finden, deutlich höher.

Es ist daher ein *einzelner* Test sinnvoll, der die Nullhypothese prüft, dass sich die Bedingungen nicht unterscheiden, und bei dem α- und β-Fehler simultan kontrolliert werden können. Auch hier richtet sich die Wahl des Verfahrens wieder nach der Frage, auf welchem Messniveau die AV vorliegt (intervall- oder ordinalskaliert) bzw. ob die Voraussetzungen für eine Varianzanalyse vorliegen (Normalverteilung mit gleichen Varianzen). Falls die Voraussetzungen stark verletzt sind oder nur Ordinalskalenniveau vorliegt, können die entsprechenden nicht-parametrischen Verfahren verwendet werden. Zweitens richtet sich die Wahl des Auswertungsverfahrens wieder danach, ob wir ein Between- oder ein Within-subjects-Design verwendet haben, ob also die Messungen unabhängig oder abhängig sind. Einen Überblick über die jeweils zu verwendenden Tests gibt Tabelle 20.

Tabelle 20: Inferenzstatistische Verfahren für den Vergleich mehrerer ($k > 2$) Versuchsbedingungen einer UV

	Skalenniveau	
	Intervall	**Ordinal** (oder Intervall mit verletzten Voraussetzungen)
interindividuelle Variation ($k > 2$ **Gruppen**)	Einfaktorielle ANOVA ohne Messwiederholung	Kruskal-Wallis-Test
intraindividuelle Variation (**1 Gruppe in** $k > 2$ **Bedingungen**)	Einfaktorielle ANOVA mit Messwiederholung	z. B. Friedman-Test

Der Kruskal-Wallis-Test und der Friedman-Test folgen ähnlichen Prinzipien wie der U-Test und der Wilcoxon-Test, verallgemeinert auf mehr als zwei Versuchsbedingungen. Auf beide wird hier aus Platzgründen nicht weiter eingegangen, zumal sie im Hinblick auf Powerbestimmung mit denselben Problemen wie der U- und der Wilcoxon-Test behaftet sind und daher nur im Notfall zur Anwendung kommen sollten.

Prinzip der einfaktoriellen Varianzanalyse (ANOVA) ohne Messwiederholung

Effektmodell Erinnern wir uns an das in Kapitel 3.5 eingeführte Modell experimenteller Effekte. Danach setzt sich jeder im Experiment gefundene Messwert Y_{ij} in einem einfaktoriellen Plan zusammen aus einer für alle Personen und Bedingungen gültigen Konstanten K, einem Effekt α_j der Versuchsbedingung j, einem „Effekt" P_i der Versuchsperson i sowie einem Fehler e_{ij}:

$$Y_{ij} = K + \alpha_j + P_i + e_{ij}$$

Jeder Messwert wird also von verschiedenen Faktoren beeinflusst, so dass die gesamte Variation der vorliegenden AV auf mehrere Varianzquellen zurückgeht. Der „Effekt" P_i einer Person i meint hier, dass sich Personen a priori bezüglich der AV unterscheiden (z. B. unterschiedlich gutes Gedächtnis), was natürlich deren jeweiliges Untersuchungsergebnis stark mitbeeinflusst. Unter den Fehlern e_{ij} versteht man alle sonstigen Einflüsse auf die AV (Störvariablen, Messfehler), die nicht systematisch mit der UV zusammenhängen. Was die ANOVA prüft, ist die Frage, ob über die unsystematischen Varianzquellen P_i und e_{ij} hinaus auch noch ein Teil der Gesamtvarianz auf den Einfluss der UV zurückgeführt werden kann. Das entspricht der Alternativhypothese, dass mindestens ein α_j der oben angeführten Effektgleichung ungleich null ist.

Ziel der ANOVA Die Varianzanalyse hat nun zum Ziel, die einzelnen Varianzanteile zu schätzen und zu prüfen, ob die Effektvarianz größer ist als die per Zufall zu erwartende Fehlervarianz. In Abbildung 23 ist das hypothetische Ergebnis eines Experiments dargestellt, in dem drei Gruppen von je 25 Vpn eine Wortliste mit 40 Wörtern unter drei verschiedenen Bedingungen lernten (1: Buchstaben zählen, 2: Reimwort finden, 3: Synonym generieren). Wie man sieht, gibt es deskriptiv Unterschiede in den Gruppenmittelwerten, aber auch bemerkenswerte Unterschiede zwischen den Reproduktionsleistungen *innerhalb* der Versuchsbedingungen. Die Frage ist nun, ob die auf den Effekt der UV zurückgehende Varianz (Unterschiede der Gruppenmittelwerte) über das Maß hinausgeht, das allein aufgrund der zufälligen Fehlervarianz (innerhalb der Gruppen) zu erwarten wäre.

Die rechnerischen Details zur Ermittlung der Varianzschätzungen aufgrund mittlerer Quadratsummen werden hier weggelassen (s. Bortz, 2005; Sedlmeier & Renkewitz, 2008), die geschätzte Varianz *inner-*

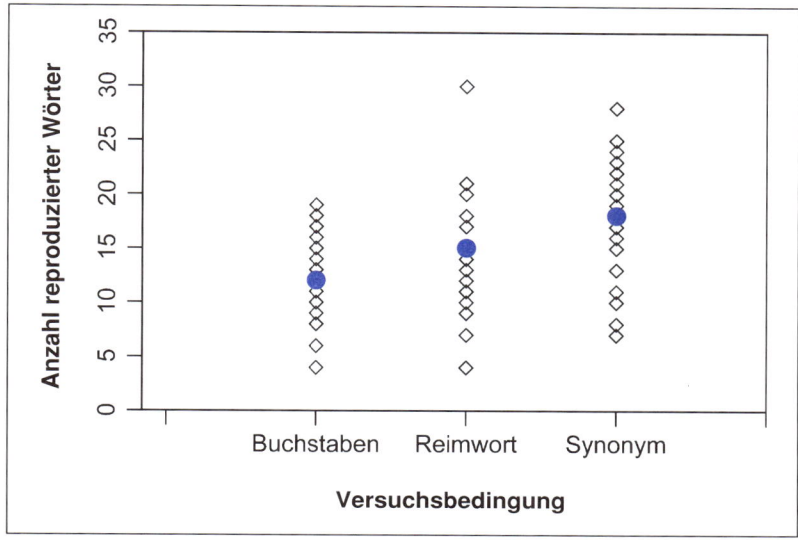

Abbildung 23: Hypothetisches Ergebnis eines Experiments zur Verarbeitungstiefe. Auf der X-Achse sind drei Versuchsbedingungen abgetragen, die gefüllten Kreise sind die Gruppenmittelwerte (s. auch die Darstellung derselben Daten als Boxplot in Abbildung 22).

halb der Gruppen wird jedoch als Prüfvarianz (Fehlervarianz) verwendet, gegen die die Effektvarianz mittels einer F-Statistik auf Signifikanz geprüft wird. Die Effektvarianz ist die Variation in den Messwerten, die auf das Treatment zurückgeht und daher die Unterschiede zwischen den Gruppen bedingt. Diese F-Statistik ist mit $k-1$ Zählerfreiheitsgraden und $N-k$ Nennerfreiheitsgraden F-verteilt, und ein signifikanter Wert veranlasst uns, die Nullhypothese (keine Gruppenunterschiede) zu verwerfen. Das Varianzzerlegungsmodell ist vereinfacht in Abbildung 24 dargestellt.

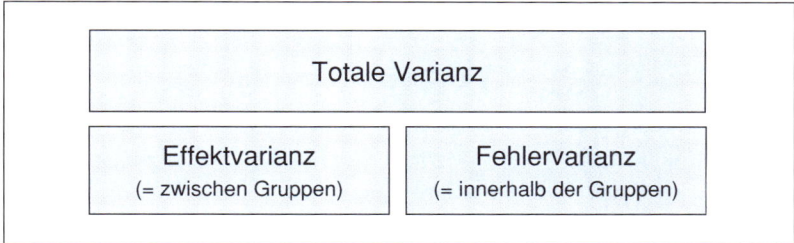

Abbildung 24: Schematische Darstellung der Varianzzerlegung im nicht messwiederholten Fall

Wie man daran erkennen kann, werden hier sowohl Personeneffekte als auch Fehlereffekte gemeinsam als „Fehlervarianz" betrachtet, da es in einem Between-subjects-Design keine Möglichkeit gibt, beide getrennt voneinander zu erfassen.

Prinzip der einfaktoriellen Varianzanalyse (ANOVA) mit Messwiederholung

Nehmen Sie nun an, die in Abbildung 23 dargestellten Daten wären nicht an drei unterschiedlichen Gruppen verschiedener Vpn erhoben worden, sondern repräsentieren je drei Messungen an denselben Vpn in drei verschiedenen Bedingungen. Jede Vp habe also ein Drittel der Wörter unter der Bedingung „Buchstaben zählen" gelernt, ein weiteres Drittel mit „Reimwort finden" und ein letztes Drittel mit „Synonym generieren". Damit gehören je drei Messpunkte aus den Bedingungen zu der gleichen Vp. Es ist zu vermuten, dass die Leistungen in den drei Bedingungen *korreliert* sind. Das heißt, Probanden mit schlechter Leistung in Test 1 werden vermutlich auch in Bedingung 2 und 3 nicht zu den besten Teilnehmern gehören, und gute Probanden in Test 1 werden auch in den anderen Bedingungen tendenziell eher gut sein. Dies sind Personenunterschiede, die nichts mit der UV zu tun haben, aber die Messwerte beeinflussen. Demnach sind die Personenunterschiede eine Störvariable. Das Ausmaß der Korrelation zwischen den Messungen zeigt dann, *wie viel* systematische Varianz in den Daten auf Personenunterschiede zurückgeht, und daher kann dieser Anteil geschätzt werden. Im Unterschied zum Design ohne Messwiederholung ist daher die in Abildung 25 dargestellte Varianzzerlegung möglich. Da die Effektvarianz an der unerklärten Fehlervarianz geprüft wird (erneut mittels einer F-Statistik), ist ein Messwiederholungsdesign mit viel höherer Power ausgestattet als ein Between-Subjects-Design. Dieses muss Personen- *und* Fehlereffekte

Korrelierte Messwertreihen

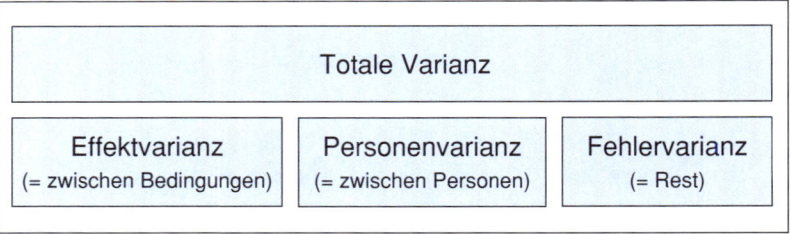

Abbildung 25: Schematische Darstellung der Varianzzerlegung im messwiederholten Fall

gemeinsam als unerklärte Fehlervarianz behandeln, da diese nicht separat geschätzt werden können, während die Messwiederholung es ermöglicht, die Personeneffekte zu ermitteln und aus der Fehlervarianz herauszurechnen.

Post-hoc-Tests

Es gibt verschiedene Verfahren, um *im Anschluss* an eine signifikant gewordene einfaktorielle Varianzanalyse *explorativ* zu prüfen, auf welchen Gruppen bzw. Bedingungen der gefundene Unterschied beruht. Der F-Test der ANOVA testet nur die globale H_0, dass zwischen den Bedingungen keine Mittelwertsunterschiede bestehen. Wird er signifikant, kann man auf einen Unterschied schließen, der aber zunächst nicht zu lokalisieren ist. Verschiedene Post-hoc-Tests wie z. B. der Scheffé-Test vermeiden eine Kumulierung des α-Fehlers und können für nachfolgende Untersuchungen Hinweise auf Hypothesen geben, welche Faktorstufen besonders bedeutsam sind.

7.2.3 Mehrfaktorieller Versuchsplan mit quantitativer AV

Im Kapitel 3 zur Versuchsplanung wurde begründet, warum ein mehrfaktorieller Versuchsplan deutlich sinnvoller ist als separate Experimente, die die Einflüsse verschiedener UVn auf eine AV prüfen sollen. Erstens ist ein mehrfaktorieller Plan meist ökonomischer, da er weniger Vpn benötigt. Zweitens können neben den möglichen Haupteffekten der UVn auch deren *Wechselwirkungen* untersucht werden. Manchmal richtet sich das Interesse des Experimentators gezielt auf solche Wechselwirkungen, oder diese können wichtige Informationen über mögliche Störbedingungen zweiter Art (Moderatorvariablen) liefern. Eine Wechselwirkung liegt vor, wenn die Größe oder gar die Richtung eines Effekts einer UV von der Ausprägung einer anderen UV abhängt (vgl. Kasten auf Seite 80 in Kapitel 3).

Vorteile mehrfaktorieller Pläne

Mehrfaktorielle Varianzanalysen benötigen intervallskalierte Daten. Entsprechende Verfahren für ordinalskalierte Daten wurden zwar vorgeschlagen (z. B. Scheirer, Ray & Hare, 1976), sie haben aber bisher wenig Verbreitung gefunden, zumal sich das konzeptuelle Problem stellt, wie eine „Wechselwirkung" auf Ordinalskalenniveau interpretiert werden soll, da beliebige monotone Transformationen ordinalskalierter Daten erlaubt sind, mit denen man aber scheinbare Wechselwirkungen hervorrufen oder zum Verschwinden bringen kann (Erdfelder

& Bredenkamp, 1984). Wenn jedoch für denselben Datensatz einmal eine Wechselwirkung konstatiert werden kann, ein anderes Mal nicht, so beschreibt sie offenbar keinen inhaltlich sinnvoll interpretierbaren Aspekt der Daten.

Konzeptuell ist die Varianzzerlegung in einer zweifaktoriellen ANOVA mit between-subjects-Variation auf beiden Faktoren *A* und *B* in Abbildung 26 dargestellt.

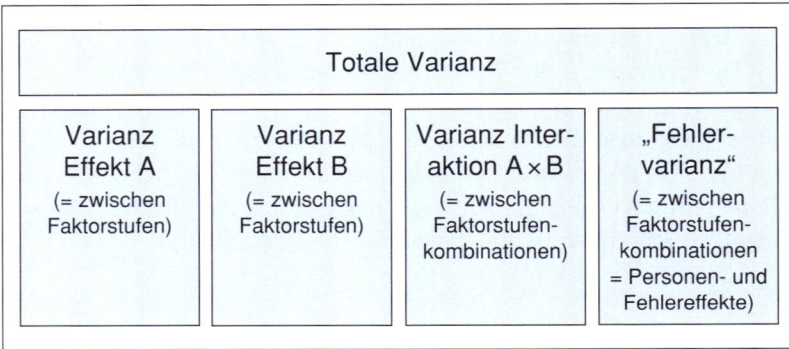

Abbildung 26: Drei unabhängige Effektanteile in der zweifaktoriellen ANOVA: Haupteffekte A und B sowie deren Interaktion

Effektmodell Dies entspricht dem in Kapitel 3.5 dargestellten Effektmodell $Y_{ijk} = K + \alpha_j + \beta_k + (\alpha\beta)_{jk} + P_i + e_{ijk}$, wonach sich jeder Messwert aus Einflüssen der Konstante K, dem Effekt der Stufe j des Faktors *A* (α_j), dem Effekt der Stufe *k* des Faktors *B* (β_k) sowie dem kombinierten Effekt der Faktorstufenkombination jk ($\alpha\beta)_{jk}$ zusammensetzt. Dazu kommen natürlich wieder die Effekte der Person i (P_i) sowie der unsystematischen sonstigen Fehler (e_{ijk}). Alle drei Effekte *A*, *B* und *A × B* werden mittels unabhängiger F-Tests auf Signifikanz geprüft, wobei die Varianzschätzungen an der Fehlervarianz relativiert werden. Auch im mehrfaktoriellen Plan trifft zu, dass bei der Messwiederholung mindestens eines Faktors die auf Personeffekte zurückgehende Varianz geschätzt und aus der „Fehlervarianz" herausgerechnet werden kann, weshalb die Teststärke in Messwiederholungsplänen deutlich höher ist. Wie schon in Kapitel 3 angedeutet, können Messwiederholungsfaktoren und interindividuelle Faktoren beliebig kombiniert werden. Auch der Zahl der Faktoren im Experiment sowie in der ANOVA ist keine prinzipielle Grenze gesetzt, wenngleich selten mehr als drei oder vier Faktoren simultan variiert werden.

Kontrollfaktoren, Blockfaktoren und Kovariaten

Im Kapitel 6 zur Kontrolle von Störvariablen wurde ausführlich die Ausbalancierung von Reihenfolge- und Materialeffekten in Messwiederholungsplänen beschrieben. Beispielsweise könnte die Reihenfolge zweier Versuchsbedingungen einen Einfluss auf die AV haben (z. B. Lern- oder Ermüdungseffekte), weshalb die Hälfte der Vpn die Bedingungen in einer anderen Reihenfolge durchläuft als die andere Hälfte, um Reihenfolge und Bedingung zu entkonfundieren. Es kann sehr informativ sein, solche „Kontrollfaktoren" (hier: Reihenfolge 1 vs. 2) als eigenständigen Faktor in die ANOVA aufzunehmen. Es mag sich dabei ein Haupteffekt des Kontrollfaktors ergeben, der unabhängig von der UV ist (z. B. sind die Vpn im zweiten Durchgang besser als im ersten, was auf Lerneffekte hindeuten würde). Wichtiger noch sind jedoch eventuelle Interaktionen mit der UV, die die Allgemeingültigkeit der Hypothese einschränken könnten. Möglicherweise gibt es den Effekt der UV nur in Reihenfolge 1, aber nicht in Reihenfolge 2. Dies wäre ein informatives Ergebnis, das bei künftigen Untersuchungen bzw. Theorieformulierungen zu berücksichtigen und genauer zu prüfen wäre.

Als Abstufungen eines Blockfaktors hatten wir die Gruppen bezeichnet, die durch experimentelle Parallelisierung entstehen (vgl. Abb. 20). Die Parallelisierung bezüglich einer Störvariablen (z. B. Alter in Gedächtnisexperimenten) war vorgenommen worden, um die experimentellen Gruppen hinsichtlich dieser Variablen vergleichbar zu machen und diese Störvariable somit auszuschalten. Ein weiterer großer Vorteil ergibt sich jedoch, wenn dieser Faktor explizit in eine Varianzanalyse mit aufgenommen wird: Die gesamte Varianz, die durch diese Störvariable erklärt wird, wird aus der unerklärten Fehlervarianz „herausgezogen" und damit die Power zum Aufdecken eines Effekts der interessierenden UV massiv erhöht. Denn die Effektvarianz wird immer an der unerklärten Fehlervarianz geprüft. Wenn diese durch die auf den Blockfaktor zurückgehende Varianz verringert wird, ist die Effektvarianz relativ zur unerklärten Varianz größer. Zudem ergibt sich natürlich auch hier die Möglichkeit, inhaltlich interessante Wechselwirkungen zwischen der UV und dem Blockfaktor zu erhalten (z. B. Profitieren die Älteren stärker von einer Mnemotechnik als die Jüngeren?).

Blockfaktoren

Eine Kovariate schließlich ist eine intervallskalierte Variable, die neben der AV und den UVn bei jeder Vp erhoben wurde. Diese kann – wenn sie als Störvariable vermutet wird – ebenfalls in einer Vari-

Kovariaten

anzanalyse als Prädiktor mit eingefügt werden. Dies dient einer Art „Parallelisierung im Nachhinein", wenn vor dem Experiment bezüglich dieser SV keine Parallelisierung vorgenommen wurde. Es könnte (insbesondere bei kleinen Stichproben) durchaus sein, dass die Randomisierung nicht ganz erfolgreich war und sich die Gruppen z. B. bezüglich des Alters unterscheiden. Wenn das Alter nun als Kovariate eingefügt wird, hat dies zwei Effekte: Erstens wird der Effekt der Kovariate herausgerechnet, so dass Gruppenunterschiede nicht mehr auf Altersunterschiede rückführbar sind. Zweitens wird die auf der Kovariate beruhende Varianz auch hier der „Fehlervarianz" entzogen, wodurch sich die Power für die interessierenden Tests der UVn erhöht. Die Parallelisierung durch eine Kovarianzanalyse ist nicht perfekt und beruht auf mehreren oft strittigen statistischen Annahmen (s. Evans & Anastasio, 1968). Eine „echte" kontrollierte Parallelisierung mit Blockfaktor ist daher klar vorzuziehen, wenn sie durchführbar ist.

7.2.4 Einfaktorieller Versuchsplan mit qualitativer AV

Gelegentlich wird man als AV in einem Experiment keine quantitative, sondern eine nominalskalierte Variable erheben. Beispielsweise erfasst man verschiedene Problemlösestrategien, Präferenzen für Optionen oder die Hilfeleistung in einem vermeintlichen Notfall als nominalskalierte Variablen. Interessant ist hier die Häufigkeitsverteilung über die AV in Abhängigkeit von der UV. Getestet wird typischerweise die Nullhypothese, dass AV und UV stochastisch unabhängig voneinander sind. Dies wären sie genau dann, wenn die Häufigkeitsverteilungen der AV über ihre Kategorien für alle Stufen der UV (Versuchsbedingungen) gleich ausfielen. Beispielsweise könnte in einem Experiment untersucht werden, ob sich verschiedene Darstellungsformate von Information (Stufen der UV: verbal vs. bildlich) auf die Problemlösestrategie auswirken (Kategorien der AV: sparsame Strategie, aufwendige Strategie, Raten). Wenn die relativen Häufigkeiten der Strategien in beiden Versuchsbedingungen gleich sind, besteht Unabhängigkeit, ansonsten hat die UV offenbar einen Einfluss auf die AV. Die Unabhängigkeit von qualitativen Variablen ermittelt man mit χ^2-Tests (sprich: Chi-Quadrat). Dazu werden die UV und die AV kreuztabelliert, und man berechnet für jede Zelle die *erwartete Häufigkeit* unter der Annahme der Unabhängigkeit der Merkmale. Diese erhält man, wenn man die relative Häufigkeit der Spaltensumme mit der relativen Häufigkeit der Zeilensumme und der Gesamtzahl N der

Beobachtungen multipliziert. Die erwartete Häufigkeit e_{jk} der Zelle jk ergibt sich also aus der Formel $e_{jk} = N \cdot p_{j \cdot} \cdot p_{\cdot k}$. Ein Rechenbeispiel ist im folgenden Kasten zu finden. Je stärker nun die tatsächlichen Häufigkeiten o_{jk} von den unter der Unabhängigkeitsannahme erwarteten e_{jk} abweichen, umso eher ist die Nullhypothese offenbar verletzt. Geprüft wird dies über die Statistik

$$\chi^2 = \sum_j \sum_k \frac{(o_{jk} - e_{jk})^2}{e_{jk}}.$$

Für jede Zelle der Tabelle wird demnach die quadrierte Differenz aus beobachteter und erwarteter Häufigkeit gebildet und an der erwarteten Häufigkeit relativiert. Diese Terme aus allen Zellen werden aufsummiert. Wenn die unabhängige Variable J Kategorien und die abhängige Variable K Kategorien hat, so ist diese Statistik mit $(J-1) \times (K-1)$ Freiheitsgraden χ^2-verteilt, so dass die χ^2-Verteilung als Prüfverteilung für den Signifikanztest herangezogen werden kann (vgl. Kasten).

In mehrfaktoriellen Plänen findet die Analyse kategorialer AVn selten Anwendung. Dafür gibt es keine Standardverfahren wie die Varianzanalyse im Fall intervallskalierter Variablen. Vielmehr ist eine explizite statistische Modellierung angezeigt, etwa in log-linearen Modellen (Andreß, Hagenaars & Kühnel, 1997), multinomialen Verarbeitungsbaummodellen (Erdfelder et al., 2009) oder logistischen Regressionen (Backhaus, Erichson, Plinke & Weiber, 2008). Eine einfache χ^2-Zerlegung ähnlich der Varianzanalyse mit der Möglichkeit zur Prüfung von Interaktionstermen berichtet Sutcliffe (1957).

Beispiel für einen χ^2-Test für eine nominalskalierte AV

Bröder und Schiffer (2003) berichten ein Experiment, in dem die Vpn vorher gelernte Informationen über verdächtige Personen aus dem Gedächtnis abrufen mussten, um einen Kriminalfall zu lösen. Die Gruppen unterschieden sich darin, dass die Information entweder *verbal* oder *bildlich* gelernt worden war. Beim Lösen des Kriminalfalls wurde anhand von Verhaltensdaten ermittelt, ob die Vpn eine einfache Strategie anwendeten („Take the Best" – nur die wichtigste Information wird beachtet) oder ob sie eine aufwendigere Strategie verwendeten (Integrieren aller Informationen). Schließlich wurden noch Personen erfasst, die einfach zu raten schienen. Die Hypothese H_1 lautete, dass das Format die bevorzugte Strategie verändert.

In jeder Versuchsbedingung wurden 38 Vpn untersucht. Es ergab sich folgende Häufigkeitstabelle:

Tabelle 21: Häufigkeiten

	einfache Strategie	aufwendige Strategie	Raten	Zeilen gesamt
bildlich	8 (10.5%)	23 (30.3%)	7 (9.2%)	38 (50%)
verbal	18 (23.7%)	10 (13.2%)	10 (13.2%)	38 (50%)
Spalten gesamt	26 (34.2%)	33 (43.4%)	17 (22.4%)	76 (100%)

Die erwarteten Häufigkeiten lassen sich durch die relativen Randhäufigkeiten und die Gesamtzahl der Beobachtungen N = 76 errechnen, so dass folgende Tabelle erwarteter Häufigkeiten entsteht:

Tabelle 22: Erwartete Häufigkeiten

	einfache Strategie	aufwendige Strategie	Raten	Zeilen gesamt
bildlich	76×0.5× 0.342 = 13	76.0.5× 0.432 = 16.5	76×0.5× 0.224 = 8.5	38 (0.5)
verbal	76×0.5× 0.342 = 13	76.0.5× 0.432 = 16.5	76×0.5× 0.224 = 8.5	38 (0.5)
Spalten gesamt	26 (0.342)	33 (0.434)	17 (0.224)	76

Einsetzen in die χ^2-Formel ergibt:

$$\chi^2 = \frac{(8-13)^2}{13} + \frac{(23-16.5)^2}{16.5} + \frac{(7-8.5)^2}{8.5} + \frac{(18-13)^2}{13} + \frac{(10-16.5)^2}{16.5} + \frac{(10-8.5)^2}{8.5} =$$

$$\frac{-5^2}{13} + \frac{6.5^2}{16.5} + \frac{-1,5^2}{8.5} + \frac{5^2}{13} + \frac{-6.5^2}{16.5} + \frac{8.5^2}{8.5} = \frac{25}{13} + \frac{42.5}{16.5} + \frac{2.25}{8.5} + \frac{25}{13} + \frac{42.5}{16.5} + \frac{2.25}{8.5} = 9$$

In der χ^2-Tabelle sehen wir, dass der kritische Wert für 2 Freiheitsgrade und ein konventionelles Signifikanzniveau $\alpha = .05$ $\chi^2_{(crit, df = 2)} = 5.99$ beträgt. Wir verwerfen nach Fisher'schem Vorgehen die H_0 also auf einem Signifikanzniveau von 5%.

Wenn wir laut Neyman und Pearson jedoch vorher die H_1 aufgestellt haben, dass mindestens ein „mittelgroßer" Effekt von $w = 0.3$ laut Cohen (1988) zu erwarten ist, so können wir ein ideales Signifikanzniveau bei der gegebenen Stichprobengröße $N = 76$ errechnen, bei dem α und β ausgeglichen sind. Mit Hilfe des Programms G-Power errechnen wir für $N = 76$, $w = 0.3$ und $df = 2$ den Wert $\chi^2_{(crit)} = 3.56$, der die Fehlerwahrscheinlichkeiten $\alpha = \beta = 0.17$ impliziert. Auch nach diesem Kriterium entscheiden wir uns also für die H_1.

In SPSS können χ^2-Tests mittels Kreuztabellen angefordert werden, zu finden im Menü „Analysieren → Deskriptive Statistiken → Kreuztabellen" (vgl. Leonhart, 2010, S. 144 ff.).

7.2.5 Fazit zur hypothesenbezogenen Datenanalyse

Wir führen experimentelle Untersuchungen durch, um gezielt Hypothesen über den Zusammenhang von UVn und AVn zu überprüfen. Typischerweise haben wir ein Experiment bereits während der Planung so konzipiert, dass das Ergebnis – egal wie es ausfällt – möglichst informativ bezüglich unserer Hypothese ist. Das beinhaltet auch, schon im Vorfeld bei der Planung zu überlegen, auf welchem Skalenniveau die anfallenden Daten sein werden und welches statistische Verfahren wir für die Auswertung anwenden wollen. Die statistische Hypothese ist ein *Stellvertreter* für unsere inhaltliche Hypothese, und daher ist es wichtig, für ein möglichst sinnvolles Entscheidungskriterium zu sorgen. Wann immer es möglich ist, sollte man versuchen, den β-Fehler genauso zu kontrollieren wie das Signifikanzniveau α. Günstigenfalls erreicht man es, beide Fehler auszugleichen, entweder durch die Wahl eines geeigneten Stichprobenumfangs aufgrund einer A priori-Poweranalyse oder durch Adjustieren des Signifikanzniveaus aufgrund einer Kompromisspoweranalyse (vgl. Kapitel 4). Dies kann heute mithilfe des Programms G-Power für die gängigen parametrischen Verfahren und χ^2-Tests leicht erreicht werden (Faul et al., 2007). Verfahren, bei denen eine Poweranalyse nicht möglich ist, sind suboptimal, da insbesondere der Wert eines „nicht signifikanten" Ergebnisses schwer abschätzbar ist. In manchen Fällen wird man aber aufgrund von Verletzungen der Skalierungs- und Verteilungsannahmen auf solche Verfahren zurückgreifen müssen (z. B. U-Test. Wilcoxon-Test) und sich mit Fisher'schem Hypothesentesten zufrieden geben.

Haben wir das Verfahren und das Kriterium vor der Untersuchung festgelegt, dann ist die hypothesenbezogene Auswertung im Prinzip einfach, denn das Ergebnis wird entweder die H_1 oder die H_0 stützen und insofern leicht festzustellen sein. Wie ein erhaltenes Ergebnis zu interpretieren ist, ist eine sich im Anschluss stellende Frage, die vor allem dann häufig auftaucht, wenn Ergebnisse gänzlich unerwartet sind.

7.3 Explorative Datenanalyse

Beim Experimentieren befinden wir uns typischerweise im *Begründungszusammenhang* (vgl. Kapitel 1), in dem eine bereits vorhandene Hypothese über den Zusammenhang zwischen UV und AV getestet wird. Idealerweise liefert die hypothesenbezogene Auswertung mit Bezug auf die Wahrheit der Hypothese für die erhaltenen Daten die klare Antwort „ja" oder „nein".[52] Zweifellos zielt gutes Experimentieren auf diesen Hauptzweck einer Untersuchung. Neben den im vorangegangenen Abschnitt angesprochenen hypothesentestenden Verfahren spielen jedoch auch explorative Datenanalysen eine große Rolle.

Heuristischer Wert explorativer Analysen

Diese können entweder dazu dienen, neue Hypothesen zu generieren und interessante weitere Effekte aufzudecken. Oder sie dienen zur Erklärung unerwarteter Resultate bzw. der Prüfung von Voraussetzungen. Die folgenden Unterabschnitte widmen sich beiden Problemkreisen.

7.3.1 Explorative Analysen im Anschluss an die Hypothesenprüfung

Das Durchführen einer psychologischen Studie ist oft sehr aufwendig, und es fallen meist als Nebenprodukt weitere Daten an, die nicht direkt mit der zu prüfenden Hypothese zu tun haben. Niemand hindert uns, diese Daten im *Entdeckungszusammenhang* heuristisch zu nutzen, also neue Hypothesen und Entdeckungen daraus herzuleiten, sofern das möglich ist. Das heißt, es ist oft eine Fülle weiterer Datenanalysen möglich, die ggf. interessante Ergebnisse bringen können. Beispielsweise sollte man standardmäßig überprüfen, ob Geschlechts-, Alters- oder Bildungseffekte bestehen und ob ggf. eingeführte Kontrollfaktoren einen Effekt auf die AV haben. Besonders interessant sind dabei mögliche Interaktionseffekte mit der UV, die auf mögliche Moderatorvariablen hinweisen. Im Prinzip können wechselseitige Ab-

---

52 Dies gilt natürlich nur mit den statistischen Fehlerwahrscheinlichkeiten α und β. *Definitiv* ist die Antwort eines Experiments nie.

hängigkeiten aller erhobenen Variablen ermittelt werden, sei es durch Korrelationen oder t-Tests etc. Bei all diesen Analysen muss es jedoch klar sein, dass sie einen *fundamental anderen Stellenwert* haben als die hypothesenbezogenen Auswertungen, die oben geschildert wurden. Dieser andere Stellenwert ergibt sich aus einem erkenntnistheoretischen und einem statistischen Grund. Bei der hypothesenbezogenen Auswertung benutzen wir die Daten, um eine Entscheidung bezüglich der vor der Untersuchung aufgestellten Hypothese herbeizuführen. Es geht also darum, eine *Prognose* zu prüfen. Die Untersuchung wurde optimiert, um dies zu erreichen. Alle zusätzlichen explorativen Analysen liefern dagegen Ergebnisse, die nur *post hoc* interpretiert werden können, wofür immer plausible „Hypothesen" zur Verfügung stehen mögen. Es sei an die Flexibilität von Ad-hoc-Erklärungen der Alltagspsychologie erinnert, die im Nachhinein für jedes Ergebnis eine Erklärung findet (vgl. Kapitel 1). Es sollte klar sein, dass eine erfolgreiche Prognose aufgrund einer Hypothese ungleich informativer ist als ein Ergebnis, für das im Nachhinein ein plausibler Grund gefunden werden kann (oft einer von vielen).

Unterschied explorativer und hypothesengeleiteter Analyse

Die *statistische* Begründung für den anderen Stellenwert liegt darin, dass von einer Menge von K Signifikanztests laut Erwartung bereits $K \times \alpha$ Tests „signifikant" werden, selbst wenn in jedem einzelnen Fall die Nullhypothese zutrifft. Das gewählte Signifikanzniveau α ist definiert als die Wahrscheinlichkeit eines Stichprobenergebnisses im Ablehnungsbereich der H_0, obwohl sie zutrifft. Wenn wir demnach im Anschluss an die hypothesenbezogene statistische Auswertung 200 explorative Signifikanztests durchführen, werden erwartungsgemäß schon 10 dabei sein, die das Signifikanzniveau $\alpha = 0.05$ unterschreiten, selbst wenn die H_0 in jedem einzelnen Fall gilt. Es ist klar, dass solche „signifikanten" Resultate mit äußerster Vorsicht interpretiert werden müssen. Sie *können* Hinweise auf einen in künftigen Studien gezielt zu prüfenden Zusammenhang liefern, müssen es aber nicht. Es steht zu befürchten, dass viele in der Literatur berichtete „signifikanten" Zusammenhänge aus solchen Post-hoc-Analysen stammen und nicht vor einer Publikation gezielt repliziert wurden.[53]

Statistische Signifikanz ist nicht Wahrheit

---

53 Dieser statistische Fehler ist weit verbreitet. Dubben und Beck-Bornholt (1997) analysieren in ihrem äußerst lesenswerten Buch „Der Hund, der Eier legt" die gängige Praxis der medizinischen Forschung und „befürchten, dass viele ‚Erkenntnisse' der Krebsforschung wissenschaftlich nicht fundierter sind als die der Astrologie" (S. 63). Dieser statistische Fehler ist lange bekannt, führt aber auch in der Psychologie noch zu Fehlschlüssen, wie eine aktuelle Diskussion um die kognitive Neurowissenschaft zeigt (Vul et al., 2009).

> **Fazit**
>
> Es ist also nicht verboten, sondern geradezu erwünscht, zusätzliche Analysen mit den erhaltenen Daten anzustellen, die uns auf gute Ideen bringen bzw. auf mögliche interessante Effekte hinweisen können. Die Ergebnisse sollten sogar in einer Berichtlegung bzw. Publikation der Studie Beachtung finden. Es muss aber in einem solchen Bericht absolut deutlich gemacht werden, dass diese Ergebnisse lediglich mögliche Hinweise auf neue Hypothesen sind, keinesfalls jedoch bereits „bewährte" Hypothesen. Hypothesengeleitete und explorative Datenanalysen sind also auch für den Leser eines solchen Berichts klar ersichtlich voneinander abzugrenzen.

7.3.2 Prüfen von Voraussetzungen und Erklärung unerwarteter Resultate

Deskriptive Statistiken sowie inferenzstatistische Tests können manchmal irreführend sein, insbesondere wenn Voraussetzungen eines Tests nicht erfüllt sind oder bestimmte Datenstrukturen nicht aufgedeckt werden können. Es empfiehlt sich daher immer, die Daten vor der Analyse näher in Augenschein zu nehmen, um mögliche Störquellen zu entdecken. Dazu ist es meist hilfreich, Visualisierungen der Daten anhand von Grafiken vorzunehmen, da diese schon per Augenschein auf Probleme wie z. B. Ausreißer oder ungewöhnliche Funktionsformen hinweisen können. Vielfältige Möglichkeiten zur Visualisierung von Daten anhand von Grafiken zeigen Bortz und Döring (2006) sowie Sedlmeier und Renkewitz (2008) auf. Die meisten modernen Statistikprogramme ermöglichen die Erstellung von Grafiken mit wenigen Mausklicks. Hier soll anhand eines Beispiels auf Ausreißer eingegangen werden.

Visualisierungen der Daten

Ausreißer

Sie haben ein Experiment zum Vergleich massierten versus verteilten Lernens von Wortmaterial durchgeführt und erwarten aufgrund der Literatur, dass dies einen großen Effekt (d = 0.8, Cohen, 1988) auf die Wiedergabeleistung hat. Sie haben 50 Vpn in einem Between-subjects-Design untersucht und finden deskriptiv tatsächlich wie erwartet einen Vorteil der verteilt lernenden Gruppe, die im Durchschnitt 18.4 Wörter reproduziert, die massiert lernende Gruppe jedoch nur 15.6. Mittels einer Kompromiss-Poweranalyse hatten Sie gefunden, dass der kritische Wert zur Entdeckung eines großen Effekts $t_{(crit, 48)} =$ 1.42 beträgt, wobei die Fehlerwahrscheinlichkeiten $\alpha = \beta = 0.08$ betragen (Einseitiger Test). Ein t-Test für unabhängige Stichproben liefert Ihnen den empirischen t-Wert 1.31, der damit unter dem kritischen liegt und zu einer Annahme der H_0 führen sollte. Da das Ergebnis für Sie unerwartet ist, entschließen Sie sich, eine Inspektion der Verteilungen vorzunehmen, für die man z. B. ein Histogramm und/oder einen Boxplot erstellen kann (vgl. Abb. 27 und 28). Der Boxplot in Abbildung 27 zeigt deutlich, dass in jeder der beiden Bedingungen zwei Ausreißer zu finden sind. Diese haben einen verzerrenden Effekt auf den Mittelwert und blähen die Varianz innerhalb der Gruppen auf. Ein Blick auf das Histogramm in Abbildung 28 bestätigt den Eindruck: In der Bedingung massierten Lernens sind die Ausreißer gut zu erkennen, und die bimodale Verteilung in der Bedingung zeigt, dass diese nicht einer Normalverteilung zu entsprechen scheint.

Boxplot

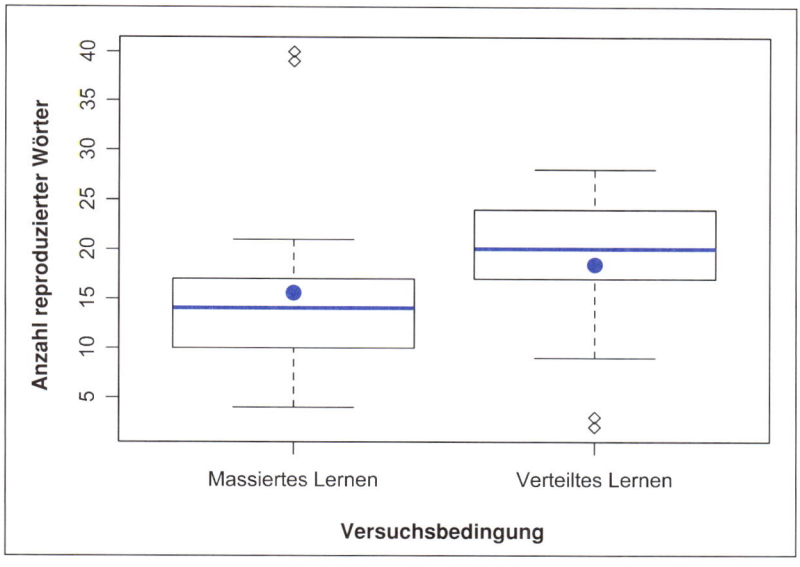

Abbildung 27: Boxplot der hypothetischen Daten

Offenbar gab es in der Bedingung massierten Lernens zwei „Überflieger" mit fast perfekter Reproduktion, während in der Bedingung verteilten Lernens zwei Personen mit ganz schlechter Leistung zu finden sind. Dies könnte auf Gründe zurückzuführen sein, die mit der UV nichts zu tun haben. Wie ist in einer solchen Situation zu verfahren?

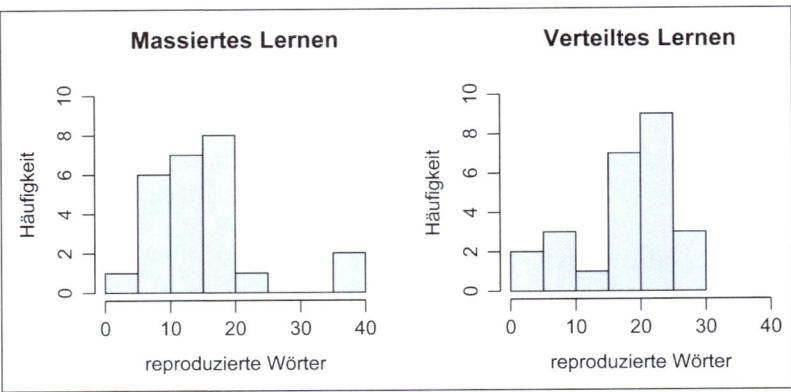

Abbildung 28: Histogramme der hypothetischen Daten

Man könnte versucht sein, die Ausreißer anhand eines rein statistischen Kriteriums als Ausreißer zu definieren (z. B. nach dem des Boxplots – Werte ober- oder unterhalb des 1,5-fachen Interquartilabstands vom Median werden als Ausreißer betrachtet). Dies wird in manchen Anwendungen standardmäßig gemacht, z. B. bei Reaktionszeiten, bei denen der Ausschluss aber lediglich für einige Datenpunkte *pro Versuchsperson* erfolgt. Für den Ausschluss von Versuchspersonen aus der Analyse (etwa in unserem Beispiel) sollte man jedoch sehr gute zusätzliche Gründe außerhalb statistischer Erwägungen anführen können. Wenn man beispielsweise herausfände, dass die beiden perfekt reproduzierenden Personen in der massierten Bedingung die präsentierte Wortliste schon kannten (z. B. aus einem anderen Experiment) und die beiden Teilnehmer mit besonders schlechter Leistung in der anderen Bedingung offenbar keine Lernanstrengungen zeigten (erkennbar z. B. an einer Zufallsleistung in einer weiteren Aufgabe), so könnte man ggf. den Ausschluss der Personen aus der Analyse rechtfertigen. Dies birgt jedoch immer die Gefahr, dass man sich die Daten „zurechtfrisiert", indem man Vpn ausschließt, die nicht zur Hypothese passen. Es erfordert daher *sehr gute* Gründe für solch einen Schritt, und diese sind bei Berichtlegung bzw. Publikation der Ergebnisse unbedingt *explizit und ausführlich zu nennen*! Ein Verschweigen dieser Maßnahme kommt einer Datenfälschung gleich, selbst wenn sich im Prinzip gute Gründe anführen lassen.

Ausschlusskriterien vorher festlegen, gut begründen und offenlegen!

Ein weniger problematisches Vorgehen besteht darin, ersatzweise ein nonparametrisches Verfahren zu wählen und einen Test über den Median durchzuführen, der als Lageparameter weit weniger ausreißeranfällig ist als der Mittelwert. In unserem Beispiel ergibt sich im U-Test ein Wert von $U = 179$, approximiert durch $z = -2.6$, was bei $\alpha = 0.05$ und $z_{crit} = -1.96$ auf einen signifikanten Gruppenunterschied hindeuten würde. Der Nachteil nonparametrischer Verfahren liegt – wie oben erläutert – in den nicht durchführbaren Teststärkeanalysen, so dass man auf Fisher'sches Hypothesentesten beschränkt ist.

Funktionsformen

Im experimentellen Kontext untersucht man meist kategoriale UVn mit wenigen Abstufungen in ihrer Auswirkung auf die AV. Gelegentlich wird man aber auch quantitative Variablen erheben, z. B. Kovariaten oder andere quasi-experimentelle Faktoren, deren Einfluss auf die AV oder deren Zusammenhang mit anderen UVn interessiert. In diesen Fällen wird demnach auch die Korrelations- und Regressionsrechnung im experimentellen Kontext benötigt. Für nicht experimentelle Korrelatonsstudien gilt dies sowieso. Der Korrelationskoeffizient r ist ein Maß für den *linearen* Zusammenhang zwischen zwei quantitativen Variablen. Er variiert zwischen –1 (perfekter negativer Zusammenhang) und +1 (perfekter positiver Zusammenhang), wobei der Wert Null das Fehlen eines stochastischen Zusammenhangs anzeigt. Kleine Beträge von r zeigen demnach schwache Zusammenhänge an, große Beträge nahe 1 dagegen starke Zusammenhänge. Die Formel des Pearson'schen Korrelationskoeffizienten lautet:

$$r_{xy} = \frac{\sum_{i}^{N}(x_i - \bar{x})(y_i - \bar{y})}{N \cdot S_x \cdot S_y}$$

Dabei sind x_i und y_i die Messwerte der Person i auf den Variablen X und Y und S_x bzw. S_y die Standardabweichungen von X und Y in der Stichprobe. Der Wert von r bedeutet inhaltlich, dass eine Veränderung der Variable X um eine Standardabweichung *im Durchschnitt* zur Veränderung von r Standardabweichungen in Y führt.[54]

Obwohl r ein sehr nützliches Zusammenhangsmaß ist, bildet der Koeffizient eben nur *lineare* Zusammenhänge zwischen Variablen ab. Es lohnt sich in jedem Fall, zusätzlich zur Berechnung eines Korre-

Linearer Zusammenhang

---

54 Das ist symmetrisch und kann auch umgekehrt ausgedrückt werden: Eine Veränderung von Y um eine SD geht im Mittel mit der Veränderung von X um r Standardabweichungen einher. Eine Korrelation sagt nichts über die Richtung eines möglichen Kausalzusammenhangs zwischen X und Y aus.

lationskoeffizienten Streudiagramme der interessierenden Variablen zu erstellen, wie sie in Abbildung 29 exemplarisch dargestellt sind. Ein Bild wie dasjenige oben links kann problemlos als linearer Zusammenhang gedeutet werden: Die Y-Werte scheinen bis auf unsystematische Fehler linear mit X zu steigen. Das Bild oben rechts zeigt jedoch, dass ein interessanter und gesetzmäßiger – hier umgekehrt u-förmiger – Zusammenhang der Variablen bestehen kann, der aber in r nicht adäquat abgebildet wird. Würde man lediglich r berechnen, ohne die Daten anzuschauen, würde man fälschlicherweise auf das Fehlen eines starken Zusammenhangs der Variablen schließen. In der Grafik unten links sieht man einen starke Abhängigkeit der Variablen, die sich auch in einem recht hohen Korrelationskoeffizienten ausdrückt. Die *Form* des Zusammenhangs ist jedoch nicht linear, sondern scheint eher einem kubischen Trend (Polynom 3. Ordnung) zu

Andere Zusammenhangsformen

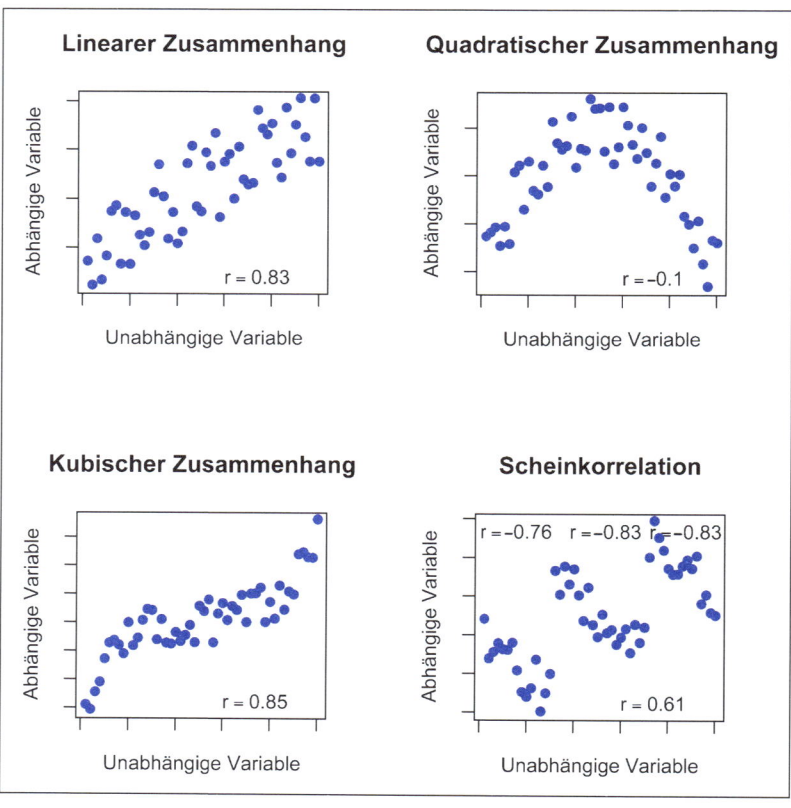

Abbildung 29: Mögliche Funktionsformen von Zusammenhängen, die teilweise durch den Korrelationskoeffizienten nicht oder nur unzureichend abgebildet werden

folgen. Eine adäquate Modellierung der Daten sollte dieser Funktionsform Rechnung tragen. Die Abbildung unten rechts zeigt ein tückisches Datenmuster, das man als Scheinkorrelation bezeichnet: Über alle Daten hinweg ergibt sich ein positiver Zusammenhang von $r = .61$, so dass man vermuten könnte, dass Y mit X ansteigt. Es lassen sich aber drei unterscheidbare Gruppen ausmachen, innerhalb derer jeweils sogar ein *negativer* Zusammenhang zwischen den Variablen herrscht. Ein solches Ergebnis kann nahe legen, dass hier heterogene Subgruppen zusammengefasst wurden, die sich bzgl. Variable X und/oder Y unterscheiden, was zu verzerrten Zusammenhangsschätzungen oder sogar wie im gezeigten Beispiel zu einer falschen Schlussfolgerung über die *Richtung* des Zusammenhangs führen kann.[55]

Als Fazit zur explorativen Datenanalyse lässt sich festhalten, dass man einen zusätzlichen intensiven Blick auf die Daten neben den geplanten hypothesenbezogenen Auswertungen immer wagen sollte. Er kann uns vor falschen Schlussfolgerungen bewahren, wenn wir z. B. verletzte Voraussetzungen für statistische Verfahren entdecken oder Ausreißer identifizieren, die bestimmte Aspekte der Daten verzerren. Zudem können uns zusätzliche Analysen der erhobenen Daten auf potenziell interessante Effekte oder Zusammenhänge hinweisen, die in weiteren Untersuchungen streng zu überprüfen sind. Ausführliche Anleitungen zur grafischen und deskriptiven Datenanalyse findet man in Sedlmeier und Renkewitz (2008) sowie in Bortz und Döring (2006).

Zusammenfassung

In diesem Kapitel wurden die hypothesengeleitete und die explorative Datenanalyse erläutert. Bei der ersteren werden gezielte Hypothesen über den Zusammenhang von UVn und AVn überprüft. Typischerweise haben wir ein Experiment bereits während der Planung so konzipiert, dass das Ergebnis – egal wie es ausfällt – möglichst informativ bezüglich unserer Hypothese ist. Das beinhaltet auch, schon im Vorfeld bei der Planung zu überlegen, auf welchem Skalenniveau die anfallenden Daten sein werden und welches statistische Verfahren wir für die Auswertung anwenden wollen. Die statistische Hypothese ist ein Stellvertreter für unsere inhaltliche Hypothese, und daher ist es wichtig, für ein möglichst sinnvolles

---

55 Dies entspricht dem schon im Zusammenhang mit der Randomisierung erläuterten Simpson'schen Paradox: Der scheinbare Effekt der Variablen X auf Y geht eigentlich auf eine verborgene Drittvariable zurück (hier: Gruppen), die sowohl X als auch Y beeinflusst.

Entscheidungskriterium zu sorgen. Wann immer es möglich ist, sollte man versuchen, den β-Fehler genauso zu kontrollieren wie das Signifikanzniveau α. Günstigenfalls erreicht man es, beide Fehler auszugleichen, entweder durch die Wahl eines geeigneten Stichprobenumfangs aufgrund einer A priori-Poweranalyse oder durch Adjustieren des Signifikanzniveaus aufgrund einer Kompromisspoweranalyse.

Haben wir das Verfahren und das Kriterium vor der Untersuchung festgelegt, dann ist die hypothesenbezogene Auswertung im Prinzip einfach, denn das Ergebnis wird entweder die H_1 oder die H_0 stützen. Wie ein erhaltenes Ergebnis zu interpretieren ist, ist eine sich im Anschluss stellende Frage, die vor allem dann häufig auftaucht, wenn Ergebnisse gänzlich unerwartet sind.

Es ist oft sinnvoll, zusätzliche explorative Analysen mit den erhaltenen Daten anzustellen, die uns auf gute Ideen bringen bzw. auf mögliche interessante Effekte hinweisen können. Die Ergebnisse sollten in einer Berichtlegung bzw. Publikation der Studie Beachtung finden. Es muss aber in einem solchen Bericht deutlich gemacht werden, dass diese Ergebnisse lediglich mögliche Hinweise auf neue Hypothesen sind, keinesfalls jedoch bereits „bewährte" Hypothesen. Hypothesengeleitete und explorative Datenanalysen sind also auch für den Leser eines solchen Berichts klar ersichtlich voneinander abzugrenzen.

Fragen

1. Beschreiben Sie die unterschiedlichen Skalenniveaus und nennen Sie Beispiele dazu.
2. Wann wendet man einen t-Test für (un)abhängige Stichproben an und wann einen Mann-Whitney-U-Test, Wilcoxon-Test oder Vorzeichentest?
3. Warum hat eine ANOVA mit Messwiederholung im Allgemeinen eine größere Teststärke als eine ohne Messwiederholung?
4. Wozu dienen Post-hoc-Tests?
5. Was sind explorative Datenanalysen?

Lösungshinweise finden Sie unter
www.hogrefe.de/buecher/lehrbuecher/psychlehrbuchplus

Kapitel 8

Dokumentation und Erstellen des Versuchsberichts

Inhaltsübersicht

Schlüsselbegriffe

- Grundlagen: Wahrhaftigkeit, Transparenz und Sorgfalt
- Erstellung und Gliederung eines Versuchsberichts
- Formale Regeln und fachspezifische Konventionen

„Verpflichtung" zur Dokumentation

Die Prüfung einer psychologischen Hypothese anhand einer empirischen Untersuchung ist eine wissenschaftliche Arbeit. Als solche kann sie Erkenntnisgewinn bringen und für den Fortschritt der Wissenschaft nützlich sein. Das gilt auch dann, wenn man im Nachhinein feststellt, dass sie nicht das erwünschte Ziel erreicht hat, weil man beispielsweise bestimmte Fehler in der Durchführung gemacht hat. Diese Fehler können andere Forscher vermeiden, wenn sie Kenntnis von unserer Studie erlangen. Insofern besteht in gewisser Weise eine moralische Verpflichtung, die Untersuchungsergebnisse zu publizieren bzw. sie zumindest in einem Bericht zu dokumentieren. Im Rahmen empirisch-experimenteller Seminare gehört das Üben des Verfassens von Berichten daher zum Standardprogramm. Die wichtigsten Grundlagen und Ziele eines guten Berichts sind

- Wahrhaftigkeit,
- größtmögliche Transparenz und
- Sorgfalt beim Umgang mit Quellen.

Wahrheitsgehalt

Es sollte selbstverständlich sein, dass ein Versuchsbericht *wahrheitsgetreu* ist. Das heißt, auch weniger schöne Aspekte der Daten werden nicht verschwiegen, Post-hoc-Hypothesen werden nicht als A priori-Hypothesen verkauft, Datenbereinigungen werden exakt beschrieben und begründet usw. Nur die Selbstverpflichtung aller Beteiligten zur Ehrlichkeit kann das soziale Unternehmen „Wissenschaft" aussichtsreich erscheinen lassen. Gelegentliche Skandale um Wissenschaftler, die ihre Daten geschönt oder gefälscht haben, rufen daher zu Recht große Empörung hervor und führen dann nicht selten zu scharfen Sanktionen wie dem Ausschluss aus Fachgesellschaften, der Verweigerung von weiteren Fördermitteln usw.[56] Aber auch ohne solche Sanktionen sollte jedem, der Forschung aus echtem Erkenntnisinteresse heraus betreibt, klar sein, dass falsche oder geschönte

---

56 Die Deutsche Forschungsgemeinschaft als eine der größten deutschen Institutionen zur Förderung wissenschaftlicher Grundlagenforschung verlangt bei Antragstellung die Beachtung der Regeln zur Sicherung guter wissenschaftlicher Praxis, die unter http://www.dfg.de/antragstellung/gwp/index.html verfügbar sind (Zugriff am 01.01.2010)

Angaben zu Versuchsergebnissen dem Fortschritt auf lange Sicht nur schaden können.

Größtmögliche Transparenz ist ein weiteres wichtiges Ziel des Versuchsberichts. Beim Lesen dieses Buches sollte klar geworden sein, dass im Laufe des Planung-, Durchführungs- und Auswertungsprozesses einer psychologischen Untersuchung viele Entscheidungen zu treffen sind: Wie werden die Variablen operationalisiert? Welchen Versuchsplan wähle ich? Welches Auswertungsverfahren ist angemessen? Welches Signifikanzniveau ist sinnvoll? usw. Gute Wissenschaft folgt zwar Regeln, aber nicht im Sinne eines Kochrezepts. Es mag daher Meinungsunterschiede über das beste Rezept geben. Für einen Leser des Versuchsberichts müssen daher die vollzogenen Schritte so nachvollziehbar beschrieben werden, dass er jede einzelne der Entscheidungen kritisch hinterfragen und das Experiment ggf. replizieren kann. Dabei hilft die Fachterminologie, bestimmte Sachverhalte ökonomisch und komprimiert darzustellen (vgl. Kapitel 3.4). Offene und sachliche Kritik ist ein Grundpfeiler des wissenschaftlichen Diskurses, und nur durch Offenlegung unserer Entscheidungen und deren Begründungen geben wir anderen die Möglichkeit, ggf. unsere Fehler zu entdecken bzw. unsere Methoden zu verbessern.

Transparenz

Ein drittes wichtiges Prinzip ist der sorgfältige Umgang mit Quellen. Alle Ideen, die wir aus anderen Werken übernommen haben, müssen wir als solche kenntlich machen und die jeweiligen Arbeiten zitieren. Dies gilt natürlich in besonderem Maße für wörtliche Zitate, die ganz klar als solche erkennbar und für jeden Interessierten auffindbar und überprüfbar sein müssen. Wenn wir einem Autor eine Behauptung unterstellen, müssen wir die Originalarbeit konsultiert haben, um sicher zu sein, dass unsere Unterstellung korrekt ist.[57] Eine Übernahme der Unterstellung aus der Sekundärliteratur reicht nicht oder nur im Notfall und muss auch dann als solche kenntlich gemacht werden (z. B.: „Buchner et al. (1995, zit. nach Baddeley, 1997)"). Ein „Notfall" liegt vor, wenn die Originalquelle in der Zeit bis zur Berichtlegung trotz der Konsultation von Bibliotheken und Dokumentlieferdiensten nicht aufzutreiben war.

Sorgfältige Zitation von Quellen

---

57 „Konsultieren" bedeutet nicht unbedingt „gründlich von vorne bis hinten lesen". Wichtig ist vor allem, dass wir die zitierte Arbeit gut genug kennen, um unsere Behauptung untermauern zu können. In sehr seltenen Fällen kann dazu schon einmal die Kenntnis des Abstracts ausreichen, wenn dieses klare Behauptungen enthält.

> **Merke:**
>
> Wir zitieren im Text Quellen, die (a) relevant sind und die wir (b) selbst kennen. Alle diese Arbeiten (und nur diese) erscheinen im Literaturverzeichnis des Berichts.

Im Folgenden werden einige konkrete Hinweise zu Gliederung und Inhalt gegeben sowie einige formale Regeln der Berichtlegung erläutert.

8.1 Gliederung und Inhalte

Hier wird eine kurze Orientierung präsentiert, die im Wesentlichen Erdfelder, Musch und Cüpper (2002) folgt. Eine ausführlichere Anleitung zur Erstellung eines Versuchsberichts findet man bei Hager, Spies und Heise (2001). Für die *Publikation* von Versuchsergebnissen in Form von Zeitschriftenartikeln haben die Fachgesellschaften eigene Formatierungsrichtlinien, im deutschsprachigen Bereich sind dies die *Richtlinien zur Manuskriptgestaltung* der Deutschen Gesellschaft für Psychologie (DGPs, 2007), in englischsprachigen Fachzeitschriften gelten weitgehend die Regeln der American Psychological Association (APA, 2009). Die dort beschriebenen Formatierungsrichtlinien sind für einen Versuchsbericht im Experimentalpraktikum wenig relevant, da sie zur Optimierung im Hinblick auf den Satz durch Drucker verfasst wurden. Die Zitationsweisen, Gliederungen, Formulierungshinweise, Gestaltungshinweise für Tabellen und Abbildungen etc. sollte man jedoch früh genug kennenlernen und beherzigen.

Gliederung abhängig vom Inhalt

Die tatsächliche sinnvolle Gliederung eines Berichts kann je nach Fragestellung ein wenig variieren. Diese hängt zum Beispiel davon ab, wie viele Abschnitte für den theoretischen Hintergrund gebraucht werden. So wird der Theorieteil einer Arbeit unterschiedlich aussehen, je nachdem, ob man statistische Standardverfahren anwendet oder weniger bekannte Verfahren, die zunächst erklärt werden müssen. Im Großen und Ganzen hat sich aber die folgende Aufteilung für experimentelle Versuchsberichte bewährt:

> **Gliederung eines experimentellen Versuchsberichts**
>
> 1. Titelblatt (Seite 1)
> 2. Inhaltsverzeichnis (Seite 2)
> 3. Zusammenfassung/Abstract (Seite 3)

4. Theoretischer und empirischer Hintergrund (ab Seite 4)
5. Empirische Untersuchung
   5.1 Konkrete Fragestellung
   5.2 Methode (Design, statistische Hypothesen, Stichprobe,
       Material, Durchführung)
   5.3 Ergebnisse
6. Diskussion
7. Literaturverzeichnis
8. ggf. Anhänge

Titelblatt

Der Titel des Berichts sollte für Personen mit ähnlichem Ausbildungs-
stand verständlich sein und versuchen, Hauptfragestellung und Ergebnis konzise zusammenzufassen. Ein erläuternder Untertitel kann
manchmal nützlich sein. Weiterhin enthält das Titelblatt die Namen
der Verfasser, die Institution, an der die Untersuchung durchgeführt
wurde (ggf. die Lehrveranstaltung, falls sie im Rahmen eines Semi-
nars entstand) und mindestens eine Kontaktadresse eines der Autoren. Die Autorenreihenfolge auf Publikationen sollte typischerweise
die Bedeutung des Beitrags widerspiegeln, den der jeweilige Autor
am Ergebnis hat. Bei Pflichtberichten im Rahmen von Lehrveranstaltungen wird man sich vermutlich auf eine alphabetische Reihenfolge
einigen, da idealerweise alle gleich viel beitragen.

Inhaltsverzeichnis

Das Inhaltsverzeichnis sollte alle Abschnitte und Unterabschnitte der
Arbeit mit Nummerierung und der Seitenzahl anführen. Typischerweise wird man in einem Versuchsbericht mit einem oder zwei Experimenten mit drei Gliederungsebenen auskommen, bei längeren
Arbeiten (z. B. Dissertationen) kann die Differenzierung schon einmal höher sein.

Zusammenfassung/Abstract

In etwa 120 bis 150 Wörtern wird hier knapp zusammengefasst, aus
welchem Themenbereich die Fragestellung stammt, wie sie untersucht
wurde (experimentell, Befragung etc.) und welches Ergebnis sich

eingestellt hat. Gegebenenfalls kann noch auf die Bedeutung des Ergebnisses im Rahmen der wissenschaftlichen Diskussion verwiesen werden. Ein informatives Abstract zu schreiben, erfordert etwas Übung, dies schult aber die Fokussierung auf Wesentliches. Obwohl die Zusammenfassung am Beginn des Textes steht, wird sie typischerweise erst am Ende geschrieben. Eine Orientierung über das Schreiben von Abstracts liefert die Lektüre von Abstracts in empirischen Fachzeitschriften oder die lesenswerte Anleitung von Bem (2004).

Theoretischer und empirischer Hintergrund

Einleitung   Der eigentliche Text sollte auf der vierten Seite mit einer Einleitung beginnen. Diese sollte etwa eine Seite umfassen und möglichst breit verständlich sein (auch für Personen mit geringerem Kenntnisstand) und evtl. mit einem Alltagbeispiel sowohl in das Thema einführen als auch dieses in einen größeren Kontext stellen. Neben der Einführung in die Fragestellung kann hier auch noch einmal ein kurzer Überblick über die folgende Arbeit gegeben werden.

Hintergrund   Die dann folgende breitere Darstellung des theoretischen und empirischen Hintergrundes enthält die Diskussion des Forschungsstandes und der daraus erwachsenen offenen Fragen, welche die Durchführung der eigenen Untersuchung motiviert haben. Hierhin gehören die Darstellung der zu prüfenden Theorie bzw. Hypothese und das Referieren von Arbeiten, die sich auf diese Theorie beziehen. Auch die empirische Befundlage zu dieser Theorie soll idealerweise möglichst umfassend dargestellt werden. Das ist in einem kürzeren Bericht zum Experimentalpraktikum (anders als z. B. in einer Dissertation) oft nicht möglich. Ein guter Ausgangspunkt ist dann die Verwendung von Überblicksarbeiten und aktuellen Lehrbüchern als Grundlage dieser Darstellung.

Idealerweise erfolgt die Darstellung der Befundlage und offenen Fragen (oder ggf. auch methodische Kritik an Vorläuferstudien) so, dass daraus konsequent die Fragestellung der vorliegenden empirischen Arbeit hergeleitet werden kann, die dann zum empirischen Teil überleitet.

Empirische Untersuchung: Fragestellung und Methode

Zu Beginn des empirischen Teils wird die im theoretischen Teil hergeleitete Fragestellung in knapper und präziser Form wiederholt. Große Sorgfalt erfordert dann die Darstellung der Methoden, wobei es sich bewährt hat, die Gliederungspunkte *Design, Hypothesen, Stichprobe, Material* und *Durchführung* zu unterscheiden. Es kann aber im Einzelfall auch von der Gliederung (oder der hier behandelten Reihenfolge) abgewichen werden, wenn es z. B. ökonomischer ist, das Material zusammen mit dem Design oder der Durchführung zu berichten. Ein wesentliches *Ziel* des Methodenteils besteht darin, die Untersuchung in allen Aspekten so transparent zu schildern, dass ein aufmerksamer Leser sie im Prinzip replizieren könnte. Dies ist wichtig, um anderen die Möglichkeit zur kritischen Einordnung der Resultate zu geben.

Die UVn bzw. Faktoren und AVn des Experiments werden mitgeteilt sowie die Art der UV-Variation (inter- oder intraindividuell). Designentscheidungen sind ggf. zu begründen. Die in Kapitel 3 eingeführte Terminologie kann helfen, viel Information auf kleinem Raum unterzubringen. **Design**

> **Beispiel**
>
> „Verwendet wurde ein gemischter 3×2-Versuchsplan mit den Faktoren *Orientierungsaufgabe* (Buchstaben zählen vs. Reime finden vs. Synonyme generieren) und *Lerninstruktion* (ja vs. nein) mit Messwiederholung auf dem ersten Faktor und Ausbalancierung von Itemeffekten in einem lateinischen Quadrat sowie Parallelisierung der Versuchsgruppen des zweiten Faktors nach Alter. Als AVn wurden die Anzahl frei reproduzierter Wörter im nachfolgenden Test sowie das ARC-Maß für semantisches Clustern nach Roenker, Thompson und Brown (1971) erhoben."

Aus Fragestellung und Design ergeben sich für das geplante Experiment oft spezifische empirische Hypothesen, die hier formuliert werden. Dabei kann bzw. sollte auch auf die daraus abgeleiteten statistischen Hypothesen Bezug genommen werden, die die empirischen Hypothesen repräsentieren. **Hypothesen**

> **Beispiel**
>
> „Es wird vermutet, dass sich die Verarbeitungstiefe auf die Gesamtleistung auswirkt. Weiterhin sollte das Vorhandensein einer Lerninstruktion nur für die flache Verarbeitung einen Unterschied machen, und verstärktes semantisches Clustern sollte nur bei semantisch tiefer Verarbeitung erfolgen. In einer Messwiederholungs-ANOVA wird demnach ein Haupteffekt der Verarbeitungs-

> tiefe und eine Interaktion derselben mit der Lerninstruktion auf die AV Gesamtleistung erwartet. In einem geplanten Vergleich erwarten wir, dass das ARC-Maß sich in der Bedingung ‚Synonym generieren' von den beiden anderen Bedingungen unterscheidet."

Die Beschreibung der statistischen Hypothesen kann in der exakten statistischen Notation erfolgen, wie sie in Lehrbüchern der Statistik geschildert ist (z.B.: H_0: $\mu_A = \mu_B$; H_1: $\mu_A > \mu_B$). Dies ist eine gute Übung, um die Hypothesenformulierung präzise vorzunehmen. Wenn Standardverfahren der Auswertung verwendet werden bzw. in Fachartikeln findet man aber häufig einfach die Bezugnahme auf die Auswertungsverfahren wie im angeführten Beispiel.

Material Das verwendete Versuchsmaterial und ggf. die technischen Apparaturen werden hier geschildert. Es ist anzugeben, wie das Material konstruiert oder welchen anderen Arbeiten es entnommen wurde (z.B.: „Den Normen zur Wortanfangsergänzung von Krüger (1996) wurden diejenigen Wörter mit einer spontanen Ergänzungsrate von mehr als 20 % entnommen.") Eine detaillierte Auflistung verwendeter Items wird hier nicht unbedingt gegeben. Diese kann aber in den Anhang aufgenommen werden, um die Replikation des Experiments zu ermöglichen oder zu vereinfachen. Diese Sektion wird sich für unterschiedliche Experimente stark unterscheiden. So ist es in wahrnehmungspsychologischen Experimenten z.B. erforderlich, eine exakte physikalische Beschreibung des Reizmaterials und der Wahrnehmungsbedingungen vorzunehmen. In anderen Bereichen wird oft der Verweis auf bekanntes bzw. publiziertes Material ausreichen.

Durchführung Die Schilderung der Versuchsdurchführung enthält Informationen über den Ablauf und relevante Teile der Instruktionen für die Vpn. Je nach Untersuchung kann der Umfang dieser Schilderung wieder erheblich variieren. Die Leserin soll in die Lage versetzt werden, sich ein detailliertes Bild von der experimentellen Situation zu machen, um den Versuch replizieren zu können. Es ist hier oft nicht einfach, die Balance zwischen Prägnanz und Ausführlichkeit zu halten. Im Zweifelsfall sind detaillierte Schilderungen des Ablaufs und ausführliche Versuchsinstruktionen in den Anhang des Berichts aufzunehmen.

Stichprobe Wie viele Personen welcher Personengruppe (z.B. „23 Studierende der Psychologie und 17 Studierende anderer Fachrichtungen, davon

29 weiblich und 11 männlich") wurden wann, wo und wie (z. B. „... in Kleingruppen zwischen 1 und 5 Personen") untersucht? Wenn die Information vorliegt, sollte das Durchschnittsalter angegeben werden, außerdem sonstige Variablen mit potenziellem Einfluss auf die AV. Falls Vpn aus der Datenanalyse ausgeschlossen wurden, müssen hier die Gründe dafür angegeben werden (z. B.: „wegen unvollständiger Daten").

Empirische Untersuchung: Ergebnisse

Der Ergebnisteil sollte klar gegliedert sein in die hypothesenrelevanten Ergebnisse und die weiteren explorativen Analysen, die im Anschluss vorgenommen wurden und ggf. interessante Ergebnisse zeigten. Bei den hypothesenbezogenen Ergebnissen ist es sinnvoll, die Hypothese kurz zu wiederholen und dann das Ergebnis des inferenzstatistischen Tests mitzuteilen. Weiterhin sollten deskriptive Statistiken in Tabellen oder Grafiken mitgeteilt werden (z. B. Mittelwerte oder Mediane, Standardabweichungen, Häufigkeitsverteilungen etc.). Fallen viele berichtenswerte Daten an, so sind diese ggf. in Tabellen im Anhang zu berichten.

Bei Angabe des inferenzstatistischen Tests reicht es *niemals*, nur den p-Wert zu berichten. Es ist immer notwendig, auch die Prüfstatistik zu nennen, auf der der p-Wert bzw. der Signifikanztest beruht. Ein kurzes Statement über die Relevanz des Ergebnisses für die Hypothese sollte nach jeder Analyse angefügt werden. Dies macht vor allem umfangreichere Ergebnisteile leichter lesbar.

> Ein p-Wert reicht nicht

> **Beispiel (vgl. Kasten auf Seite 201 in Kapitel 7)**
>
> „Es wurde ein Einfluss des Präsentationsformats auf die Entscheidungsstrategien erwartet. Die Häufigkeitsverteilungen der Strategien unterschieden sich gemäß eines χ^2-Tests signifikant auf dem durch eine Kompromisspoweranalyse ermittelten Signifikanzniveau von $\alpha = \beta = 0.17$, $\chi^2(N = 76, df = 2) = 9.47$ bei $\chi^2_{(crit, df = 2, \alpha = .17)} = 3.56$. Demnach wird die Nullhypothese des fehlenden Einflusses des Präsentationsformats abgelehnt."

Zusätzlich zum Signifikanztest ist es wünschenswert, ein empirisches Maß der Effektstärke zu berechnen, das für die jeweilige Teststatistik definiert ist (vgl. Kasten auf Seite 105 in Kapitel 4).

> **Beispiel**
>
> „Die Größe des Effekts des Präsentationsformats auf die Strategie-
> häufigkeiten beträgt $w = 0.38$, was laut den Konventionen von Co-
> hen (1988) etwas größer als ein mittlerer Effekt ist".

Klar inhaltlich abgesetzt von den wesentlichen das Experiment mo-
tivierenden Hypothesen werden dann in gleicher Weise zusätzliche
explorative Analysen und deren Ergebnisse berichtet.

Diskussion

Die Diskussion dient dazu, die erhaltenen Befunde in Bezug zu den
aufgestellten Hypothesen bzw. der dahinter stehenden Theorie zu interpretieren und sie in den größeren Zusammenhang der existierenden Befunde zu diesem Problembereich zu stellen.

Im Idealfall sind die Ergebnisse eindeutig, und die Diskussion behandelt lediglich die Implikationen für die untersuchten Hypothesen.
Dazu werden dann die Punkte des theoretischen und empirischen
Hintergrundes erneut aufgegriffen die erhaltenen Ergebnisse in deren
Licht interpretiert. Auf Grenzen und Verbesserungsmöglichkeiten des
gewählten experimentellen Vorgehens sollte immer hingewiesen
werden.

Im Regelfall wird man aber mit der Situation konfrontiert sein, dass
manche Ergebnisse schwer interpretierbar sind oder von häufig berichteten Befunden abweichen (z. B. tritt ein angeblich „stabiler"
Effekt nicht auf). In diesem Fall wird sich die Diskussion verstärkt
mit der berichteten Untersuchung selbst und daraus resultierenden
möglichen Interpretationen des Ergebnismusters beschäftigen (z. B.
Zweifel an der gewählten Operationalisierung von Variablen). Dazu
können auch die „interessanten", aber nicht direkt hypothesenbezogenen Ergebnisse der explorativen Analysen herangezogen werden.
Das Bestreben, aus den Befunden „einen Sinn herauszulesen", sollte
jedoch nicht zu einem Übermaß an Spekulationen führen. Vermutungen über mögliche Ursachen sollten durch die Daten, die Versuchsumstände oder Verweise auf die Literatur rational begründet
werden können und müssen immer als vorläufig kenntlich gemacht
werden.

Literaturverzeichnis

Ein ordentliches Literaturverzeichnis ist ein Kernpunkt einer wissenschaftlichen Arbeit. Hier werden alle Quellen aufgeführt, die zur Erstellung der Arbeit genutzt und daher im Text genannt wurden. Wichtig sind Vollständigkeit und Sorgfalt. Die Quellen müssen eindeutig gekennzeichnet und von Lesern daher prinzipiell lokalisierbar sein.

Anhänge

Anhänge enthalten Informationen, die für den Leser interessant sein können und über den Text hinausgehen. Das können Details deskriptiver Statistiken sein, genaue Dokumentationen des Versuchsmaterials oder der Instruktionen sowie ggf. weitere interessante explorative Analysen, die aber im Textteil der Arbeit den Lesefluss gestört hätten. Anhänge sind zu nummerieren und zu kommentieren. Im Text muss auf sie verwiesen werden. Zu vermeiden sind unkommentierte und unübersichtliche Datenfriedhöfe oder Redundanzen zum Haupttext.

8.2 Formale Regeln

Neben den genannten inhaltlichen Spezifikationen des Berichts gibt es für einige Aspekte wie das Literaturverzeichnis, Tabellen und Abbildungen sowie das Berichten statistischer Tests klare Konventionen, die eingehalten werden sollten, da sie die Kommunikation innerhalb der wissenschaftlichen Gemeinschaft vereinfachen. Die ausführlichen Vorschriften finden sich in den Richtlinien der DGPs (2007) und der APA (2009). Insbesondere bei der Vorbereitung von Publikationen und Qualifikationsarbeiten sind diese Konventionen strikt einzuhalten. Daher sollte man sich frühzeitig damit vertraut machen und die Verwendung üben. Hier werden nur die Regeln für Zitationen und Literaturverzeichnisse sowie Tabellen und Abbildungen wiedergegeben.

Fachspezifische Konventionen

An manchen Universitäten existieren Skripte, die Formatierungsrichtlinien für Referate und Berichte enthalten, die den lokalen Gegebenheiten entsprechen. Danach sollte man sich ggf. beim Dozenten erkundigen.

Zitieren im Text

Wie bereits oben angemerkt, sind sinngemäße Übernahmen aus anderen Werken als solche kenntlich zu machen, und Referenzen auf die Literatur sind sowieso unumgänglich, wenn der Forschungsstand zu einer Fragestellung aufgearbeitet wird. Wörtliche Zitate sind als solche kenntlich zu machen, und deren Quelle ist eindeutig anzuge-
Lange Zitate ben. Längere Zitate werden eingerückt und müssen nicht in Anführungszeichen gesetzt werden wie z. B. die Aussage über Experimente und nicht-experimentelle Forschung in Baddeley (1990, S. 8–9):

> Experiments are not, of course, the only way of testing theories. In some subjects such as astronomy, it may be virtually impossible to manipulate or control variables under study, but it is nevertheless possible using observational techniques to develop and test highly sophisticated theories. It is important to bear this in mind, particularly in studying memory under everyday conditions, where too strict adherence to the Ebbinghaus laboratory tradition may suggest that studies carried out under conditions where experimental control is less complete are in some sense „unscientific". Whether they are scientific depends on the care with which the observations are made, and the conclusions drawn from them.

Kurze Zitate Handelt es sich dagegen um ein relativ kurzes Zitat (weniger als 40 Wörter), so ist es folgendermaßen in den Text zu integrieren: „I regard theories and models as tools for helping us to organize what we already know, and as a means of helping us ask further questions (...)." (Baddeley, 1990, S. 10). Auslassungen in Zitaten werden mit „(...)" gekennzeichnet und dürfen natürlich keine Sinnentstellung bewirken. Im vorliegenden Beispiel wäre die Fortsetzung des Satzes „that will extend the boundaries of what is known" gewesen, was keine wesentliche zusätzliche Information in dem Zitat beinhaltet.

Es gibt verschiedene Arten, wie ohne wörtliche Zitate auf Arbeiten innerhalb des Fließtextes verwiesen werden kann, es folgen einige prototypische Beispiele (s. Erdfelder et al., 2002):

- ... wissen wir, dass Vergessen durch retroaktive Hemmung ein Abrufproblem ist (Tulving & Psotka, 1971).
- Da das Vergessen durch retroaktive Hemmung ein Abrufproblem zu sein scheint (Tulving & Psotka, 1971), erwarten wir in Bedingung B bessere Leistungen.
- Tulving und Psotka (1971) zeigten, dass Vergessen durch retroaktive Hemmung ein Abrufproblem ist.
- Der Befund von Tulving und Psotka (1971) sollte hier repliziert werden.

- Es gibt jedoch auch gegenteilige Meinungen (s. *Name*, *Jahr*, für einen Überblick).
- *Name1*, *Name2*, *Name3* und *Name4 (Jahr)* vertreten eine gänzlich andere Auffassung.
- *Name1* et al. *(Jahr)* haben dem widersprochen: ...
- ... ist ein häufig berichteter Befund *(Name1, Jahr; Name 2 et al., Jahr; Name3 & Name4, Jahr; Name5, Name6 & Name7, Jahr)*

Die Abkürzung „et al." für „et alii" (Maskulinum) oder „et aliae" (Femininum) bedeutet „und andere". Sie wird zusammen mit dem Erstautor verwendet, wenn mehr als zwei Autoren für eine Arbeit angegeben werden und die Arbeit bereits einmal im Text zitiert wurde. Bei der ersten Zitation im Text sind immer alle Autorennamen anzugeben. Werden in einer Klammer mehrere Arbeiten aufgezählt (s. o. letztes Beispiel), so sind die Arbeiten alphabetisch aufsteigend nach Erstautoren zu ordnen. Sind die Autoren mehrerer Arbeiten identisch, so sind deren Arbeiten nach Jahreszahlen zu ordnen. Haben gar die Arbeiten derselben Autoren dieselbe Jahreszahl, so sind die Arbeiten nach Titel alphabetisch zu ordnen und mit dem Zusatz „a, b, c, ..." zu der Jahreszahl zu versehen, der auch im Literaturverzeichnis konsistent anzuführen ist. Beispiel: „Relevant sind in diesem Zusammenhang die Arbeiten von Bröder und Schiffer (2003a, 2003b, 2006)". Werden in einem Bericht zwei verschiedene Autoren mit demselben Nachnamen zitiert, so sind jeweils die Initialen der Vornamen voranzustellen (A. Newell & Simon, 1972; B. R. Newell & Shanks, 2003). Als letzte Regel sei hier angeführt, dass als Konjunktion zwischen Autorennamen derselben Arbeit im laufenden Text „und" verwendet wird, in Klammern und im Literaturverzeichnis dagegen das Zeichen „&".

Was heißt „et al."?

Literaturverzeichnis

Im Literaturverzeichnis müssen alle im Text zitierten Quellen auftauchen. Die Reihenfolge wird alphabetisch festgelegt durch die Nachnamen der Autoren und die Jahreszahlen sowie ggf. wieder durch Indizierung mit „a, b, c, ...".

Beispiel

Glöckner, A. & Betsch, T. (2008a). Modeling option and strategy choices with connectionist networks: Towards an integrative model of automatic and deliberate decision making. *Judgment and Decision Making, 3,* 215–228.

> Glöckner, A. & Betsch, T. (2008b). Multiple-reason decision making based on automatic processing. *Journal of Experimental Psychology: Learning, Memory and Cognition, 34,* 1055–1075.
>
> Glöckner, A., Betsch, T. & Schindler, N. (in press). Coherence Shifts in Probabilistic Inference Tasks, *Journal of Behavioral Decision Making.*

Dies sind zwei Arbeiten derselben Autoren, die mit der gleichen Jahreszahl versehen sind und daher gemäß der alphabetischen Reihenfolge des Titels mit „a" und „b" gekennzeichnet wurden. Kommt eine dritte Autorin dazu, so wird die Arbeit der Liste unten angefügt.

Bei allen Arbeiten im Beispiel handelt es sich um Zeitschriftenbeiträge. Nach der Jahreszahl in Klammern folgt ein Punkt, dann der Titel, dann ein weiterer Punkt. Der Name der Zeitschrift, sowie die mit einem Komma abgetrennte Bandnummer werden *kursiv* gesetzt.[58] Nach der Bandnummer erscheint die *Heftnummer* dann in Klammern (und nicht kursiv), wenn die Fachzeitschrift heftweise paginiert ist. Es folgt die Seitenzahlangabe, wieder mit Komma abgetrennt, aber nicht kursiv. Jede Arbeit erhält einen eigenen Absatz mit Zeilenumbruch. Manche Zeitschriften machen Vorgaben über die Absatzgestaltung (Hängende oder eingerückte erste Zeile im Manuskript), der Einzug mit hängender erster Zeile wie im Beispiel erscheint mir am übersichtlichsten.

Weitere häufig verwendete Literaturangaben sind ganze Bücher (Monografien) oder Kapitel in Sammelbänden. Sie werden folgendermaßen formatiert:

> **Beispiel**
>
> **Bücher:**
>
> Bredenkamp, J. (1980). *Theorie und Planung psychologischer Experimente.* Darmstadt: Steinkopff.
>
> **Kapitel:**
>
> Bredenkamp, J. (1990). Kognitionspsychologische Untersuchungen eines Rechenkünstlers. In H. Feger (Hrsg.), *Wissenschaft und Verantwortung* (S. 47–70). Göttingen: Hogrefe.

---

58 Alternativ unterstrichen. Letzteres gilt aber nur für Manuskripte, die als Druckvorlagen dienen. Im Druck erscheint der Font kursiv. So sollte es auch in Qualifikationsarbeiten und Berichten gehandhabt werden.

> Hier sind jeweils die Titel des Buches kursiv zu setzen, und Sitz und (Kurz-)Name des Verlags sind anzugeben.

Die Richtlinien der APA (2009) verzeichnen noch viele weitere Dokumenttypen, die jedoch seltener benötigt werden, z. B. Zeitungsartikel, Institutsreporte, audiovisuelle Medien, Software etc. Wann immer auf solche Quellen zurückgegriffen wird, sollten die Richtlinien der DGPs (2007) oder der APA (2009) konsultiert werden. Beide Regelwerke sind einander sehr ähnlich und weichen nur in Formatierungsdetails voneinander ab. Bei der Berichtlegung sollte man jedoch einem der Regelwerke konsistent folgen.

Tabellen und Abbildungen

Tabellen und Abbildungen können übersichtliche Zusammenfassungen von Daten, Versuchsaufbauten usw. beinhalten, und insofern sollte man von ihnen reichlich Gebrauch machen, sofern sie Information *zusätzlich* zum laufenden Text liefern. Abbildungen und Tabellen werden unabhängig voneinander abschnittsweise nummeriert. Tabelle 3 in Abschnitt 2 würde demnach die Bezeichnung „Tabelle 2-3" erhalten. Genauso erhielte die zweite Abbildung in Abschnitt 6 die Bezeichnung „Abbildung 6-2". Tabellen erhalten informative Überschriften, so dass der Leser auch ohne Lektüre des Textes einigermaßen verstehen kann, was darin dargestellt ist. Abbildungen haben dagegen Unterschriften, für die inhaltlich dasselbe gilt. Tabellen und Abbildungen tauchen niemals einfach auf, ohne dass im Text auf sie verwiesen wird. Abweichend von den Regeln der DGPs oder APA, die zur Vorlagenerstellung von Publikationen gedacht sind, sollten Tabellen und Abbildungen in Versuchsberichten und Qualifikationsarbeiten im Text ungefähr an den Stellen erscheinen, wo auf sie Bezug genommen wird.

Gliederung

Die Gliederung sollte in Abschnitte, Unterabschnitte und ggf. Paragrafen vorgenommen werden. In den meisten Fällen wird man mit drei Gliederungsebenen auskommen. Diese sind arabisch zu nummerieren, und wie in diesem Buch sind Unterabschnitte und Paragrafen durch Punkte abgetrennt ebenfalls zu nummerieren. Jeder Nummerierungspunkt erhält eine Überschrift und taucht im Inhaltsverzeichnis auf. Wenn eine Unterteilung in Unterabschnitte oder Paragrafen vorgenommen wird, muss es auf der Gliederungsebene mindestens zwei davon geben, d. h., die folgende Gliederung kommt niemals vor:

1. Erster Hauptabschnitt
   1.1 Nur ein Unterabschnitt
2. zweiter Hauptabschnitt

...

Typischerweise sollten zwei Überschriften auch nicht aufeinander folgen. Nach jeder Abschnittsüberschrift werden demnach mindestens ein paar Sätze zu dem Abschnitt folgen, bevor die nächste Überschrift eines Unterabschnitts zu finden ist.

Endredaktion

Am Verfassen von Praktikumsberichten sind häufig mehrere Personen beteiligt, und oft werden die Zuständigkeiten aufgeteilt. Jede(r) Beteiligte schreibt dann einen Absatz oder ein Kapitel, und alles wird nachher zusammengefügt. Damit am Ende der Bericht „aus einem Guss" ist, muss noch einmal eine Endredaktion erfolgen, d. h. jemand sorgt dafür, dass alle Teile in sich stimmig sind, Begriffe erläutert werden, *bevor* sie verwendet werden etc. Für solch eine Endredaktion sollte man sich Zeit nehmen, da sonst häufig ein schlecht lesbares zusammengestückeltes Produkt entsteht. Nach der Arbeit, die ein sorgfältig geplantes, durchgeführtes und ausgewertetes Experiment gekostet hat, hat es einen würdigen Bericht verdient.

Zusammenfassung

In diesem Kapitel wurde darauf eingegangen, wie ein Forschungsbericht zu gestalten ist. Ausführlichere Informationen enthalten die Richtlinien der DGPs (2007) und der APA (2009).

Beim Schreiben eines Forschungsberichts ist auf größtmögliche Transparenz, Sorgfalt beim Umgang mit Quellen und Wahrheitstreue zu achten. Auf dem Titelblatt sollten Titel, Verfasser und Kontaktdaten verzeichnet sein sowie die Institution, an der die Arbeit angefertigt wurde.

Der Methodenteil wird aus Gründen der Übersichtlichkeit bei empirischen Arbeiten meist etwa folgende Gliederung besitzen:

Design, Hypothesen, Stichprobe, Material und Durchführung. Im Ergebnisabschnitt sollen sowohl die Ergebnisse betreffend der Hypothesen, als auch gegebenenfalls durch Exploration gewonnene Ergebnisse dargestellt werden. Die Diskussion dient dazu die Ergebnisse zu interpretieren und sie in Zusammenhang mit bisherigen verwandten Befunden zu stellen.

Bei der Erstellung des Literaturverzeichnisses sollte konsistent ein Regelwerk befolgt werden.

Fragen

1. Können Sie Positionen, die Sie nur aus Sekundärliteratur kennen, dennoch zitieren?
2. Wie ist ein Forschungsbericht aufgebaut?
3. Wie gestaltet man die Einleitung eines Forschungsberichts?
4. Was gehört alles in den Methodenteil des Forschungsberichtes?
5. Gibt es Ergebnisse, die im Ergebnisteil eines Forschungsberichts nicht dargestellt werden dürfen?

Lösungshinweise finden Sie unter
www.hogrefe.de/buecher/lehrbuecher/psychlehrbuchplus

Kapitel 9

Weitere wichtige Aspekte des Experimentierens

Inhaltsübersicht

Schlüsselbegriffe

- Welche ethischen Grundregeln und welche „Etikette" muss ich beim Experimentieren beachten?
- Welche Softwarelösungen gibt es für computergesteuerte Experimente?
- Experimentieren im Internet – geht das?
- Welche Besonderheiten sind bei Experimenten in den kognitiv-affektiven Neurowissenschaften zu beachten?

In den vorherigen Kapiteln wurden sowohl die theoretischen Grundlagen des Experimentierens in der Psychologie besprochen als auch konkrete Planungs-, Durchführungs- und Auswertungshinweise gegeben. In diesem Kapitel werden weitere Themen erörtert, die für erfolgreiche psychologische Forschung und damit natürlich auch für ein experimentalpsychologisches Praktikum relevant sind oder werden können. Der erste Abschnitt befasst sich mit ethischen Prinzipien, die beachtet werden müssen und darüber hinaus mit einigen Hinweisen zur „Etikette", wie Versuchsteilnehmer behandelt werden sollten. Einige Punkte dazu wurden bereits in Kapitel 6 erörtert, als es um die Täuschung von Versuchsteilnehmern ging. Dieser erste Abschnitt über Ethik und Etikette ist damit für alle psychologischen Experimente von Bedeutung.

Der zweite Abschnitt ist für Experimente von Bedeutung, bei denen eine Versuchssteuerung mit dem Computer angestrebt wird bzw. sinnvoll ist. Dies ist heutzutage in kognitions- und emotionspsychologischen Experimenten fast immer der Fall, da nahezu alle Arten von visuellen und akustischen Reizen über den Computer dargeboten werden können. Dabei sind ein Höchstmaß an Kontrolle über Darbietungszeiten und die individuelle Generierung von (Zufalls-)Reihenfolgen der Reize möglich. Ebenso können über den Computer oft die Reaktionen oder Antworten der Versuchspersonen direkt erfasst und ggf. schon in analysierbarer Form gespeichert werden. Es gibt unterschiedliche Softwarelösungen, die Vor- und Nachteile haben. Da der Markt sich rasant entwickelt, wird auf eine detaillierte Beschreibung der einzelnen Softwarelösungen verzichtet, stattdessen sollen grundsätzliche Erwägungen zu den jeweiligen Vor- und Nachteilen vermittelt werden.

Es folgt eine kurze Darstellung von den Chancen und Problemen, die sich bei der Datenerhebung mittels Internet ergeben. Die Teilnehmer können dabei an einer Studie teilnehmen, ohne selbst physisch in einem Labor anwesend zu sein, und größere Zahlen von Teilnehmern können daher relativ mühelos erreicht werden. Die Vorteile liegen also auf der Hand. Natürlich geht die Datenerhebung via Internet auch mit Nachteilen einher, deren mögliche negative Auswirkung aber durch einige Vorsichtsmaßnahmen gemindert werden können.

Im letzten Abschnitt des Kapitels werden wir schließlich einige Besonderheiten erörtern, die sich bei Experimenten in den kognitiven Neurowissenschaften ergeben. Methoden, die durch Messung neuronaler Aktivität während bestimmter kognitiver Tätigkeiten Rückschlüsse auf beteiligte Hirngebiete oder Verarbeitungsprinzipien ziehen lassen, haben durch die massive technische Weiterentwicklung in den letzten Jahren in der Psychologie enorm an Bedeutung gewonnen. Die technischen Erfordernisse legen der experimentellen Planung jedoch manchmal gewisse Beschränkungen auf, die beim Entwurf neurowissenschaftlicher Studien zu beachten sind.

9.1 Ethische Grundregeln und „Etikette" sowie Motivierung von Versuchspersonen

Die Deutsche Gesellschaft für Psychologie (DGPs) und der Berufsverband deutscher Psychologinnen und Psychologen (BDP) haben gemeinsame ethische Standards für Psychologinnen und Psychologen in alle Berufsfeldern veröffentlicht, die nicht nur den Umgang mit ihnen anvertrauten Personen wie Patienten, Klienten, zu begutachtende Personen oder eben Versuchsteilnehmern regeln, sondern auch allgemeine und verbindliche berufsethische Verhaltensanweisungen enthalten. Dazu zählt die Verpflichtung zu Wissenschaftlichkeit und Weiterbildung, angemessenem Auftreten in der Öffentlichkeit, Kollegialität, Offenheit für sachliche Kritik und Selbstkritik, Schweigepflicht, Sorgfaltspflicht (z. B. bei Gutachten) und vieles mehr. Da die unter *www.dgps.de/aufgaben* erhältlichen Richtlinien zugleich Berufsordnung des BDP sind, muss jede angehende Psychologin und jeder Psychologe sie lesen und befolgen. Im Rahmen dieses Buches interessieren uns vor allem die für die Forschung geltenden Regeln.

Regeln von DGPs und BDP

Hier betonen DGPs und BDP zunächst das Prinzip der Wissenschaftsfreiheit. „Aus dem Recht auf Freiheit von Forschung und Lehre erwächst die ethische Verpflichtung der in diesem Bereich tätigen Psychologen, Forschung und Lehre von Fremdbestimmung und wis-

Wissenschaftsfreiheit

senschaftsfremder Parteilichkeit freizuhalten" (C.I.2)[59]. Forschende Psychologen sind für die Forschungstätigkeit selbst verantwortlich und haben sachfremde Beeinflussungsversuche *aktiv* abzuwehren. Im experimentalpsychologischen Praktikum wird man solchen Beeinflussungsversuchen wohl selten ausgesetzt sein[60], aber in Fällen von Auftragsforschung sind manchmal klare Interessen des Auftraggebers im Spiel und Beeinflussungsversuche können vorkommen. Im Absatz C.II *Grundzüge guter wissenschaftlicher Praxis* heißt es: „Grundlegend für die Berufsausübung in Forschung und Lehre ist die unbedingte Redlichkeit in der Suche nach und bei der Weitergabe von wissenschaftlichen Erkenntnissen." (C.II.1). Dazu gehört, Gegenargumente angemessen zu berücksichtigen sowie die Forschungsergebnisse transparent zu dokumentieren (vgl. Kapitel 8). Genauso gehört es zu den Regeln guter wissenschaftlicher Praxis, Beiträge von Partnern, Kollegen, Studierenden und Vorgängern explizit und angemessen kenntlich zu machen.

Redlichkeit (Randbegriff)

Für unsere Belange am vordringlichsten ist die Behandlung von Versuchsteilnehmern.

Behandlung von Versuchsteilnehmern (Randbegriff)

> Psychologen sind sich der Besonderheit der Rollenbeziehung zwischen Versuchsleiter und Versuchsteilnehmer und der daraus resultierenden Verantwortung bewusst. Sie stellen sicher, dass durch die Forschung Würde und Integrität der teilnehmenden Personen nicht beeinträchtigt werden. Sie treffen alle geeigneten Maßnahmen, Sicherheit und Wohl der an der Forschung teilnehmenden Personen zu gewährleisten und zu versuchen, Risiken auszuschließen. (C.III.1).

Auszüge aus den Ethischen Richtlinien der DGPs und des BDP (zugleich Berufsordnung des BDP), Fassung vom 29.09.1998, revidiert 2004

C.III. Grundsätze für Forschung und Publikation

1. Psychologische Forschung ist auf die Teilnahme von Menschen als Versuchspersonen angewiesen. Psychologen sind sich der Besonderheit der Rollenbeziehung zwischen Versuchsleiter und

---

59 Die Zitate dieses Abschnitts entstammen den *Ethischen Richtlinien der DGPs und des BDP* (http://www.dgps.de/dgps/aufgaben/003.php, Zugriff am 16.02. 2010), die Angaben in Klammern beziehen sich auf die Abschnitte und Unterabschnitte des Internet-Dokuments.

60 Es sei denn, dem Dozenten gefallen die Daten nicht, weil sie seiner Lieblingstheorie widersprechen, und er möchte den Bericht „schönen". Lassen Sie das nicht zu!

Versuchsteilnehmer und der daraus resultierenden Verantwortung bewusst. Sie stellen sicher, dass durch die Forschung Würde und Integrität der teilnehmenden Personen nicht beeinträchtigt werden. Sie treffen alle geeigneten Maßnahmen, Sicherheit und Wohl der an der Forschung teilnehmenden Personen zu gewährleisten und versuchen, Risiken auszuschließen.

2. Förmliche Bewilligungen
Falls Forschungsprojekte einer förmlichen ethischen Bewilligung unterliegen, liefern Psychologen präzise Informationen über ihr Forschungsvorhaben. Sie beginnen erst mit dem Forschungsprojekt, nachdem sie eine Bewilligung erhalten haben. Sie führen ihr Forschungsprojekt in Übereinstimmung mit dem bewilligten Vorgehen durch.

3. Auf Aufklärung basierende Einwilligung in die Forschung
a) Voraussetzung dafür, dass Psychologen persönlich, auf elektronischem Weg oder mit Hilfe anderer Kommunikationsformen Forschung durchführen, ist die persönliche Einwilligung der an der Forschung teilnehmenden Personen. Solche Einwilligungserklärungen basieren stets auf einer Aufklärung über das Forschungsvorhaben, die in verständlicher Form dargeboten wird. Hiervon ausgenommen sind solche Forschungsarbeiten, deren Durchführung durch andere Regelungen in diesen Richtlinien gedeckt ist.

> Aufgeklärte
> Einwilligung der Vp

b) Psychologen müssen Personen, die von Rechts wegen nicht in der Lage sind, eine auf Aufklärung basierende Einwilligung abzugeben, dennoch (1) ihre Forschungsarbeiten angemessen erklären, (2) um deren individuelles Einverständnis nachsuchen, (3) die Prioritäten und Interessen solcher Personen berücksichtigen und (4) sich die entsprechende Genehmigung einer bevollmächtigten Person verschaffen, wenn eine solche stellvertretende Einwilligung vom Gesetz her vorgeschrieben ist. Wenn die Einwilligung einer bevollmächtigten Person vom Gesetz her nicht vorgeschrieben ist, unternehmen Psychologen geeignete Schritte, um die Rechte und das Wohlergehen des Individuums zu schützen.
c) Psychologen dokumentieren in angemessener Weise die schriftliche oder mündliche Einwilligung, die Genehmigung und das Einverständnis.
d) Beim Einholen der auf Aufklärung basierenden Einwilligung klären Psychologen die teilnehmenden Personen über folgende

Inhalte der Aufklärung

Sachverhalte auf: (1) den Zweck der Forschung, die erwartete Dauer der Untersuchung und das Vorgehen; (2) ihr Recht darauf, die Teilnahme abzulehnen oder sie zu beenden, auch wenn die Untersuchung schon begonnen hat; (3) absehbare Konsequenzen der Nicht-Teilnahme oder der vorzeitigen Beendigung der Teilnahme; (4) absehbare Faktoren, von denen man vernünftigerweise erwarten kann, dass sie die Teilnahmebereitschaft beeinflussen, wie z. B. potenzielle Risiken, Unbehagen oder mögliche anderweitige negative Auswirkungen, die über alltägliche Befindlichkeitsschwankungen hinausgehen; (5) den voraussichtlichen Erkenntnisgewinn durch die Forschungsarbeit; (6) die Gewährleistung von Vertraulichkeit und Anonymität sowie ggf. deren Grenzen; (7) Bonus für die Teilnahme und (8) an wen sie sich mit Fragen zum Forschungsvorhaben und zu ihren Rechten als Forschungsteilnehmer wenden können. Den potenziellen Teilnehmern und Teilnehmerinnen wird die Gelegenheit gegeben, Antworten auf ihre Fragen zum Forschungsvorhaben zu erhalten.

e) Werden Forschungsarbeiten durchgeführt, die Interventionen mit experimentellem Charakter umfassen, werden die teilnehmenden Personen zu Beginn der Forschungsarbeit über Folgendes aufgeklärt: (1) den experimentellen Charakter der Intervention; (2) falls relevant: welche Angebote oder Dienste der Kontrollgruppe zur Verfügung stehen bzw. nicht zur Verfügung stehen; (3) die Kriterien, nach denen die Teilnehmer und Teilnehmerinnen den Experimental- bzw. den Kontrollgruppen zugeordnet werden; (4) verfügbare alternative Interventionen, falls potenziell Teilnehmende nicht an der Forschungsarbeit mitwirken oder die Teilnahme vorzeitig beenden möchte und (5) falls relevant: wer die Kosten für die durchgeführten Interventionen trägt und ob ggf. diese Kosten von den teilnehmenden Personen getragen werden oder von dritter Seite zu erstatten sind.

Bild- und Tonaufnahmen

4. Auf Aufklärung basierende Einwilligung für das Aufnehmen von Stimmen oder Bildern im Rahmen eines Forschungsvorhabens
Psychologen holen von den an einer Untersuchung teilnehmenden Personen eine auf Aufklärung basierende Einwilligung ein, bevor sie deren Stimmen aufnehmen oder Bilder aufzeichnen, außer (1) die Forschung umfasst nur die Beobachtung natürlichen Verhaltens im öffentlichen Raum, und es ist nicht zu erwarten, dass die Aufnahme so genutzt wird, dass eine Person identifiziert

wird oder Schaden nimmt; (2) das Forschungsdesign schließt Täuschung ein, und die Einwilligung für die Nutzung der Aufnahmen wird im Rahmen der anschließenden Aufklärung erbeten.

5. Klienten/Patienten, Schüler, Studierende und Psychologen unterstellte Personen als Forschungsteilnehmer
a) Wenn Forschungsarbeiten mit den oben genannten Personen durchgeführt werden, tragen Psychologen dafür Sorge, dass eine Nicht-Teilnahme oder die vorzeitige Beendigung der Teilnahme für die potenziell Teilnehmenden keine nachteiligen Konsequenzen haben wird.
b) Ist die Teilnahme an Forschungsprojekten und Untersuchungen Teil der Ausbildung oder durch Prüfungsordnungen vorgeschrieben, so müssen die potenziell Teilnehmenden auf gleichwertige Alternativen zur Untersuchungsteilnahme hingewiesen werden.

6. Verzicht auf eine auf Aufklärung basierende Einwilligung in die Forschung
Psychologen können auf eine auf Aufklärung basierende Einwilligung nur dann verzichten (1) wenn vernünftigerweise davon ausgegangen werden kann, dass die Teilnahme an der Forschung keinen Schaden oder kein Unbehagen erzeugt, die über alltägliche Erfahrungen hinausgehen, und wenn die Forschung sich (a) auf gängige Erziehungsmethoden, Curricula oder Unterrichtsmethoden im Bildungsbereich bezieht; (b) auf anonyme Fragen/Fragebögen, freie Beobachtungen oder Archivmaterial bezieht, dessen Enthüllung die teilnehmenden Personen nicht den Risiken einer straf- oder zivilrechtlichen Haftbarkeit, finanzieller Verluste, beruflicher Nachteile oder Rufschädigungen aussetzt und bei denen die Vertraulichkeit gewährleistet ist; (c) auf Faktoren bezieht, welche die Arbeits- und Organisationseffizienz in Organisationen betreffen, deren Untersuchung keine beruflichen Nachteile für die teilnehmenden Personen haben können und bei denen die Vertraulichkeit gewährleistet ist, oder (2) wenn die Forschung anderweitig durch Gesetze und Verordnungen erlaubt ist.

7. Anreize zur Teilnahme an Forschungsvorhaben
a) Psychologen vermeiden übertriebene oder unverhältnismäßige finanzielle oder anderweitige Anreize bei der Anwerbung von an der Forschung teilnehmenden Personen, wenn anzunehmen ist, dass solche Anreize zu einer Teilnahme nötigen würden.

b) Wenn berufliche Leistungen oder Dienste (z. B. Therapie, Beratung) als Anreiz zur Teilnahme angeboten werden, erläutern Psychologen die Art der Dienstleistung sowie die mit ihnen verbundenen Risiken, Verpflichtungen und Grenzen.

Täuschung

8. Täuschung in der Forschung

a) Psychologen führen keine Studie auf der Basis von Täuschung durch, es sei denn, sie sind nach gründlicher Überlegung zu dem Schluss gekommen, dass der Einsatz von Täuschungstechniken durch den voraussichtlichen bedeutsamen wissenschaftlichen, pädagogischen oder praktischen Erkenntnisgewinn gerechtfertigt ist und dass geeignete alternative Vorgehensweisen ohne Täuschung nicht zur Verfügung stehen.

b) Psychologen täuschen potenzielle Teilnehmer und Teilnehmerinnen nicht über solche Aspekte einer Forschungsarbeit, von denen vernünftigerweise angenommen werden kann, dass sie ernsthafte physische und/oder psychische Belastungen erzeugen.

c) Psychologen klären jede Täuschung innerhalb eines Experiments so früh wie möglich auf, vorzugsweise am Ende der Teilnahme, aber spätestens am Ende der Datenerhebung und erlauben den teilnehmenden Personen das Zurückziehen ihrer Daten.

9. Aufklärung der Forschungsteilnehmer und Forschungsteilnehmerinnen

a) Psychologen informieren die an ihren Untersuchungen Teilnehmenden sobald wie möglich über das Ziel, die Ergebnisse und Schlussfolgerungen aus ihrer Forschungsarbeit, und sie unternehmen geeignete Schritte, um jedes Missverständnis, das teilnehmende Personen haben könnten und das ihnen bewusst ist, zu korrigieren.

b) Wenn wissenschaftliche oder ethische Überlegungen es rechtfertigen, solche Informationen zu verzögern oder zurückzuhalten, ergreifen Psychologen geeignete Maßnahmen, um eventuellen Schaden und Risiken abzuwenden bzw. möglichst gering zu halten.

c) Wenn Psychologen erfahren, dass Aspekte ihrer Forschung teilnehmenden Personen Schaden zugefügt haben, unternehmen sie geeignete Schritte, um diesen Schaden zu minimieren.

Weitere Abschnitte betreffen den Umgang mit Tieren in der Forschung und Verhaltensregeln bei Berichtlegung und Publikation.

Wie schon gesagt sind Versuchteilnehmer als Partner im Forschungsprozess zu betrachten, die ihre kostbare Zeit freiwillig zur Verfügung stellen. Sie sind unbedingt mit Respekt und Freundlichkeit zu behandeln, das gilt natürlich auch, wenn sie für ihre Teilnahme entlohnt werden. Routinierte Psychologiestudierende, die schon an vielen Versuchen teilgenommen haben, haben manchmal vergessen, dass gerade wenig mit psychologischer Forschung vertraute Personen gewisse Ängste haben, „durchschaut" oder unangenehmen „Psychotests" unterzogen zu werden. Die Atmosphäre und Begrüßung sowie Aufklärung über das Experiment sollten sich bemühen, solche Ängste zu nehmen. Auch sollten Begriffe wie „Experiment" und „Versuchsperson" vermieden werden, stattdessen sollte von „Studie" und „Teilnehmer" gesprochen werden.[61] Ganz wesentlich ist es, von den Versuchsteilnehmern vor Beginn des Experiments eine schriftliche Einwilligung zu erfragen, die auf einer umfassenden Voraufklärung beruht. Diese Voraufklärung, die ebenfalls in schriftlicher Form vorliegen sollte, muss mindestens folgende Informationen enthalten:

Schriftliche Aufklärung und Einwilligung

* Zweck der Forschung und voraussichtlicher Erkenntnisgewinn,[62]
* voraussichtliche Dauer des Experiments,
* das Recht der Vpn, jederzeit und ohne Begründung die Teilnahme abzubrechen und die Löschung der Daten zu verlangen, ohne dadurch negative Konsequenzen zu erleiden,
* absehbare Faktoren, die die Bereitschaft zur Teilnahme beeinflussen könnten (potenzielle Risiken, Unbehagen),
* Gewährleistung der Anonymität (und ggf. von deren Einschränkung),
* Kompensation für die Teilnahme,
* Ansprechpartner für weitere Fragen.

Ein Beispiel für eine Aufklärung nebst Einverständniserklärung findet sich im folgenden Kasten.

Während des Experiments sollte der Versuchsleiter für die Teilnehmer immer erreichbar sein, um ggf. Fragen klären zu können. Nach Beendigung der Teilnahme ist der Proband umfassend über den Sinn und

---

61 Der Begriff Experiment ist nicht per se „negativ" und als terminus technicus natürlich erlaubt. Bei Versuchsteilnehmern kann er aber ggf. unangenehme Assoziationen auslösen.

62 Eine Ausnahme bieten Studien, die eine Täuschung über den wahren Zweck verlangen (vgl. Kapitel 6.4.2). Hier muss die Aufklärung so bald wie möglich erfolgen. *Niemals* täuscht der Versuchsleiter über Aspekte, die voraussichtlich die Bereitschaft zur Teilnahme beeinflusst hätten (z. B. unangenehme Reize etc.)

Zweck des Experiments aufzuklären und noch einmal auf eine Kontaktadresse für Rückfragen hinzuweisen. Es hat sich bewährt, Vpn danach zu fragen, ob sie auch an weiteren Studien prinzipiell Interesse hätten und daher ihre Kontaktdaten hinterlassen. Diese Einverständniserklärung sollte auch schriftlich erfolgen, und den Vpn muss zugesichert werden, dass sie jederzeit die Löschung ihrer Kontaktdaten verlangen können, wenn sie nicht mehr angesprochen werden wollen. Die Pflege eines solchen Probandenverzeichnisses muss akribisch genau betrieben werden.

Beispiel für eine vorexperimentelle Aufklärung

Liebe Teilnehmerin, lieber Teilnehmer!

Herzlich bedanken wir uns für Ihre Bereitschaft, an der Studie *Kriminalspiel* teilzunehmen. In dieser Forschung interessieren wir uns dafür, wie Menschen Entscheidungen aufgrund unsicherer Information treffen. Eine genaue Aufklärung über die speziellen Hypothesen und den Zweck der Forschung erhalten Sie auf Wunsch direkt im Anschluss an die Teilnahme.

Die Studie wird ca. *60 bis 90 Minuten* dauern. Sie werden zunächst Details über einen hypothetischen Kriminalfall lernen und später Entscheidungen dazu treffen. Für Ihre Teilnahme erhalten Sie *8 €* oder eine Bescheinigung über geleistete Versuchspersonenstunden sowie die Teilnahme an der Verlosung von drei Kinogutscheinen für die drei besten Kommissare.

Die Untersuchung beinhaltet keine schmerzhaften oder belastenden Situationen.

Sie haben jederzeit das Recht, ohne Angabe von Gründen die Teilnahme abzubrechen und/oder die Löschung von Daten zu verlangen. Nachteile erwachsen Ihnen dadurch nicht, es entfällt aber der Anspruch auf die Teilnahmevergütung.

Ihre Daten werden absolut vertraulich behandelt und keinen dritten Personen zugänglich gemacht. Die Daten werden anonymisiert gespeichert.

Falls Sie weitere Fragen haben, wenden Sie sich an den verantwortlichen Leiter dieser Studie:

Prof. A. Bröder, Lehrstuhl für Allgemeine Psychologie, Universität Mannheim, Schloss, Ehrenhof Ost, 68131 Mannheim, Tel: 06 21/ 1 81 21 37, broeder@uni-mannheim.de

Ich habe die oben stehenden Informationen über die Studie gelesen und bin bereit, daran teilzunehmen:

| Name | Datum | Unterschrift |

Ist man sich über spezifische Aspekte der Behandlung von Versuchsteilnehmern unsicher, so sollte man auf jeden Fall die ethischen Richtlinien der DGPs konsultieren und eine örtliche Ethikkommission befragen, wie sie in vielen Psychologischen Instituten inzwischen eingerichtet wurden.

9.2 Software zur Erstellung computerbasierter Experimente

In der Anfangsphase experimenteller psychologischer Forschung wurde bereits viel Wert auf eine zeitlich sehr kontrollierte Darbietung von Stimuli und Messung von Reaktionszeiten gelegt. Feinmechaniker wie die der Firma Zimmermann in Leipzig hatten sich im Umfeld der Ende des 19. Jahrhunderts neuen experimentellen Psychologie von Wilhelm Wundt auf die Herstellung von Präzisionsapparaten spezialisiert. Ein Beispiel ist in Abbildung 30 zu sehen. Noch bis in die 80er Jahre des letzten Jahrhunderts wurden Reizdarbietungen oft mittels Diaprojektoren oder mechanischen Tachistoskopen vorgenommen, bis dann Computer verbreitet Anwendung fanden.

Moderne Computer haben große Vorteile gegenüber den früheren Methoden, da sie ebenfalls eine zeitgenaue Reizpräsentation und meist Reaktionszeiterfassung ermöglichen sowie verschiedenste Medien präsentieren können. Sie sind daher viel flexibler einsetzbar (und deutlich billiger) als eigens für bestimmte Experimente zugeschnittene Apparaturen. Weiterhin können mit einem Computer problemlos und ohne Aufwand individuelle Zufallsreihenfolgen generiert werden, z. B. bei zu lernenden Wortlisten in Gedächtnisexperimenten.[63] Ein

Universalwerkzeug Computer

---

63 Damit können systematische Reihenfolgeeffekte ausgeschlossen werden (vgl. Kapitel 6).

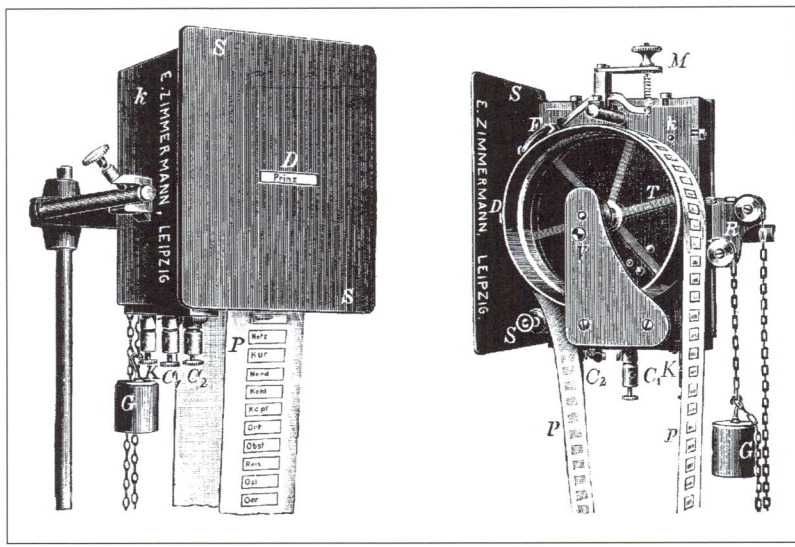

Abbildung 30: Ein historischer „Gedächtnisapparat" – Mittels des Uhrwerks können die Papierstreifen in präzisen Zeitintervallen weiterbewegt werden, so dass die Wörter für eine definierte Zeit in dem kleinen Fenster sichtbar sind (aus Schulze, 1909).

weiterer Vorteil ist, dass Computer die Daten auch erfassen und ggf. in einer computeranalysierbaren Form abspeichern. Das spart sowohl den Aufwand aber auch die potenziellen Fehlermöglichkeiten, die bei der manuellen Dateneingabe auftreten. Schließlich erlaubt die Programmierung von Experimenten am Computer auch eine hohe Standardisierung der Versuchsdurchführung und vermindert dadurch Störbedingungen, die von variierenden Instruktionen durch (ggf. verschiedene) Versuchsleiter ausgehen. Neben diesen Vorteilen kann der Einsatz von Computern jedoch gelegentlich mit einer verminderten Motivation der Versuchsteilnehmer einhergehen.

Software: Flexibilität versus Einarbeitungsaufwand

Wenn man sich entschließt, die Vorteile des Computers bei der Durchführung von Experimenten zu nutzen, stellt sich die Frage, welche Software man dazu verwenden sollte. Unterschiedliche Lösungen haben Vor- und Nachteile und benötigen auch unterschiedlich viel Vorkenntnis in Programmierung. Das eine Ende des Spektrums sind dabei vollkommen flexible Programmiersprachen, die nicht speziell für psychologische Experimente entwickelt wurden, sondern im Prinzip für beliebige Anwendungen nutzbar sind, wie VisualBasic, C++, RealBasic, JavaScript, PHP oder RunRev LiveCode. Für psychologische Experimente sind objektbasierte Entwicklungsumgebungen sinnvoll, die viele übliche Bedienelemente zur Verfügung stellen, um die Interaktion zwischen Nutzer und Computer zu steuern, wie Textfelder, Eingabe-Buttons, Schieberegler etc. Diese eignen sich, um Instruktionen und Reize zu präsentieren und die Antworten der Versuchsteilnehmer aufzuzeichnen. Solche Programmiersprachen sind typischerweise sehr flexibel und können auf beliebige Experimentsituationen angepasst werden. Allerdings verlangt dies natürlich, dass man sich mit den Grundlagen der jeweiligen Programmiersprache vertraut macht. Dies erfordert einigen Lernaufwand und Übung, hat aber den Vorteil, dass die Beherrschung einer solchen Programmiersprache vor allem dann sinnvoll ist, wenn man sich auch für zukünftige Experimente maximale Flexibilität erhalten möchte.[64]

Programmiersprachen

Am anderen Ende des Spektrums befinden sich reine Präsentationsprogramme wie OpenOffice Impress, Microsoft PowerPoint oder Apple Keynote, die sich zum zeitkontrollierten Präsentieren von Reizen (Text, Audiodateien, Bilder, Filme) eignen. Diese haben den Vorteil, dass sie kaum Einarbeitung benötigen, da die meisten Studierenden bereits Erfahrung mit Präsentationsprogrammen haben. Beispielsweise eignen sich einfache Präsentationen gut für Gedächtnisexperimente, in denen Listen von Reizen präsentiert werden. Nachteile dieses Verfahrens sind, dass die Datenerfassung nicht durch den Computer erfolgen kann, die Antworten der Vpn müssen dann mittels Fragebögen oder Antwortbögen erhoben werden. Zweitens erlauben es die Präsentationsprogramme nicht, eine Zufallsreihenfolge individuell für jeden Teilnehmer zu generieren. Wenn Reihenfolge- und Positionseffekte ausbalanciert werden müssen, sollten daher mehrere Versionen der Präsentation mit unterschiedlichen Zufallsabfolgen erstellt werden. Zudem ist handelsübliche Präsentationssoftware natürlich nicht einsetzbar, wenn die zeitkritisch kontrollierte Präsentation sich im Bereich von Sekundenbruchteilen bewegt (tachistoskopische Darbietung). Die Verwendung von Präsentationssoftware hat demnach den Vorteil, dass kaum Lernaufwand zur Generierung von Experimenten nötig ist, der Einsatz ist aber auf spezielle Situationen beschränkt, und eine fehlerträchtige und mühevolle Übertragung der Daten von Antwortbögen in computeranalysierbare Dateien ist im Anschluss an die Datenerhebung nötig.

Präsentationsprogramme

---

64 Ein weiterer Vorteil ist natürlich, dass man auch vollkommen andere Anwendungen damit schreiben kann, die mit psychologischen Experimenten nichts zu tun haben.

Psychologiespezi-
fische Lösungen

Die dritte Alternative zur Realisierung computergesteuerten Experimentierens ist spezielle Experimentalsoftware für psychologische
Untersuchungen, die eine Zwischenstellung zwischen reinen Programmiersprachen und einfachen Präsentationsprogrammen ein-
nimmt. Produkte wie *ePrime* (Psychology Software Tools, E-Prime,
Version 2.0), DirectRT (Emperisoft, 2008; *DirectRT*, Version 2008),
Inquisit (Millisecond Software, Inquisit, Version 3.0) oder *SuperLab*
(Cedrus Corp., SuperLab Pro, Version 4.0) bieten Entwicklungsumgebungen, die speziell auf verhaltenswissenschaftliche Bedürfnisse
zugeschnitten sind.[65] Die genannten Programme bieten Lösungen für
Standardprozeduren wie die individuell randomisierte Präsentation
von Reizserien und die Erfassung und Speicherung von Reaktionen
der Versuchspersonen. Auch die millisekundengenaue Darbietung
von Reizen bzw. Erfassung von Reaktionszeiten wird unterstützt.
Darüber hinaus bietet z. B. ePrime Zusatzmodule an, die eine Kopplung mit funktioneller Magnetresonanztomographie oder mit Blickbewegungsmessgeräten erlauben. Manche Anbieter haben auch Zu-
satzhardware im Programm wie z. B. Reaktionszeitmesspads, die
Tastendrücke präziser erfassen als handelsübliche Computertasta-
turen.

Der Vorteil solcher Lösungen liegt auf der Hand: Standardprozeduren wie das Randomisieren von Reizen werden als fertige Module
zur Verfügung gestellt, und der Lernaufwand ist daher meist deutlich
geringer als beim Erlernen einer basalen Programmiersprache. Stan-
dardexperimente, die im Wesentlichen die serielle Darbietung von
Reizen und einfache Reaktionen erfordern, sind in kurzer Zeit mittels
einfacher Eingabesyntax (DirectRT, Inquisit) oder gar mittels rein
grafischer Bedienelemente (ePrime) zu erstellen. Auch für Bedürfnisse, die speziell in der Psychologie oftmals auftauchen (tachistoskopische Darbietung von Reizen oder millisekundengenaue Reaktionszeiterfassung) gibt es herstellerseitig fertige Lösungen, die mittels
anderer Programmiersprachen häufig nur durch große Expertise und
gewissen Aufwand erreicht werden können. Der Vorteil der schnellen
Erlernbarkeit der genannten Programme verliert sich aber recht
schnell, sobald Experimente zu programmieren sind, die ungewöhnliche Abläufe oder spezielle Restriktionen beim Randomisieren des
Materials erfordern. Auch veränderte Abläufe abhängig von den
Antworten der Versuchspersonen sind nicht immer leicht zu realisie-

---

65 Weitere, teilweise speziellere Produkte findet man unter http://www.psychology.
     org/links/Resources/Software/

ren. Hier wird man sich dann ebenfalls in die „hinter" den Modulen liegende Skript- bzw. Programmiersprache einarbeiten müssen, um die nötige Flexibilität zu erreichen. In einer vergleichenden Übersicht kommt Stahl (2006) zu dem Schluss, dass ePrime insgesamt die größte Flexibilität aufweist, dass dafür aber häufig die Programmierung von Experimentteilen in E-Basic notwendig ist, wenn Abläufe oder Erfordernisse von Standardanordnungen abweichen.

Es ist also im Prinzip unmöglich, eine allgemeine Empfehlung auszusprechen, welche Lösung von einfach (Präsentationssoftware) über mittelschwer (Experimentalsoftware) bis aufwendig (allgemeine Programmiersprache) man wählt. Das hängt neben den Erfordernissen des Experiments davon ab, ob man noch häufiger Experimente durchführen wird. In diesem Falle lohnt es sich, eine Programmiersprache oder flexible Experimentalsoftware zu erlernen. In einem experimentalpsychologischen Praktikum wird man typischerweise die Software verwenden, die in dem Institut oder der Abteilung, an der das Praktikum gelehrt wird, üblicherweise zur Anwendung kommt.

Da der Markt in rapider Entwicklung begriffen ist und der Leistungsumfang der Produkte sich in schnellem Wandel befindet, veralten Informationen schnell. Daher bleibt es hier bei einem allgemeinen Überblick, und es wird auf eine Empfehlung verzichtet. Für einen ersten Überblick zu spezieller experimentalpsychologischer Software empfehle ich den Artikel von Stahl (2006).

9.3 Experimentieren im Internet

Die steigende Verfügbarkeit und Nutzung des Internets macht es auch für empirische Psychologen als Medium zur Datensammlung attraktiv. Offensichtlich sind die Vorteile, wenn es um einfache Umfragen geht: Die Vpn müssen nicht physisch anwesend sein, man kann potenziell eine große Zahl räumlich verstreuter Personen erreichen, und über Ankündigung in bestimmten Internetforen können gezielt bestimmte Gruppen angesprochen werden (z. B. Liebhaber von Fantasy-Spielen, Senioren, Schüler etc.). Die Erhebung vergleichsweise großer Stichproben mit wenig Aufwand ist daher gut möglich. Zum Beispiel konnten Mangan und Reips (2007) mit zwei Online-Befragungen fünfmal mehr von Sexsomnie[66] betroffene Personen errei-

Vorteile:
Große Stichproben,
wenig Aufwand

---

66 Wie Schlafwandeln, aber nicht Wandeln, sondern Sex haben während des Schlafzustands.

chen als die gesamte Forschung zusammengenommen, die vorher zu dieser klinischen Auffälligkeit veröffentlicht worden war – in einem Zeitraum von 20 Jahren. Inzwischen gibt es Anbieter, die relativ einfache Verfahren zur Erstellung von im Internet verwendbaren Fragebögen bereitstellen, z. B. *Surveymonkey* (www.surveymonkey. com).

Aber kann man im Internet auch *experimentieren*? Wenn wir uns an die Definition des Experiments in Kapitel 3.1 erinnern, dann muss streng genommen die Antwort auf diese Frage „nein" lauten, da wir insbesondere auf die Kontrolle möglicher Störvariablen verzichten. Das Grundproblem ist dabei, dass wir weder überprüfen können, ob die Vpn korrekte Angaben machen (z. B. Alter, Geschlecht, Bildung) noch irgendeinen Einfluss auf die Umstände haben, unter denen sie die Studie bearbeiten. Sitzt die Vp konzentriert zuhause, schaut sie nebenbei Fußball, befindet sie sich in einem lauten Internetcafe, sitzen vielleicht sogar mehrere Personen vor dem Bildschirm, oder recherchiert die Vp gar Antworten auf Fragen im Internet, bevor sie eine Antwort gibt? Vielleicht klingelt zwischendurch das Telefon etc.

Vorsichts-
maßnahmen
wegen mangelnder
direkter Kontrolle

Wegen dieser prinzipiellen Unmöglichkeit, die Umstände kontrollieren zu können, sehen manche es generell als ungerechtfertigt an, Internetstudien als Experimente zu bezeichnen. Andererseits können zwei andere definierende Aspekte des Experiments durchaus realisiert werden, nämlich die Manipulation von UVn und die randomisierte Zuweisung von Teilnehmern zu Versuchsbedingungen. Es ist problemlos möglich, Faktoren zu variieren, die z. B. aus unterschiedlichen Instruktionen oder Antwortformaten bestehen oder die Konfrontation mit verschiedenen Reizen beinhalten. Ebenso ist es technisch leicht möglich, die Versuchspersonen zufällig den Bedingungen zuzuweisen, indem sie auf unterschiedliche Webseiten weitergeleitet werden.

Wie können die Vorteile der Datenerhebung im Internet genutzt und gleichzeitig die Probleme der mangelnden Kontrolle von Störvariablen gemindert werden? Die Methode der Wahl – gerade angesichts großer Teilnehmerzahlen im Internet – ist hier eine möglichst restriktive Elimination von Daten, die auf ungewöhnliche oder nicht ernsthafte Bearbeitung der Aufgabe oder eine mögliche Mehrfachbearbeitung durch dieselbe Person hinweisen, dazu zählen zum Beispiel:

- Direktes Erfragen der geplanten Ernsthaftigkeit der Teilnahme vor dem Experiment („seriousness check", Reips, 2002b),
- unrealistisch lange oder kurze Bearbeitungszeiten (in Vorstudie sinnvolle Streubreite ermitteln und Latenz der Datenübertragung berücksichtigen),
- unrealistische Altersangaben (z. B. 99 oder 5) in Kombination mit anderen Angaben (z. B. 99 Jahre und berufstätig oder 5 Jahre und Hochschulabschluss),
- doppelte bzw. mehrfach verwendete IP-Nummern[67] (könnte Mehrfachbearbeitung anzeigen),
- Zufallsleistung in einer einfachen Kontrollaufgabe (deutet auf „Durchklicken" hin), und
- Nichtbefolgung einfacher Kontrollinstruktionen (deutet auf nicht ausreichendes Lesen der Instruktion hin).

Selbstverständlich müssen solche Ausschlusskriterien bereits vor der Datenerhebung festgelegt werden, und es empfiehlt sich, diese recht streng zu wählen, da man lieber kritische Verdachtsfälle ausschließen als problematische Datensätze behalten sollte. Bei einer Festlegung der Ausschlusskriterien erst *nach* der Datenerhebung bestünde die Möglichkeit, dass eventuell „unliebsame" (d. h. nicht hypothesenkonforme) Personen ausgeschlossen würden, was natürlich die Ergebnisse verfälschen würde. Trotzdem garantieren diese Maßnahmen natürlich keine „unbelasteten" Daten, sondern sie nutzen nur offensichtliche Information, die bestimmte Datensätze „verdächtig" machen.

Eine sehr elegante Möglichkeit der Kontrolle besteht, wenn parallel zum Internetexperiment dasselbe Experiment mit weniger Versuchspersonen unter kontrollierten Laborbedingungen durchgeführt wird. Dies erlaubt es, mögliche Abweichungen der Ergebnisse durch mangelnde Störvariablenkontrolle zu evaluieren.

Sehr konkrete Hinweise zur Durchführung von Internetexperimenten gibt einer der Pioniere der Internetforschung, Ulf-Dietrich Reips (2002a), der auf verschiedene Validitätsprobleme und Vorsichtsmaßnahmen zu deren Vermeidung hinweist. Im folgenden Kasten findet man einige „Standards des Internet-Experimentierens", wie sie von Reips (2002a) formuliert wurden.

Ausschlusskriterien vorher festlegen

---

[67] Die IP-Nummer ist eine virtuelle Rechner-Adresse, über die die Verbindung eines Computers zum Internet erfolgt.

Einige Standards des Internet-Experimentierens nach Reips (2002a)

1. Verwende spezielle Software zur Generierung von Experimenten, die Standardprozeduren zur Verfügung stellt.
2. Führe Vortests durch für verschiedene Computerplattformen und Browser und teste die Verständlichkeit der Instruktionen.
3. Entscheide, ob die Vorteile der Verwendung von Skriptsprachen (z. B. Java) neben reinem HTML-Code die Nachteile aufwiegt.
4. Teste das Experiment auf Konfigurationsfehler.
5. Verlinke das Experiment über verschiedene Internetseiten, um Selbstselektionseffekte abschätzen zu können.
6. Führe das Experiment zum Vergleich online und offline im Labor durch.
7. Wenn Dropout (Abbrechen des Experiments) vermieden werden soll, benutze die Warm-up-Technik (mehrere Webseiten mit Vorerläuterungen, ähnlichem Material, Fragen usw. vor dem eigentlichen Experiment).
8. Analysiere und berichte den Dropout separat für Stufen der UV, um mögliche motivationale Konfundierung mit der UV festzustellen.
9. Vermeide Mehrfachteilnahme durch Aussortieren doppelter IP-Adressen oder besser: Verwendung individueller Passwörter und definierter Probandenpools.
10. Archiviere die Log-Dateien für weitere Analysen.
11. Archiviere die Stimulusmaterialien im Internet zur Dokumentation.

Eine vertiefte Auseinandersetzung mit Forschung im und über das Internet findet man in Batinic, Reips und Bosnjak (2002) sowie speziell zum Experiment in Reips (2007). Ein in ständiger Weiterentwicklung begriffenes Tool zur Generierung internetbasierter Experimente ist die Entwicklungsumgebung WEXTOR (Reips, 2002b)[68], die eine Reihe von Werkzeugen zur Erzeugung von Standardexperimenten bereitstellt. Diese Software kann auch zum Erzeugen von browserbasierten Laborexperimenten genutzt werden und ergänzt somit die Liste aus dem vorigen Abschnitt. Weitere nützliche Tools, zum Beispiel auch für die Nutzug auf dem Internet validierter Persönlichkeitstest, finden sich auf dem iScience Server (http://iscience.eu). Das im Internet frei verfügbare *International Journal of Internet Science*

---

68 http://wextor.org/ [Zugriff am 05. 05. 2010]

(http://ijis.net/) berichtet in dem sich rasch entwickelnden Feld über aktuelle Entwicklungen sowie über im Internet durchgeführte Studien, anhand derer man sich auch über die Standards informieren kann.

9.4 Besondere Bedingungen in den Kognitiven Neurowissenschaften

In den Neurowissenschaften versucht man, die neuronalen Grundlagen kognitiver und anderer psychischer Prozesse zu erkunden. Während die traditionelle Neuropsychologie hierfür auf Patienten mit Hirnschädigungen zurückgreift, deren psychische Auswirkungen möglichst exakt erhoben werden, eröffnen neuere bildgebende Verfahren auch die Möglichkeit, die Aktivität des intakten Gehirns während definierter Aufgaben zu erfassen. Anders als in der traditionellen Neuropsychologie kann demnach die **neuronale Aktivität als** *abhängige Variable* untersucht werden, wenn verschiedene kognitive oder sonstige psychische Zustände über Stimuli von außen als *unabhängige Variable* manipuliert werden. Es wird demnach möglich, Gehirnaktivität und deren Lokalisation in Abhängigkeit von psychischen Zuständen zu messen und damit Theorien über die neuronale Repräsentation derselben zu testen. Insofern sind auch viele Fragen der Neurowissenschaften im Prinzip einer experimentellen Herangehensweise zugänglich. Damit sind natürlich die in diesem Buch bisher behandelten Fragen der internen und externen Validität auch hier relevant, jedoch bringt der nötige technische Aufwand Einschränkungen mit sich, die bei der Experimentalplanung berücksichtigt werden müssen. Da es eine Fülle unterschiedlicher neurophysiologischer Methoden gibt, sind die jeweiligen Einschränkungen natürlich unterschiedlich, daher beschränken wir uns hier auf einige wenige Punkte bei der funktionellen Magnetresonanztomographie (fMRT), die sich durch technische Entwicklung und die wachsende Verfügbarkeit von Geräten mehr und mehr durchsetzt. Einen kleinen Überblick über wichtige neurophysiologische Verfahren gibt der folgende Kasten, ausführlichere Einführungen findet man bei Schandry (2006) oder Purves et al. (2008).

Neuronale Aktivität als AV

Experimentelle Neurowissenschaft

Einige neurophysiologische Untersuchungstechniken

Einzelzellableitung: Die elektrische Aktivität einzelner Nervenzellen wird durch Einführung einer Mikroelektrode untersucht. Hohe räumliche und zeitliche Präzision, aber sehr begrenzter Ausschnitt.

Ereigniskorrelierte Potenziale (ERP): Ein EEG wird an der Schädeloberfläche gemessen, während in häufiger Wiederholung der gleichartige Reize präsentiert werden. Mittelung über diese Durchgänge lässt eine charakteristische Kurve von elektrischer Aktivität erkennen, deren Komponenten durch unterschiedliche Manipulationen beeinflussbar sind. Hohe zeitliche, aber schlechte räumliche Auflösung.

Positronen-Emissions-Tomographie (PET): Nach Injektion oder Inhalation einer radioaktiven Substanz wird der regionale Blutfluss anhand emittierter Positronen ermittelt. PET hat eine gute räumliche, aber mäßige zeitliche Auflösung und liefert nur ein indirektes Maß neuronaler Aktivität.

Funktionale Magnetresonanztomographie (fMRT): Oxidiertes und nicht oxidiertes Hämoglobin (Blutfarbstoff) zeigen unterschiedliche Resonanzeigenschaften auf pulsierende Magnetfelder in einem MRT-Scanner. Dadurch kann indirekt der sich ändernde Anteil sauerstoffreichen Blutes in Hirnregionen erfasst werden (BOLD-Signal), der indirekt die neuronale Aktivität widerspiegelt. Das fMRT hat eine besser räumliche und zeitliche Auflösung als PET und benötigt nicht die Einnahme radioaktiver Substanzen.

Magnetoenzephalogramm: Durch Hirnströme generierte magnetische Felder werden erfasst. Die zeitliche Auflösung ist gut, die räumliche nicht besser als im EEG.

Bei der fMRT liegt die Vp in einem Scanner, der durch große supraleitende elektrische Spulen ein starkes Magnetfeld erzeugt. Dieses führt dazu, dass sich die im Gewebe befindlichen Wasserstoffkerne entlang des Magnetfelds ausrichten. Während einer fMRT-Messung werden nun pulsierend in schneller Folge senkrecht zum Dauerfeld angelegte Magnetfelder an- und ausgeschaltet, die die Wasserstoffkerne kurzzeitig ablenken. Beim „Zurückklappen" senden die Protonen ein Energiesignal aus, das je nach Beschaffenheit des Gewebes unterschiedlich ausfällt. Da das Echosignal bei sauerstoffangereichertem Blut anders ausfällt als bei nicht oxidiertem Hämoglobin, können Bereiche erhöhten Sauerstoffverbrauchs identifiziert werden (BOLD-Signal, „blood oxygen level dependent signal"). Dieser ist ein indirekter Indikator für die neuronale Aktivität.

In typischen fMRT-Experimenten kontrastiert man nun Treatment-bedingungen, die eine bestimmte Komponente enthalten (z. B. Präsentation Ekel auslösender Bilder) mit vergleichbaren Reizen oder Aufgaben, die die Komponente nicht enthalten (z. B. Präsentation neutraler Bilder; z. B. Mataix-Cols et al., 2008; Schienle et al., 2002). Die Hirnaktivität im Sinne eines BOLD-Signals wird später zwischen beiden Bedingungen verglichen. Signifikant unterschiedliche Aktivierungen in einer Region deuten dann auf deren Beteiligung an dem untersuchten Zustand oder Prozess hin.[69] Üblicherweise wird die Variation der UV within-subjects vorgenommen, da dies viele Vorteile bietet und vor allem die statistische Power in diesen Designs größer ist (vgl. Kapitel 4). Dies ist wegen der aufgrund des hohen Aufwandes typischerweise eher kleinen Stichproben in fMRT-Untersuchungen von Vorteil.

Kontrastiert man die Wirkung unterschiedlicher Klassen von Reizen (oder Aufgaben etc.) innerhalb von Versuchspersonen, so wählt man in konventionellen Untersuchungen oft eine randomisierte Reihenfolge der Reize. Damit kann man verhindern, dass neben den eigentlich interessierenden Prozessen Strategien angewendet werden, die auf der Gleichartigkeit der aufeinander folgenden Reize beruhen könnten (z. B. stellt die Vp sich mental darauf ein, dass nun eine Serie Ekel auslösender Bilder kommt) und das Ergebnis mitbeeinflussen können. In neurowissenschaftlichen Verfahren mit hoher zeitlicher Auflösung ist die randomisierte Darbietung kein Problem, beispielsweise bei der Erhebung ereigniskorrelierter Potenziale mittels EEG (vgl. Kasten). Bei der fMRT besteht jedoch das Problem, dass das hämodynamische BOLD-Signal der neuronalen Aktivität mit Zeitverzögerung folgt und erst nach ca. 10 bis 15 Sekunden wieder vollständig abgeebbt ist. Folgen verschiedenartige Reize also zu schnell aufeinander, können sich die von ihnen ausgelösten Signale überlagern, und es entsteht kein klares Bild der beteiligten Hirnstrukturen. Dies wäre nicht weiter schlimm, wenn man für das Experiment beliebig viel Zeit hätte. Zu bedenken ist jedoch, dass die Versuchspersonen absolut regungslos in einer engen und lärmenden Röhre

Kontrastierung verschiedener Bedingungen

Schwierigkeiten der fMRT

---

69 Da für jeden kleinen Hirnbereich ein Signifikanztest durchgeführt wird, muss eine α-Fehler-Adjustierung durchgeführt werden, die sehr strenge Signifikanzniveaus verlangt, um einen Unterschied zu konstatieren. Beschränkt man die Analyse auf wenige theoretisch vorher festgelegte Bereiche („regions of interest", ROI), so sinkt die Zahl der statistischen Tests dramatisch, und die Fehleradjustierung ist weniger streng, daher die statistische Power deutlich größer.

verharren müssen, da schon geringe Bewegungen des Kopfes zu einer erheblich verminderten Qualität der Aufnahmen führen. Eine völlige Bewegungslosigkeit kann aber auch bei großer Anstrengung maximal über 30 bis 45 Minuten aufrechterhalten werden. Will man aussagekräftige Daten haben, braucht man aber viele Durchgänge jedes Item- oder Aufgabentyps. Anstatt eines randomisierten (event related) Designs wird daher als Kompromiss oft ein *Blockdesign* verwendet, in dem sich Serien gleichartiger Reize oder Aufgaben abwechseln. Innerhalb einer Serie (Block) ist es dann unerheblich, ob das BOLD-Signal beim nächsten Trial schon vollständig abgeklungen ist, da vom Reiz derselben Klasse vermutet wird, dass er dieselben Regionen anregt. Das Blockdesign kann also als Kompromiss zwischen den technischen Erfordernissen der Messung und der internen Validität (Vermeidung von Strategien für verschiedene Blöcke) angesehen werden.

Randomisiertes versus Blockdesign

Natürlich unterliegen Experimente im Scanner derzeit weiteren Einschränkungen: Durch die erzwungene Bewegungslosigkeit im Kopfbereich können nur sehr einfache behaviorale Reaktionen von den Vpn erhoben werden, typischerweise Wahlreaktionen zwischen zwei Optionen per Knopfdruck. Durch zu starke Bewegungen der Hand, beispielsweise über eine Tastatur mit mehreren Knöpfen würden wieder Bewegungsartefakte entstehen. Außerdem können die Vpn ihre Hand nicht sehen, um sie zu steuern. Weiterhin müssen optische Reize entweder über Spiegelsysteme oder Videobrillen präsentiert werden, wobei erstere weniger störungsanfällig sind. Problematisch ist derzeit die Darbietung akustischer Reize wegen des enormen Lärmpegels im Scanner während der Messung. Typischerweise tragen die Vpn Ohrenstöpsel. Eine akustische Darbietung über spezielle, gut isolierte Kopfhörer ist zwar im Prinzip möglich, aber der Lärm des Messgeräts lässt sich nie vollständig abschirmen, so dass die akustische Reizpräsentation nur mit einiger Lautstärke und unter starkem Hintergrundrauschen realisierbar ist.

Aufgrund der faszinierenden Möglichkeiten, die bildgebende Verfahren der Forschung bieten, lohnt es sich, über kreative Lösungen zur Überwindung der genannten Einschränkungen nachzudenken. Zukünftige technische Entwicklungen werden die heute noch bestehenden Probleme vermutlich nach und nach in den Hintergrund treten lassen. Viele weitere Details über experimentelle Designs in der fMRT und deren Grundlagen finden sich in dem Standardwerk von Huettel, Song und McCarthy (2009).

Zusammenfassung

Der Beginn des Kapitels behandelte die ethischen Prinzipien des Experimentierens laut DGPs und BDP, die sich einerseits auf wissenschaftliche Wahrhaftigkeit beziehen, andererseits auf die faire und respektvolle Behandlung der Versuchsteilnehmer.

Der Computer ist aufgrund seiner Vorteile – Möglichkeit zur Randomisierung und zeitgenaue Präsentation und Datenabspeicherung – gegenüber speziell entwickelten Experimentapparaturen überlegen. Eine wichtige Entscheidung bei dessen Einsatz ist die zu verwendende Software. Hier existiert das Spektrum von höchster Flexibilität bei großem Lernaufwand (Programmiersprachen wie VisualBasic, C++) bis hin zu einfachen Präsentationsprogrammen mit wenig Flexibilität, aber intuitiv zu lernender Bedienung. In der Mitte liegen spezielle für die Psychologie entwickelte Experimentalsoftwares, die einige Vorteile mit sich bringen (z. B. Kopplung mit funktioneller Magnetresonanztomographie oder mit Blickbewegungsmessgeräten), aber bei unkonventionellen Experimentaldesigns schnell an ihre Grenzen stoßen. Desweiteren wurde darauf hingewiesen, dass das Experimentieren im Internet durch die gute Erreichbarkeit von Versuchspersonen immer attraktiver wird. Allerdings ist zu beachten, dass durch die fehlende Kontrolle der Versuchsumstände besondere Vorsichtsmaßnahmen nötig sind, um nicht ernsthaft oder mehrfach durch dieselbe Person bearbeitete Experimentdurchgänge auszuschließen.

Fragen

1. Welches sind die wichtigsten ethischen Grundregeln des Experimentierens?
2. Welche Informationen sollten in einer vorexperimentellen Aufklärung unbedingt vorhanden sein?
3. Welche Vor- und Nachteile bietet die Versuchssteuerung durch den Computer?
4. Welche möglichen Probleme ergeben sich bei Internetexperimenten, und wie begegnet man ihnen?
5. Was ist der Grund für die Verwendung von „Blockdesigns" in vielen fMRT-Studien?

Lösungshinweise finden Sie unter
www.hogrefe.de/buecher/lehrbuecher/psychlehrbuchplus

Kapitel 10

Einige Übungsbeispiele für Experimente

Inhaltsübersicht

Schlüsselbegriffe

- Welche Experimente sind in einem Experimentalpraktikum praktikabel?
- Zwei klassische Experimente aus der Gedächtnispsychologie
- Ein sozialpsychologisches Experiment
- Weitere Experimentideen

In diesem Kapitel werden einige Experimente vorgestellt, anhand derer die in den vorigen Kapiteln besprochenen Prinzipien – insbesondere die Kontrolltechniken – geübt werden können. Es sind Beispiele meist „klassischer" Effekte und Befunde aus der Allgemeinen und der Sozialpsychologie, die im Prinzip ohne apparativen Aufwand und somit vor allem ohne Programmierkenntnisse durchführbar sind. In wie weit eine apparative Unterstützung (die die Standardisierung erhöht) eingesetzt wird, bleibt jeweils der Gruppe der Planenden und Durchführenden überlassen. Es handelt sich selbstverständlich nur um eine kleine Auswahl von Anregungen für Ihre eigenen Studien. Anregungen für weitere Experimente, die sich in einem experimentellen Praktikum eignen, nimmt der Autor (mit entsprechender Literaturangabe der dazugehörigen Kernpublikation) gerne entgegen. „Klassische" Befunde aus Lehrbüchern zu replizieren (oder auch nicht!) gibt jedoch besonders gut die Möglichkeit, deren Stabilität kritisch zu überprüfen oder ggf. Schwächen im eigenen Experiment zu entdecken, falls die Befunde nicht replizierbar sind.

„Klassische" Befunde bieten sich an

Es werden aus der Kognitionspsychologie Effekte aus der Gedächtnispsychologie vorgestellt, da diese selten an prinzipielle Machbarkeitsgrenzen stoßen. Beispielsweise kann man die in Gedächtnisexperimenten verwendeten Wortlisten einfach durch einen gut geübten Experimentator vorlesen lassen. Eine höhere Standardisierung erreichen Sie, wenn Sie vorher ein Tonband (oder eine CD) generieren, so dass alle Vpn derselben Bedingung vergleichbare Lernumstände haben (gleiche Geschwindigkeit und Intonation). Sie können die Reize aber auch visuell in einer PowerPoint-Präsentation darbieten, die eine noch strengere Kontrolle der Darbietungszeit ermöglicht etc. Beachten Sie, dass die Notwendigkeit zur Kontrolle von Materialeffekten aber meist eine Ausbalancierung erfordert, so dass oft mehrere Versionen der Stimuli zu erstellen sind. Mehr apparativer Aufwand bedeutet mehr Standardisierung, es muss dabei jeweils ein Kompromiss aus Ideal und Machbarkeit angestrebt werden, der Fantasie der Experimentatoren sind hier keine Grenzen gesetzt.

In den drei folgenden Abschnitten wird jeweils kurz ein klassischer Befund geschildert und eine Kernpublikation dazu genannt, gefolgt von der zu prüfenden Hypothese. Danach folgen Fragen und Diskussionsanstöße, die Sie für eine optimale Umsetzung klären müssen.

Sollten Sie sich in Ihrem experimentalpsychologischen Praktikum oder einem anderen Rahmen entschließen, eine der hier aufgeführten Fragestellungen zu bearbeiten, freut sich der Autor über ihm zugesandte Experimentalberichte an broeder@psychologie.uni-mannheim.de. Der beste Bericht wird jährlich auf der Homepage des Autors bekannt gemacht.

10.1 Die serielle Positionskurve der freien Reproduktion

Phänomen und Fragestellung. Es ist seit langer Zeit bekannt, dass bei der freien Wiedergabe einer unmittelbar zuvor präsentierten Wortliste nicht alle Wörter gleich gut erinnert werden (z. B. Pohlmann, 1906). Typischerweise findet sich im Mittel eine bessere Reproduktionsleistung für Wörter, die am Anfang (Primacy-Effekt) und solche, die am Ende der Liste präsentiert wurden (Recency-Effekt), während diejenigen aus der Mitte der Liste seltener erinnert werden. Trägt man die relative Reproduktionshäufigkeit gegen die Listenposition ab, so ergibt sich demnach eine u-förmige Kurve wie in Abbildung 31.

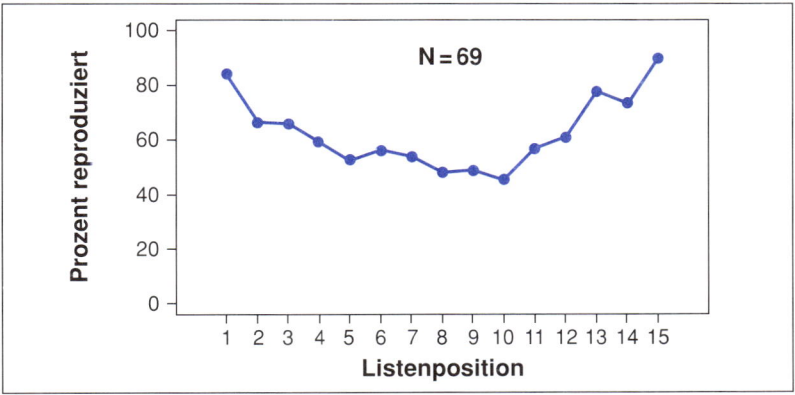

Abbildung 31: Beispiel für eine serielle Positionskurve, erhoben in einem Seminar zur Allgemeinen Psychologie 2009 (N=69), gemittelt über drei präsentierte Listen mit je 15 Wörtern. Abgetragen ist die Reproduktionshäufigkeit (y-Achse) gegen die serielle Position eines Wortes in der Präsentationsliste.

Dies lässt sich besonders bei akustischer Präsentation der Listen zuverlässig zeigen. Der Primacy-Effekt und der Recency-Effekt werden normalerweise unterschiedlichen Gedächtnissystemen zugeschrieben: Man geht davon aus, dass die Wörter am Ende der Liste aus dem Kurzzeitgedächtnis reproduziert werden, während diejenigen vom Beginn der Liste aus dem Langzeitgedächtnis abgerufen werden.[70] Die Idee zweier verschiedener Systeme wird vor allem dadurch gestützt, dass sich beide Effekte unabhängig voneinander manipulieren lassen. So eliminiert man zum Beispiel leicht den Recency-Effekt, wenn zwischen Listenpräsentation und Abruf nur wenige Sekunden eine Distraktortätigkeit wie Rückwärtszählen ausgeführt wird (Glanzer & Cunitz, 1966; Postman & Phillips, 1965). Der Primacy-Effekt bleibt dabei aber intakt. Im Unterschied dazu bleibt der Recency-Effekt unbeeinflusst, wenn während des Lernens eine aufmerksamkeitsbindende Zweitaufgabe zu erfüllen ist, wohingegen der Primacy-Effekt dann massiv verringert oder gar eliminiert wird (Glanzer, 1972). Solche sogenannten „doppelten Dissoziationen" werden häufig als Beleg dafür angesehen, dass Phänomene auf unterschiedlichen Systemen bzw. Prozessen beruhen. Insofern sind der Primacy- und der Recency-Effekt klassische empirische Phänomene, die für die Gedächtnispsychologie von großer Bedeutung sind und deren Replikation sich lohnt.

Doppelte Dissoziation *(Marginalie)*

Ziele und Hypothesen. Demonstration des Primacy- und des Recency-Effekts in der freien Reproduktion von Wortlisten und die Elimination des Recency-Effekts durch eine kurze Distraktionstätigkeit.

Vorüberlegungen. Überlegen Sie, ob Sie den Versuch als Einzelversuch oder in Gruppen durchführen wollen. Aus ökonomischen Gesichtspunkten bietet es sich vermutlich an, jede Vp mit mehreren Lernlisten zu konfrontieren. In diesem Fall ist zu bedenken, dass die verwendeten Listen über die Präsentationszeitpunkte ausbalanciert werden müssen, da die Reproduktionsleistung sich zwischen den Positionen der Listen in einer Listenfolge unterscheiden könnte.[71]

Wenn Sie das Experiment programmieren und Einzelversuche durchführen, können Sie pro Versuchsperson die Listen zufällig zusam-

---

70 Einige neuere Theoretiker liefern andere Erklärungen für den P- und den R-Effekt, z.B. Brown, Neath und Chater (2007) sowie Laming (2009).

71 Der Grund könnten Ermüdungseffekte, Lerneffekte oder proaktive Interferenz sein, die sich auf die Leistung späterer im Vergleich zu früher präsentierter Listen auswirken.

menstellen und brauchen keine designbasierte Ausbalancierung von Versuchsmaterial vorzunehmen. Überlegen Sie, ob Sie den Faktor „Distraktortätigkeit" (ja vs. nein) intra- oder interindividuell variieren wollen. Da hier vermutlich keiner der in Kapitel 3 genannten Gründe vorliegt, die gegen intraindividuelle Variation sprechen, ist sie wegen der Vorteile derselben in Erwägung zu ziehen. Bedenken Sie, dass dann aber die Listen, deren Position *und* die Versuchsbedingungen auszubalancieren sind, sofern keine zufällige Zuweisung der Reize pro Vp erfolgt. Weiterhin muss natürlich vor allem dafür gesorgt sein, dass jedes Wort gleichhäufig in jeder Listenposition vorkommt. Dies wird entweder in einem lateinischen Quadrat oder näherungsweise durch zufällige Zusammenstellung der Listen (für jede Versuchsperson) erreicht.

Ausbalancierung

Materialauswahl. Das verwendete Wortmaterial sollte möglichst homogen sein, um keine zu starken Itemeffekte hervorzurufen. Bei erfolgreicher Ausbalancierung sind diese zwar keine systematischen Störvariablen, aber sie erhöhen die unsystematische Fehlervarianz. In Gedächtnisexperimenten mit Wortlisten sollte man daher darauf achten, nur Wörter der gleichen Wortklasse (Substantive, Verben, Adjektive) zu benutzen. Andere wichtige Variablen, die die Reproduktionsleistungen von Wörtern beeinflussen, sind deren Häufigkeit in der Schriftsprache (häufige Wörter werden mit größerer Wahrscheinlichkeit reproduziert), sowie deren Konkretheit oder Bildhaftigkeit und Emotionalität. Für Worthäufigkeiten, Bildhaftigkeit und Konkretheit existieren Normierungsstudien, die eine gezielte Auswahl erlauben (zusammenfassend s. Hager & Hasselhorn, 1994). Wenn für manche Aspekte (z. B. Emotionalität) keine Normen zu finden sind, muss man sich bei der Zusammenstellung auf die Intuition stützen und z. B. besonders emotional geladene Wörter ausschließen. Darüber hinaus ist es ratsam, die Silben- und Buchstabenzahl nicht zu sehr variieren zu lassen.

Homogenes Wortmaterial

Design. Nehmen wir an, Sie haben keine Programmiererfahrung, um die Wortlisten und deren Reihenfolgen zufällig festlegen zu lassen. In diesem Fall kann man auch z. B. ein Tabellenkalkulationsprogramm (z. B. MS Excel; Open Office Calc) nutzen, um eine zufällige Ordnung für jede Vp zu generieren. Diese so zusammengestellten Listen können dann z. B. von einem trainierten Versuchsleiter durch Vorlesen präsentiert werden. Möchte man dagegen eine höhere Standardisierung der Präsentation erreichen (z. B. durch eine PowerPoint-Präsentation), ist die Erstellung einer neuen Präsentation für jede einzelne

Ausbalancierung Vp vermutlich zu aufwendig, und es bietet sich eine Ausbalancierung
der Listenposition jedes Wortes z. B. in einem lateinischen Quadrat
an (vgl. Kapitel 6). Benutzt man Listen einer Länge von m Wörtern,
so wären für jede Liste demnach m Versionen zu erstellen.[72] Konfrontiert man jede Vp mit n Listen, so müssten deren Reihenfolgen
innerhalb des Experiments ggf. ebenfalls ausbalanciert werden, so
dass m × n Versionen des Experiments zu erstellen wären. Da dies
möglicherweise zu unrealistisch vielen Varianten führen würde, kann
man darüber nachdenken, z. B. nur eine Auswahl zufälliger Listen-
reihenfolgen zu verwenden. Es zeigt sich hier, dass häufig ein Kompromiss zwischen Machbarkeit und wünschenswertem Ideal gefunden werden muss.

Durchführung. Die zwei gemäß der UV zu realisierenden Versuchsbedingungen enthalten entweder die sofortige Reproduktion nach
Präsentation einer Liste oder eine kurze Zwischentätigkeit, die das
Memorieren der Wörter verhindern muss, also Aufmerksamkeit benötigt. 10 bis 15 Sekunden reichen hier normalerweise aus, um den
Recency-Effekt stark zu vermindern. Bewährt hat sich zum Beispiel
das Rückwärtszählen in 3er oder 7er Schritten von einer willkürlich
vorgegebenen Zahl. Falls man beide Bedingungen intraindividuell
variiert, muss man darauf achten, den Vpn vorher beide Varianten zu
erklären und ein Signal zu vereinbaren, welches nach Präsentations-
ende einer Liste anzeigt, ob sofort zu reproduzieren oder die Zwischentätigkeit auszuführen ist. Diese Zwischentätigkeit sollte vorher
auch einmal mit der Vp geübt werden.

Auswertung. Zunächst werden Sie eine deskriptive Auswertung der
Daten wie in Abbildung 31 anstreben. Eine visuelle Inspektion der
seriellen Reproduktionskurven sollte dann schon einen Eindruck davon
vermitteln, ob der Primacy- und der Recency-Effekt aufgetreten sind
und ob letzterer in der Bedingung mit Zwischentätigkeit geringer ausfällt oder gar eliminiert wurde. Man kann dazu die Items der Listen in
Gruppen einteilen, z. B. die ersten fünf, die letzten fünf und die mittleren Items der Liste, und pro Versuchsperson werden die Mittelwerte
der Reproduktionshäufigkeiten gebildet. Die einfachste Methode, um
die Verringerung des Recency-Effekts zu prüfen, wäre ein (einseitiger)

---

72 Überlegen Sie, warum es wichtig ist, Wörter über Listenpositionen auszubalancieren, um eindeutig darauf schließen zu können, dass der Primacy- und der
Recency-Effekt auf der *Position* eines Wortes innerhalb der Liste zurückführen
zu können.

t-Test, der die Reproduktionshäufigkeiten für die letzten Items der Liste zwischen beiden Versuchsbedingungen vergleicht. Dies prüft zwar korrekterweise die Hypothese eines Gruppenunterschieds, aber nicht die Frage, ob in den Daten überhaupt ein Recency-Effekt aufgetreten ist. Eine zweifaktorielle Varianzanalyse mit dem messwiederholten Faktor „Itemposition: mittlere vs. letzte Items" und dem weiteren Faktor „Versuchsbedingung"[73] ist hier informativer. Ein signifikanter Haupteffekt „Itemposition" würde für einen Recency-Effekt sprechen (sofern die Mittelwerte für die letzten Items höher sind als für die mittleren). Ein Haupteffekt „Versuchsbedingung" würde anzeigen, dass beide Versuchsbedingungen sich unterscheiden. Am wichtigsten wäre jedoch der Interaktionseffekt, der genau der inhaltlichen Hypothese entspricht: Der Unterschied zwischen mittleren und letzten Items einer Liste (= Recency-Effekt) ist größer in der einen als in der anderen Bedingung (vgl. den Kasten auf Seite 80 in Kapitel 3 zur Erläuterung von Interaktionseffekten). Der Interaktionsterm sollte dagegen *nicht* signifikant werden, wenn man in einer analogen Analyse die mittleren und die ersten Items der Liste vergleicht, denn die Zwischentätigkeit sollte ja eben *keine* Auswirkung auf den Primacy-Effekt haben.[74]

10.2 Befreiung von proaktiver Hemmung

Phänomen und Fragestellung. In mittlerweile klassischen Untersuchungen zum Vergessen im Kurzzeitgedächtnis stellten Peterson und Peterson (1959) sowie Brown (1958) fest, dass Vergessen im Kurzzeitgedächtnis sehr rapide stattzufinden scheint. Den Vpn wurden einzelne Konsonant-Trigramme (z. B. BHS, KTR etc.) vorgegeben, wonach eine unverbundene Zwischenaufgabe (Rückwärtszählen) variabler Länge folgte. Nach der Zwischentätigkeit ist das letzte Trigramm zu reproduzieren. Jede Vp absolviert viele solcher Durchgänge. Trägt man nachher die Reproduktionsleistungen der Vpn gegen die Länge des Intervalls ab, zeigt sich schon nach relativ kurzen Intervallen (ca. 18 Sek.) ein nahezu vollständiges Vergessen. Dies wurde zunächst

Vergessen im Kurzzeitgedächtnis

---

73 Ob dieser als messwiederholt zu behandeln ist, hängt natürlich vom gewählten Design ab.

74 Man kann auch über noch weitere anspruchsvolle inferenzstatistische Auswertungen nachdenken, beispielsweise die Modellierung individueller Reproduktionskurven mittels hierarchischer Regressionsmodelle, die Parameter zur Erfassung der Kurvenkrümmung enthalten.

als Zerfall der Gedächtnisspur interpretiert, da die unverbundene Zwischenaufgabe keine Interferenz verursachen sollte. Allerdings stellten Keppel und Underwood (1962) die Vermutung auf, dass hier keine rückwirkende (retroaktive) Interferenz durch die Zwischenaufgabe, sondern eine vorwärts wirkende (proaktive) Interferenz durch die vorangegangenen Lerndurchgänge vorliegt. Proaktive Interferenz meint, dass das Lernen neuer Informationen umso schwerer fällt, je mehr ähnliche Information man vorher schon gelernt hat. Ein Hinweis auf die Korrektheit dieser Deutung zeigt sich, wenn die einzelnen Durchgänge separat analysiert werden: In den ersten Durchgängen zeigt sich nämlich kaum Vergessen auch bei einem längeren Zwischentätigkeitsintervall, erst in den späteren Trials trat das Vergessen auf (Keppel & Underwood, 1962). Wickens, Born und Allen (1963) testeten dann eine Vorhersage der Interpretation des Vergessens als proaktive Hemmung: Wenn nach einer Reihe von Durchgängen mit Vergessen die *Materialkategorie* geändert wird (z. B. Ziffernfolgen statt Trigramme), sollte keine Interferenz mehr stattfinden und die Leistung müsste wieder so gut sein wie zu Beginn des Versuchs. Dies nennt man die „Aufhebung proaktiver Interferenz" *(release from proactive interference)*. Dasselbe Phänomen kann auch mittels wechselnder semantischer Kategorien von Wörtern erzeugt werden, wie Loess (1968) später zeigte. Abbildung 32 zeigt die Daten von Loess für zwei Versuchsgruppen: In Gruppe „4A" wurden durchmischt Exemplare verschiedener semantischer Kategorien (Pflanzen, Tiere, Präsidenten etc.) dargeboten, in Gruppe „4S" jeweils stammten die 3 Exemplare eines Durchgangs jeweils 6 Mal hintereinander aus derselben Kategorie, die dann im siebten Durchgang wechselte. Abbildung 32 zeigt klar, dass nach einem Kategorienwechsel in Gruppe 4S die Gedächtnisleistung wieder sprunghaft anstieg, während sie in den anderen Durchgängen unter der der Kontrollgruppe lag. Gleichartiges Lernmaterial führt in dieser Versuchsanordnung also zu stärkerer Interferenz, die die Ursache des Vergessens ist. Gunter, Berry und Clifford (1981) zeigten den gleichen Effekt auch für komplexeres Material wie Fernsehnachrichten, bei denen nach einem Themenwechsel auch bessere Behaltensleistungen für das neue Thema zu beobachten waren.[75]

Wechsel der Materialkategorie hebt Hemmung auf

---

75 In einer noch weiterführenden Untersuchung zeigten Gardiner, Craik und Birtwistle (1972) mit einer cleveren Methode, dass dieses Interferenzphänomen auf einer Störung des *Abrufs* der Information beruht, nicht auf einer beeinträchtigten *Speicherung*. Die hier dargestellte Fragestellung kann leicht entsprechend erweitert werden, wofür die Lektüre des Artikels von Gardiner et al. (1972) zu empfehlen ist.

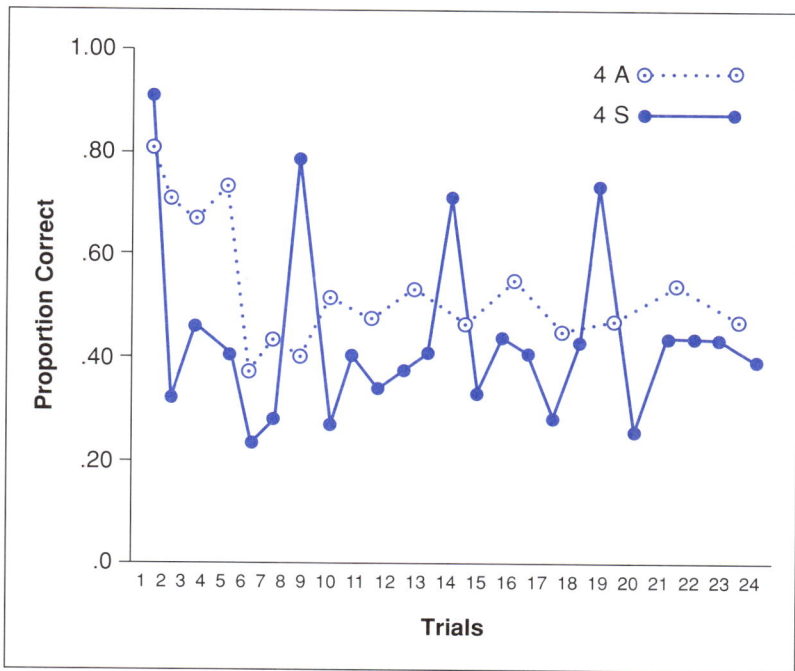

Abbildung 32: Daten von Loess (1968): Abgetragen sind die Reproduktionsleistungen für Worttripel, die fünfmal hintereinander
derselben semantischen Kategorie entstammten, bevor sie
wechselte (Bedingung S) bzw. bei zufällig wechselnden
semantischen Kategorien (Bedingung A)

Ziele und Hypothesen. Replikation des Ergebnisses von Loess (1968)
unter Verwendung semantischer Kategorien. Hypothese: Die Gedächtnisleistung ist im ersten Durchgang sowie in Durchgängen mit
einem semantischen Kategorienwechsel nach einer Serie von gleich-
artigen Kategorien deutlich besser als während einer Serie gleichartiger Kategorien.

Vorüberlegungen. Da hier aufgrund der Logik des Vorgehens eine
Within-subjects-Variation des Faktors „Kategorienwechsel: Ja vs.
nein" nötig ist, ist zu bedenken, dass die verwendeten Lernblöcke in
der Experimentalgruppe über die Präsentationszeitpunkte ausbalanciert werden müssen, da die Reproduktionsleistung sich zwischen
den Positionen der Listen in einer Listenfolge unterscheiden könnte.
Dasselbe sollte mit den semantisch durchmischten Lernblöcken in der
Kontrollgruppe geschehen.

Materialauswahl. Zunächst ist zu überlegen, welche Art von Material Sie verwenden wollen. Eine Entscheidung für Wörter wie bei Loess (1968) hat den Vorteil, dass es Kategorisierungsnormen gibt, die angeben, wie stark bestimmte Exemplare einer Kategorie mit der Kategorie assoziiert sind (z. B. ist „Hammer" stärker mit der Kategorie „Werkzeug" assoziiert als „Spannungsprüfer"). Solche Assoziationsnormen berichten zum Beispiel Mannhaupt (1983) oder Scheithe und Bäuml (1995). Auch hier kann man also aufgrund empirischer Kriterien Stimuli auswählen, die bezüglich des Merkmals „Kategorietypizität" nicht zu inhomogen sind.[76]

Design. Eine Gruppe mit durchmischter Darbietung der Kategorien (Kontrollgruppe) sollte mit einer Experimentalgruppe verglichen werden, die die Kategorieexemplare in massierter Form mit anschließendem Wechsel präsentiert bekommt. Achten Sie darauf, dass die Positionen der Blöcke im Laufe des Experiments über die Vpn hinweg ausbalanciert sind.

Durchführung. In diesem Experiment ist es besonders wichtig, dass die Vpn das Procedere vorher anhand einiger Beispieldurchgänge üben, so dass im Experiment keine Verzögerungen entstehen. Nach Präsentation der drei Reize eines Durchgangs erfolgt dann ein Signal (z. B. jeweils eine Zufallszahl), von der aus in 3er Schritten rückwärts zu zählen ist. Sie können auch eine andere Distraktoraufgabe wählen, sofern diese nicht mit dem Wortmaterial interferiert und ein aktives Memorieren der drei Stimuli verhindert. Wichtig ist, dass Sie das Retentionsintervall immer genau einhalten (15 Sek. sollten für gute Effekte genügen). Sie müssen das Experiment natürlich nicht auf die 24 von Loess verwendeten Durchgänge beschränken.

Auswertung. Zunächst erfolgt am besten deskriptiv eine grafische Darstellung der Daten wie in Abbildung 32. Möchte man den Effekt statistisch absichern, so bezieht sich die Hypothese des Effekts der Aufhebung proaktiver Hemmung auf den Vergleich der Gedächtnisleistungen in Durchgängen wiederholter Kategorien versus Durchgängen mit Kategorienwechsel. Es bietet sich also eine Varianzanalyse mit dem Messwiederholungsfaktor „Art des Durchgangs" und dem Between-Subjects-Faktor „Gruppe" an. Auch hier wäre ein

---

76 Dieser genannte Vorteil normierten Materials soll Sie natürlich nicht davon
   abhalten, anderes Material zu konstruieren, mit dem Sie die Generalisierbarkeit
   der PI-Hypothese prüfen können, wenn Sie das wollen, z. B. Fernsehnachrichten,
   Personenbeschreibungen oder anderes.

Haupteffekt der Durchgangsart zu erwarten, der auf die Experimentalgruppe zurückgeht. Da in der Kontrollgruppe kein solcher Effekt zu erwarten ist, sollte auch eine signifikante Wechselwirkung beider Faktoren auftreten.

10.3 Positive Stimmungsinduktion und Hilfsbereitschaft

Aus vielen Studien der Sozialpsychologie ist bekannt, dass Vpn, die in eine positive Stimmung versetzt wurden, eher bereit sind, anderen Personen Hilfe zu leisten, wenn diese sie um einen kleinen Gefallen bitten. Als Beispiel sei die Studie von Isen, Clark und Schwartz (1976) genannt, die die Dauer dieses Effekts untersuchten und fanden, dass er etwa 20 Minuten anhält. Isen et al. (1976) induzierten eine positive Stimmung durch ein kleines Geschenk (3 Grußkarten mit Umschlägen), das den Vpn von einer Person überreicht wurde, die an der Haustür klingelte. In unterschiedlichen Zeitabständen wurden die Vpn dann von einer anderen Person angerufen, die sich angeblich verwählt hatte und vermeintlich eine dringende Nachricht für eine weitere Person hätten, die sie nun nicht mehr übermitteln könnten, weil sie kein Kleingeld mehr zum telefonieren hätten. Sie baten die Vp dann, eine Nummer anzurufen, um etwas auszurichten. Als AV wurde dann ermittelt, ob die Personen tatsächlich die genannte Nummer anriefen. Eine Kontrollgruppe erhielt denselben Anruf, ohne vorher ein Geschenk erhalten zu haben. Innerhalb eines Zeitraums von 10 Minuten nach Erhalt des Geschenks war die Hilfsbereitschaft der Experimentalgruppe 5- bis 10-mal so hoch wie in der Kontrollgruppe.

Positive Stimmung erhöht die Hilfsbereitschaft

Ziele und Hypothesen. Das Ziel einer eigenen Untersuchung könnte eine *konzeptuelle Replikation* des Befundes von Isen et al. (1976) sein. Liegt die erhöhte Hilfsbereitschaft tatsächlich an der besseren induzierten Stimmung der Experimentalgruppe, oder kommt eine Alternativerklärung in Betracht?[77] Wenn es sich um eine generelle Gesetzmäßigkeit handelt, sollte es auch mit anderen Methoden der Stimmungsinduktion sowie anderen Operationalisierungen der AV funktionieren.

---

77 Beispielsweise könnte das Erhalten eines Geschenks auch zur Aktivierung einer sozialen Norm führen, dass man sich nach Erhalt einer „unverdienten" Wohltat verpflichtet fühlt, auch anderen etwas Gutes zukommen zu lassen.

Vorüberlegungen. Die Herausforderungen, die ein solches Experiment an die Experimentierkunst stellt, sind von gänzlich anderer Art als in den beiden vorgenannten Beispielen. Hier kommt es wesentlich darauf an, brauchbare Operationalisierungen der UV und der AV zu finden, die sich für die Vpn glaubwürdig realisieren lassen. Unerlässlich ist zunächst eine Literaturrecherche, um gängige und validierte Methoden der Stimmungsinduktion zu identifizieren, die sich in der Forschung bewährt haben (vgl. Kapitel 5.1.2). Weiterhin ist zu überlegen, wie die AV Hilfsbereitschaft operationalisiert werden kann. Im Zeitalter von Handys ist die oben genannte Bitte von Isen et al. (1976) nicht mehr zeitgemäß, und außerdem geht es ja gerade um eine konzeptuelle Replikation, also die Überprüfung der allgemeinen Gesetzmäßigkeit, dass verbesserte Stimmung die Hilfsbereitschaft erhöht. Dies sollte sich ja auch in anderen Situationen zeigen, die Hilfe durch die Vp zu erfordern scheinen. Auch hier hilft ein Blick in die sozialpsychologische Literatur weiter. Sozialpsychologen haben sehr kreative Ideen entwickelt, welche Situationen man inszenieren kann, die eine Hilfeleistung provozieren könnten. Der eigenen Fantasie der Experimentatoren sind hier aber keine Grenzen gesetzt.[78] Achten Sie in solchen Studien unbedingt darauf, dass die Versuchsbedingungen „doppelblind" realisiert werden (vgl. Kapitel 6.1), damit eine unbewusste systematische Einflussnahme der Versuchsleiter und Beobachter auf das Verhalten der Vp ausgeschlossen ist.

10.4 Weitere Anregungen

Folgende Fragestellungen eignen sich ebenfalls für eine Realisierung im experimentalpsychologischen Praktikum, auch diese Liste ist nur als kleine Auswahl von Anregungen zu verstehen:
* Ist das Vergessen durch retroaktive Hemmung ein Speicher- oder ein Abrufproblem?
  – Literatur: Tulving, E. & Psotka, J. (1971). Retroactive inhibition in free recall: Inaccessibility of information available in the memory store. *Journal of Experimental Psychology, 87,* 1–8.
  – *Anmerkung:* Die Fragestellung kann mit einer deutlich „abgespeckten" Version der Originalstudie untersucht werden.

---

78 Außer selbstverständlich ethische Grenzen, die *immer* zu beachten sind! (vgl. Kapitel 5.3.1 und 9.1).

- Lässt sich Hilfsbereitschaft durch unbewusstes Priming erhöhen?
  - Literatur: Walther, Schott & Müller (2001); Bargh, Chen & Burrows (1996).
  - *Anmerkung:* In Abwandlung der Prozedur können Sie überlegen, die Fragestellung auch auf andere soziale Verhaltensweisen auszudehnen.
- Können kleine Kinder (3 bis 4 Jahre) anderen Personen falsche Überzeugungen tatsächlich nicht zuschreiben, oder handelt es sich um ein Artefakt der Untersuchungsprozedur?
  - Literatur: Perner, J., Leekam, S. R. & Wimmer, H. (1987). Three-year-olds' difficulty with false belief: The case for a conceptual deficit. *British Journal of Developmental Psychology, 5*(2), 125–137.
- Wie die Nutzung von Ratingskalen zu vollkommen unsinnigen Ergebnissen führen kann.
  - Literatur: Birnbaum, M. H. (1999). How to show that 9 > 221: Collect judgments in a between-subjects design. *Psychological Methods, 4*(3), 243–249.
- Können Personen im Blindtest ihr Lieblingsbier identifizieren, und bewerten sie es besser als andere Biere?
  - Allison, R. I. & Uhl, K. P. (1964). Influence of beer brand identification on taste perception. *Journal of Marketing Research, 1,* 36–39.
  - *Anmerkung:* Probieren Sie auch andere Konsumgüter aus.

10.5 Schlusswort

Dieses letzte Kapitel hat vielleicht Ihre Neugier und Lust geweckt, interessante psychologische Fragestellungen selbst in Angriff zu nehmen und sich eine fundierte Methode zu deren empirischer Prüfung auszudenken. Experimentieren ist nicht nur eine gute Methode der Erkenntnisgewinnung und Befriedigung intellektueller Neugier, sondern es macht auch großen Spaß, wenn man es ernsthaft betreibt. Daher wünscht der Autor den Leserinnen und Lesern nicht nur einen guten Lernfortschritt beim Üben experimenteller Versuchsplanung, sondern eben auch: viel Spaß!

Zusammenfassung

Das Kapitel stellt einige Experimente – primär aus dem Bereich der Allgemeinen und der Sozialpsychologie – vor, anhand derer die in den vorigen Kapiteln besprochenen Prinzipien – insbesondere die Kontrolltechniken – geübt werden können. Die Auswahl der Experimente soll Anregungen für die Durchführung eigener Studien geben.

Anhang

Literatur

Abelson, R. P. (1995). *Statistics as principled argument.* Hillsdale, NJ: Lawrence Erlbaum.

Abramson, L. Y., Seligman, M. E. & Teasdale, J. D. (1978). Learned helplessness in humans: Critique and reformulation. *Journal of Abnormal Psychology, 87,* 49–74.

Allison, R. I. & Uhl, K. P. (1964). Influence of beer brand identification on taste perception. *Journal of Marketing Research, 1,* 36–39.

American Psychological Association (Ed.). (2009). *Publication Manual of the American Psychological Association* (6th ed., 9th printing). Washington, DC: American Psychological Association.

Anderson, J. R. & Schooler, L. J. (1991). Reflections of the environment in memory. *Psychological Science, 2,* 396.

Andreß, H. J., Hagenaars, J. A. & Kühnel, S. (1997). *Analyse von Tabellen und kategorialen Daten.* Berlin: Springer.

Asch, S. E. (1951). Effects of group pressure upon the modification and distortion of judgments. In H. Guetzkow (Ed.), *Groups, leadership, and men* (pp. 177–190). Pittsburgh, PA: Carnegie Press.

Asendorpf, J. B. & Banse, R. (2000). *Psychologie der Beziehung.* Bern: Huber.

Baars, B. J., Motley, M. T. & MacKay, D. G. (1975). Output editing for lexical status in artificially elicited slips of the tongue. *Journal of verbal learning and verbal behavior, 14,* 382–391.

Backhaus, K., Erichson, B., Plinke, W. & Weiber, R. (2008). *Multivariate Analysemethoden. Eine anwendungsorientierte Einführung* (12. Aufl.). Berlin: Springer.

Baddeley, A. D. (1978). The trouble with levels: A reexamination of Craik and Lockhart's framework for memory research. *Psychological Review, 85,* 139–152.

Baddeley, A. D. (1990). *Human memory. Theory and practice.* Hove, UK: Lawrence Erlbaum.

Baddeley, A. D., Eysenck, M. W. & Anderson, M. (2009). *Memory.* Hove: Psychology Press.

Bahrick, H. P., Bahrick, P. O. & Wittlinger, R. P. (1975). Fifty years of memory for names and faces: A cross-sectional approach. *Journal of Experimental Psychology: General, 104,* 54–75.

Bales, R. F. (1950). A set of categories for the analysis of small group interaction. *American Sociological Review, 15,* 257–263.

Bandura, A., Ross, D. & Ross, S. A. (1961). Transmission of aggression through imitation of aggressive models. *Journal of Abnormal and Social Psychology, 63,* 575–582.

Baron, J. (2008). *Thinking and deciding* (4th ed.). New York: Cambridge University Press.

Batchelder, W. H. & Riefer, D. M. (1990). Multinomial processing models of source monitoring. *Psychological Review, 97,* 548–564.

Batinic, B., Reips, U. D. & Bosnjak, M. (2002). *Online social sciences.* Göttingen: Hogrefe & Huber.

Bayen, U. J., Murnane, K. & Erdfelder, E. (1996). Source discrimination, item detection, and multinomial models of source monitoring. *Journal of Experimental Psychology: Learning, Memory, and Cognition, 22,* 197–215.

Bem, D. J. (2004). Writing the empirical journal article. In J. M. Darley, M. F. Zanna & H. L. Roediger, III (Eds.), *The compleat academic: A career guide* (2nd ed., pp. 185–219). Washington, DC: American Psychological Association.

Berry, C., Gunter, B. & Clifford, B. (1981). Memory for televised information: A problem for applied and theoretical psychology. *Current Psychological Reviews, 1,* 171–191.

Birnbaum, M. H. (1999). How to show that $9 > 221$: Collect judgments in a between-subjects design. *Psychological Methods, 4,* 243–249.

Bortz, J. (2005). *Statistik für Human-und Sozialwissenschaftler* (6. Aufl.). Berlin: Springer.

Bortz, J. & Döring, N. (2006). *Forschungsmethoden und Evaluation für Human- und Sozialwissenschaftler* (3. Aufl.). Berlin: Springer.

Bradley, M. M. & Lang, P. J. (2007). *The International Affective Picture System (IAPS) in the study of emotion and attention.* New York: Oxford University Press.

Brauer, J., Call, J. & Tomasello, M. (2007). Chimpanzees really know what others can see in a competitive situation. *Animal Cognition, 10,* 439–448.

Bredenkamp, J. (1969). Experiment und Feldexperiment. In C. F. Graumann (Hrsg.), *Sozialpsychologie* (Handbuch der Psychologie, 7. Band, 1. Halbband: Theorien und Methoden; S. 332–374). Göttingen: Hogrefe.

Bredenkamp, J. (1972). *Der Signifikanztest in der psychologischen Forschung.* Frankfurt: Akademische Verlagsgesellschaft.

Bredenkamp, J. (1980). *Theorie und Planung psychologischer Experimente.* Darmstadt: Steinkopff.

Bredenkamp, J. (1990). Kognitionspsychologische Untersuchungen eines Rechenkünstlers. In H. Feger (Hrsg.), *Wissenschaft und Verantwortung* (S. 47–70). Göttingen: Hogrefe.

Bredenkamp, J. & Erdfelder, E. (1996). Methoden der Gedächtnispsychologie. In D. Albert & K.-H. Stapf (Hrsg.), *Gedächtnis* (Enzykopädie der Psychologie, Serie Kognition, Band 4, S. 1–94). Göttingen: Hogrefe.

Bredenkamp, J. & Dilger, S. (1998). Erkundungsexperimente über den Zusammenhang von Versprechern und Arbeitsgedächtnis. *Zeitschrift für experimentelle Psychologie, 45,* 72–79.

Brickenkamp, R. (1997). *Handbuch psychologischer und pädagogischer Tests.* Göttingen: Hogrefe.

Bröder, A. (1998). Deception can be acceptable. *American Psychologist, 53,* 805.

Bröder, A. (2000). Assessing the empirical validity of the „Take-The-Best" heuristic as a model of human probabilistic inference. *Journal of Experimental Psychology: Learning Memory, and Cognition, 26,* 1332–1346.

Bröder, A. (2004). Interne und externe Validität aus deduktivistischer Sicht: Versuch einer Systematisierung und Bestandsaufnahme. In E. Erdfelder & J. Funke (Hrsg.), *Allgemeine Psychologie und deduktivistische Methodologie.* Göttingen: Vandenhoeck & Ruprecht.

Bröder, A. (2006). Experiment. In J. Funke & P. A. Frensch (Hrsg.), *Handbuch der Allgemeinen Psychologie – Kognition* (S. 717–725). Göttingen: Hogrefe.

Bröder, A. & Bredenkamp, J. (1996). SLIP-Technik, Prozessdissoziationsmodell und multinomiale Modellierung: Neue Werkzeuge zum experimentellen Nachweis Freudscher Versprecher? *Zeitschrift für experimentelle Psychologie, 43,* 175–202.

Bröder, A. & Meiser, T. (2007). Measuring source memory. *Zeitschrift für Psychologie/ Journal of Psychology, 215,* 52–60.

Bröder, A. & Schiffer, S. (2003a). Bayesian strategy assessment in multi-attribute decision making. *Journal of Behavioral Decision Making, 16,* 193–213.

Bröder, A. & Schiffer, S. (2003b). Take The Best versus simultaneous feature matching: Probabilistic inferences from memory and effects of reprensentation format. *Journal of Experimental Psychology: General, 132,* 277–293.

Bröder, A. & Schiffer, S. (2006). Adaptive flexibility and maladaptive routines in selecting fast and frugal decision strategies. *Journal of Experimental Psychology: Learning, Memory, and Cognition, 32*, 904–918.

Bröder, A. & Schütz, J. (2009). Recognition ROCs are curvilinear or are they? On premature arguments against the two-high-threshold model of recognition. *Journal of Experimental Psychology: Learning, Memory, and Cognition, 35*, 587–606.

Brown, J. (1958). Some tests of the decay theory of immediate memory. *The Quarterly Journal of Experimental Psychology, 10*, 12–21.

Brown, G.D.A., Neath, I. & Chater, N. (2007). A temporal ratio model of memory. *Psychological Review, 114*, 539–576.

Buchner, A., Erdfelder, E. & Faul, F. (1996). Teststärkeanalysen. In E. Erdfelder, R. Mausfeld, T. Meiser & G. Rudinger (Hrsg.), *Handbuch Quantitative Methoden* (S. 123–136). Weinheim: Psychologie Verlags Union.

Buchner, A., Erdfelder, E. & Vaterrodt-Plünnecke, B. (1995). Toward unbiased measurement of conscious and unconscious memory processes within the process dissociation framework. *Journal of Experimental Psychology: General, 124*, 137–160.

Bühner, M. (2006). *Einführung in die Test- und Fragebogenkonstruktion*. München: Pearson.

Bünting, M. (2006). Proactive interference and item similarity in working memory. *Journal of Experimental Psychology: Learning, Memory, and Cognition, 32*, 183–196.

Buss, D.M., Larsen, R.J., Westen, D. & Semmelroth, J. (1992). Sex differences in jealousy: Evolution, physiology, and psychology. *Psychological Science, 3*, 251–255.

Campbell, D.T. & Stanley, J.C. (1963). Experimental and quasi-experimental designs for research on teaching. In N.L. Gage (Ed.), *Handbook of research on teaching* (pp. 171–247). Chicago, IL: Rand McNally.

Carmichael, L., Hogan, H. & Walter, A. (1932). An experimental study of the effect of language on the reproduction of visually perceived form. *Journal of Experimental Psychology, 15*, 73–86.

Carver, R.P. (1978). The case against statistical significance testing. *Harvard Educational Review, 48*, 378–399.

Cohen, J. (1962). The statistical power of abnormal-social psychological research: A review. *The Journal of Abnormal and Social Psychology, 65*, 145–153.

Cohen, J. (1988). *Statistical power analysis for the behavioral sciences* (2nd ed.). Hillsdale, NJ: Lawrence Erlbaum.

Cohen, J. (1992). Statistical power analysis. *Current Directions in Psychological Science*, 98–101.

Colom, R., Abad, F.J., Rebollo, I. & Chun Shih, P. (2005). Memory span and general intelligence: A latent-variable approach. *Intelligence, 33*, 623–642.

Colom, R., Escorial, S., Chun Shih, P. & Privado, J. (2007). Fluid intelligence, memory span, and temperament difficulties predict academic performance of young adolescents. *Personality and Individual Differences, 42*, 1503–1514.

Craik, F. & Lockhart, R. (1972). Levels of processing: A framework for memory research. *Journal of Verbal Learning & Verbal Behavior, 11*, 671–684.

Czienskowski, U. (1996). *Wissenschaftliche Experimente: Planung, Auswertung, Interpretation*. Weinheim: Psychologie Verlags Union.

Darley, J.M. & Latané, B. (1968). Bystander intervention in emergencies: Diffusion of responsibility. *Journal of Personality and Social Psychology, 8*, 377–383.

Dawkins, R. (2009). *The greatest show on earth. Evidence for evolution.* New York: Free Press.

Deci, E. L., Koestner, R. & Ryan, R. M. (1999). A meta-analytic review of experiments examining the effects of extrinsic rewards on intrinsic motivation. *Psychological Bulletin, 125,* 627–668.

Deutsche Gesellschaft für Psychologie (Hrsg.). (2007). *Richtlinien zur Manuskriptgestaltung* (3. Aufl.). Göttingen: Hogrefe.

DirectRT (Version 2008) [computer program]. New York, NY (http://www.empirisoft.com): Emperisoft.

Dollard, J., Miller, N. E., Doob, L. W., Mowrer, O. H. & Sears, R. R. (1939). *Frustration and aggression.* New Haven, CT: Yale University Press.

Dubben, H. H. & Beck-Bornholdt, H. P. (1997). *Der Hund, der Eier legt.* Reinbek: Rowohlt.

Ebbinghaus, H. (1885). *Über das Gedächtnis. Untersuchungen zur Experimentellen Psychologie.* Leipzig, Duncker & Humblot [Nachdruck 1966, Amsterdam: E. J. Bonset].

Ehlers, A. (1999). *Posttraumatische Belastungsstörungen.* Göttingen: Hogrefe.

Erdfelder, E., Auer, T. S., Hilbig, B. E., Aßfalg, A., Moshagen, M. & Nadarevic, L. (2009). Multinomial Processing Tree Models. *Zeitschrift für Psychologie/Journal of Psychology, 217,* 108–124.

Erdfelder, E., Brandt, M. & Bröder, A. (2007). Recollection biases in hindsight judgments. *Social Cognition, 25,* 114–131.

Erdfelder, E. & Bredenkamp, J. (1984). Kritik mehrfaktorieller Rangvarianzanalysen. *Psychologische Beiträge, 26,* 263–282.

Erdfelder, E. & Bredenkamp, J. (1994). Hypothesenprüfung. In T. Hermann & H. Tack (Hrsg.), *Forschungsmethoden der Psychologie* (Enzyklopädie der Psychologie, Serie I. Methodologische Grundlagen der Psychologie, Band 1, S. 604–647). Göttingen: Hogrefe.

Erdfelder, E., Faul, F. & Buchner, A. (1996). GPOWER: A general power analysis program. *Behavior Research Methods, Instruments & Computers, 28,* 1–11.

Erdfelder, E., Musch, J. & Cüpper, L. Richtlinien zur Gestaltung von schriftlichen Referaten, Hausarbeiten und Praktikumsberichten, Universität Mannheim, Lehrstuhl Psychologie III, Zugriff am 13.04.2011, http://psycho3.uni-mannheim.de/index.php?n=Main.Lehre

E-Prime (Version 2.0) [computer program]. Pittsburgh, PA (http://www.pstnet.com): Psychology Software Tools.

Evans, S. H. & Anastasio, E. J. (1968). Misuse of analysis of covariance when treatment effect and covariate are confounded. *Psychological Bulletin, 69,* 225–234.

Eysenck, H. J. (1973). Personality and learning. *Studia Psychologica, 15,* 93–106.

Faul, F., Erdfelder, E., Lang, A.-G. & Buchner, A. (2007). G*Power 3: A flexible statistical power analysis program for the social, behavioral, and biomedical sciences. *Behavior Research Methods, 39,* 175–191.

Faul, F., Erdfelder, E., Buchner, A. & Lang, A.-G. (2009). Statistical power analyses using G*Power 3.1: Tests for correlation and regression analyses. *Behavior Research Methods, 41,* 1149–1160.

Fechner, G. T. (1964). *Elemente der Psychophysik. Erster und Zweiter Theil.* Leipzig: Duncker & Humblodt. [Nachdruck: Amsterdam: Bonset 1966].

Fisseni, H. J. (2004). *Lehrbuch der psychologischen Diagnostik.* Göttingen: Hogrefe.

Freud, S. (1915). Mitteilung eines der psychoanalytischen Theorie widersprechenden Falls von Paranoia. *Internationale Zeitschrift für Ärztliche Psychoanalyse, 3,* 321–329.

Funke, J. (1992). *Wissen über dynamische Systeme. Erwerb, Repräsentation und Anwendung.* Heidelberg: Springer.

Gadenne, V. (1976). *Die Gültigkeit psychologischer Untersuchungen.* Stuttgart: Kohlhammer.

Gardiner, J. M., Craik, F. I. M. & Birtwistle, J. (1972). Retrieval cues and release from proactive inhibition1. *Journal of Verbal Learning and Verbal Behavior, 11,* 778–783.

Gigerenzer, G. (1993). The Superego, the Ego, and the Id in statistical reasoning. In G. Keren & C. Lewis (Eds.), *A handbook for data analysis in the behavioral sciences: Methodological issues* (pp. 311–339). Hillsdale, NJ: Erlbaum.

Gigerenzer, G. & Hoffrage, U. (1995). How to improve Bayesian reasoning without instruction: Frequency formats. *Psychological Review, 102,* 684–704.

Gilhooly, K. J. & Logie, R. H. (1980). Age-of-acquisition, imagery, concreteness, familiarity, and ambiguity measures for 1,944 words. *Behavior Research Methods & Instrumentation, 12,* 395–427.

Glanzer, M. (1972). Storage mechanisms in recall. In G.H. Bower (Ed.), *The Psychology of Learning and Motivation: Advances in Research and Theory, Vol. 5.* New York: Academic Press.

Glanzer, M. & Cunitz, A. R. (1966). Two storage mechanisms in free recall. *Journal of Verbal Learning and Verbal Behavior, 5,* 351–360.

Glöckner, A. & Betsch, T. (2008a). Modeling option and strategy choices with connectionist networks: Towards an integrative model of automatic and deliberate decision making. *Judgment and Decision Making, 3,* 215–228.

Glöckner, A. & Betsch, T. (2008b). Multiple-reason decision making based on automatic processing. *Journal of Experimental Psychology: Learning, Memory and Cognition, 34,* 1055–1075.

Glöckner A., Betsch, T. & Schindler, N. (in press). Coherence Shifts in Probabilistic Inference Tasks. *Journal of Behavioral Decision Making.*

Godden, D. & Baddeley, A. (1975). Context-dependent memory in two natural environments: On land and underwater. *British Journal of Psychology, 66,* 325–331.

Graziano, A. M. & Raulin, M. L. (2007). *Research methods. A process of inquiry* (6th ed.). Boston: Pearson.

Greve, W. & Wentura, D. (1997). *Wissenschaftliche Beobachtung. Eine Einführung.* Weinheim: Beltz.

Grünbaum, A. (1988). *Die Grundlagen der Psychoanalyse. Eine philosophische Kritik.* Stuttgart: Reclam.

Gunter, B., Berry, C. & Clifford, B. R. (1981). Proactive interference effects with television news items: Further evidence. *Journal of Experimental Psychology: Human Learning and Memory, 7,* 480–487.

Hager, W. (1987). Grundlagen einer Versuchsplanung zur Prüfung empirischer Hypothesen in der Psychologie. In G. Lüer (Hrsg.), *Allgemeine experimentelle Psychologie* (S. 43–264), Stuttgart: Gustav Fischer Verlag.

Hager, W. & Hasselhorn, M. (1994). *Handbuch deutschsprachiger Wortnormen.* Göttingen: Hogrefe.

Hager, W., Spies, K. & Heise, E. (2001). *Versuchsdurchführung und Versuchsbericht* (2. Aufl.). Göttingen: Hogrefe.

Haider, H. & Frensch, P.A. (2002). Why aggregated learning follows the power law of practice when individual learning does not: Comment on Rickard (1997, 1999), Delaney, P.F., Reder, L.M., Staszewski, J.J. & Ritter, F.E. (1998) & Palmeri (1999). *Journal of Experimental Psychology: Learning, Memory, and Cognition, 28,* 392–406.

Hare, A.P., Borgatta, E.F. & Bales, R.F. (1965). *Small groups: Studies in social interaction.* Oxford, England: Knopf.

Harrington, A. (2000). *The placebo effect: an interdisciplinary exploration.* Cambridge, MA: Harvard University Press.

Hays, W.L. (1988). *Statistics* (4th ed.). New York: Holt, Rinehart & Winston.

Hecht, H. & Bertamini, M. (2000). Understanding projectile acceleration. *Journal of Experimental Psychology: Human Perception and Performance, 26,* 730–746.

Henning, H.J. & Muthig, K. (1979). *Grundlagen konstruktiver Versuchsplanung.* München: Kösel.

Heitz, R.P., Unsworth, N. & Engle, R.W. (2005). Working memory capacity, attention control, and fluid intelligence. In O. Wilhem & R.W. Engle (Eds.), *Handbook of understanding and measuring intelligence* (pp. 61–77), Thousand Oaks, CA: Sage publications.

Hertwig, R. & Ortmann, A. (2008). Deception in social psychological experiments: Two misconceptions and a research agenda. *Social Psychology Quarterly, 71,* 222–227.

Hewig, J., Hagemann, D., Seifert, J., Gollwitzer, M., Naumann, E. & Bartussek, D. (2005). A revised film set for the induction of basic emotions. *Cognition and Emotion, 19,* 1095–1109.

Holz-Ebeling, F. (1989). Zur Frage der Trivialität von Forschungsergebnissen. *Zeitschrift für Sozialpsychologie, 20,* 141–156.

Hubbard, T.L. (1996). Representational momentum, centripetal force, and curvilinear impetus. *Journal of Experimental Psychology: Learning, Memory, and Cognition, 22,* 1049–1060.

Huber, O. (2005). *Das psychologische Experiment. Eine Einführung* (4. Aufl.). Bern: Huber.

Huettel, S.A., Song, A.W. & McCarthy, G. (2009). *Functional magnetic resonance imaging* (2nd ed.). New York: Palgrave MacMillan.

Hussy, W. & Jain, A. (2002). *Experimentelle Hypothesenprüfung in der Psychologie.* Göttingen: Hogrefe.

Inquisit (Version 3.0) [computer program]. Seattle, WA (http://www.millisecond.com): Millisecond Software.

Isen, A.M., Clark, M. & Schwartz, M.F. (1976). Duration of the effect of good mood on helping: „Footprints on the sands of time". *Journal of Personality and Social Psychology, 34,* 385–393.

Isen, A.M. & Erez, A. (2007). Some measurement issues in the study of affect. In A.D. Ong & M.H.M. van Dulmen (Eds.). *Oxford handbook of methods in positive psychology* (pp. 250–265). New York: Oxford University Press.

Isen, A.M. & Gorgoglione, J.M. (1983). Some specific effects of four affect-induction procedures. *Personality and Social Psychology Bulletin, 9,* 136–143.

Kahneman, D., Slovic, P. & Tversky, A. (1982). (Eds.). *Judgment under uncertainty: heuristics and biases.* Cambridge: Cambridge University Press.

Kane, G. (2006). Das Higgs-Teilchen. Das Geheimnis der Masse. *Spektrum der Wissenschaft. Februar 2006,* 36–43.

Kenny, D.A. (1979). *Correlation and Causality*. New York: Wiley.

Keppel, G. & Underwood, B.J. (1962). Proactive inhibition in short-term retention of single items. *Journal of Verbal Learning and Verbal Behavior, 1*, 153–161.

Kimmel, A.J. (1998). In defense of deception. *American Psychologist, 53*, 803–805.

Kirk, R.E. (1995). *Experimental design. Procedures for the behavioral sciences* (3rd ed.). Pacific Grove, CA: Brooks/Cole.

Krall, K. (1912). *Denkende Tiere: Beiträge zur Tierseelenkunde auf Grund eigener Versuche*. Leipzig: Engelmann.

Kron, J.H. (1998). The reality of deception. *American Psychologist, 53*, 805.

Lakatos, I. (1974). Falsifikation und die Methodologie wissenschaftlicher Forschungsprogramme. In I. Lakatos & A. Musgrave (Hrsg.), *Kritik und Erkenntnisfortschritt* (S. 89–189). Braunschweig: Vieweg.

Laming, D. (2009). Failure to Recall. *Psychological Review, 116*, 157–186.

Latané, B. & Darley, J.M. (1968). Group inhibition of bystander intervention in emergencies. *Journal of Personality and Social Psychology, 10*, 215–221.

Lazarus, R.S. (1991). Progress on a cognitive-motivational-relational theory of emotion. *American Psychologist, 46*, 819–834.

Leonhart, R. (2010). *Datenanalyse mit SPSS*. Göttingen: Hogrefe.

Loess, H. (1968). Short-term memory and item similarity. *Journal of Verbal Learning and Verbal Behavior, 7*, 87–92.

Malmberg, K.J. (2002). On the form of ROCs constructed from confidence ratings. *Journal of Experimental Psychology: Learning, Memory, and Cognition, 28*, 380–387.

Mangan, M. & Reips, U.-D. (2007). Sleep, sex, and the Web: Surveying the difficult-to-reach clinical population suffering from sexsomnia. *Behavior Research Methods, 39*, 233–236.

Mannhaupt, H.R. (1983). Produktionsnormen für verbale Reaktionen zu 40 geläufigen Kategorien. *Sprache & Kognition, 2*, 264–278.

Mataix-Cols, D., An, S.K., Lawrence, N.S., Caseras, X., Speckens, A., Giampietro, V., Brammer, M.J. & Phillips, M.L. (2008). Individual differences in disgust sensitivity modulate neural responses to aversive/disgusting stimuli. *European Journal of Neuroscience, 27*, 3050–3058.

Mayo, J., White, O. & Eysenck, H.J. (1978). An empirical study of the relation between astrological factors and personality. *Journal of Social Psychology, 105*, 229–236.

Mayr, U. & Kliegl, R. (2003). Differential effects of cue changes and task changes on task-set selection costs. *Journal of Experimental Psychology: Learning, Memory, and Cognition, 29*, 362–372.

McCloskey, M. & Kohl, D. (1983). Naive physics: The curvilinear impetus principle and its role in interactions with moving objects. *Journal of Experimental Psychology: Learning, Memory, and Cognition, 9*, 146–156.

McCloskey, D.N. & Ziliak, S.T. (2008). Signifying nothing: reply to Hoover and Siegler. *Journal of Economic Methodology, 15*, 39–55.

Meiser, T. & Bröder, A. (2002). Memory for multidimensional source information. *Journal of Experimental Psychology: Learning, Memory, and Cognition, 28*, 116–137.

Melis, A.P., Call, J. & Tomasello, M. (2006). Chimpanzees (Pan troglodytes) conceal visual and auditory information from others. *Journal of Comparative Psychology, 120*, 154–162.

Milgram, S. (1963). Behavioral study of obedience. *Journal of Abnormal and Social Psychology, 67*, 371–378.

Mineka, S., Davidson, M., Cook, M. & Keir, R. (1984). Observational conditioning of snake fear in rhesus monkeys. *Journal of Abnormal Psychology, 93,* 355–372.

Murnane, K. & Bayen, U.J. (1996). An evaluation of empirical measures of source identification. *Memory & Cognition, 24,* 417–428.

Newell, A. & Simon, H.A. (1972). *Human problem solving.* Englewood Cliffs, NJ: Prentice-Hall.

Newell, B.R. & Shanks, D.R. (2003). Take the best or look at the rest? Factors influencing „one-reason" decision making. *Journal of Experimental Psychology: Learning, Memory, and Cognition, 29,* 53–65.

Oberauer, K., Suess, H.-M., Wilhelm, O. & Wittmann, W.W. (2008). Which working memory functions predict intelligence? *Intelligence, 36,* 641–652.

Orne, M.T. (1962). On the social psychology of the psychological experiment: With particular reference to demand characteristics and their implications. *American Psychologist, 17,* 776–783.

Ortmann, A. & Hertwig, R. (1997). Is deception acceptable? *American Psychologist, 52,* 746–747.

Otto, J.H., Euler, H.A. & Mandl, H. (2000). *Emotionspsychologie. Ein Handbuch.* Weinheim: Psychologie Verlags Union.

Paisey, T.J.H. & Mangan, G.L. (1988). Personality and conditioning with appetitive and aversive stimuli. *Personality and Individual Differences, 9,* 69–78.

Paivio, A. (1991). Dual coding theory: Retrospect and current status. *Canadian Journal of Psychology, 45,* 255–287.

Palmer, S.E. (1975). The effects of contextual scenes on the identification of objects. *Memory & Cognition, 3,* 519–526.

Pawlik, K. & Buse, L. (1979). Selbst-Attribuierung als differentiell-psychologische Moderatorvariable. Nachprüfung und Erklärung von Eysencks Astrologie-Persönlichkeit-Korrelationen. *Zeitschrift für Sozialpsychologie, 10,* 54–69.

Perner, J., Leekam, S.R. & Wimmer, H. (1987). Three-year-olds' difficulty with false belief: The case for a conceptual deficit. *British Journal of Developmental Psychology, 5,* 125–137.

Perner, J., Stummer, S., Sprung, M. & Doherty, M. (2002). Theory of mind finds its Piagetian perspective: Why alternative naming comes with understanding belief. *Cognitive Development, 17,* 1451–1472.

Peterson, L.R. & Peterson, M.J. (1959). Short-term retention of individual verbal items. *Journal of Experimental Psychology, 58,* 193–198.

Pohl, R. (2004). *Cognitive illusions: A handbook on fallacies and biases in thinking, judgement and memory.* Hove, UK: Psychology Press.

Pohlmann, A. (1906). *Experimentelle Beiträge zur Lehre vom Gedächtnis.* Berlin: Gerdes & Hödel.

Popper, K.R. (1966). *Logik der Forschung* (2., erw. Aufl.). Tübingen: Mohr.

Popper, K.R. (1994). *Vermutungen und Widerlegungen* (7. Aufl.). Tübingen: Mohr Siebeck.

Postman, L. & Phillips, L.W. (1965). Short-term temporal changes in free recall. *The Quarterly Journal of Experimental Psychology, 17,* 132–138.

Prinz, W. (2006). Messung kontra Augenschein: Oskar Pfungst untersucht den Klugen Hans. *Psychologische Rundschau, 57,* 106–111.

Pullum, G. K. (1991). *The great Eskimo vocabulary hoax, and other irreverent essays on the study of language.* Chicago, IL: University of Chicago Press.

Purves, D., Brannon, E. M., Cabeza, R., Huettel, S. A., LaBar, K. S., Platt, M. L. & Woldorf, M. G. (2008). *Principles of cognitive neuroscience.* Sunderland, MA: Sinauer.

Reips, U.-D. (2002a). Standards for Internet-based experimenting. *Experimental Psychology, 49,* 243–256.

Reips, U.-D. (2002b). Internet-based psychological experimenting: Five dos and five don'ts. *Social Science Computer Review, 20,* 241.

Reips, U.-D. (2007). The methodology of Internet-based experiments. In A. Joinson, K. McKenna, T. Postmes & U.-D. Reips (Eds.), *The Oxford Handbook of Internet Psychology* (pp. 373–390). Oxford: Oxford University Press.

Reiserzein, R. (1983). The Schachter theory of emotion: Two decades later. *Psychological Bulletin, 9,* 239–264.

Roenker, D. L., Thompson, C. P. & Brown, S. C. (1971). Comparison of measures for the estimation of clustering in free recall. *Psychological Bulletin, 76,* 45–48.

Rosenthal, R. & Jacobson, L. (1966): Teachers' expectancies: Determinants of pupils' IQ gains. *Psychological Reports, 19,* 115–118.

Rosenthal, R. & Kermit, L. (1963). The effect of experimenter bias on the performance of the albino rat. *Behavioral Science, 8,* 183–189.

Ross, L., Rodin, J. & Zimbardo, P. G. (1969). Toward an attribution therapy: The reduction of fear through induced cognitive-emotional misattribution. *Journal of Personality and Social Psychology, 12,* 279–288.

Rouder, J. N. & Morey, R. D. (2009). The nature of psychological thresholds. *Psychological Review, 116,* 655–660.

Rouder, J. N., Speckman, P. L., Sun, D., Morey, R. D. & Iverson, G. J. (2009). Bayesian t-tests for accepting and rejecting the null hypothesis. *Psychonomic Bulletin & Review, 16,* 225–237.

Rubin, D. C. & Wenzel, A. E. (1996). One hundred years of forgetting: A quantitative description of retention. *Psychological Review, 103,* 734–760.

Rudinger, G. (in Vorb.). *Datengewinnung.* Göttingen: Hogrefe.

Salmon, W. C. (1983). *Logik.* Stuttgart: Reclam.

Sarris, V. (1990). Methodologische Grundlagen der Experimentalpsychologie. *Band 1: Erkenntnisgewinnung und Methodik.* München: Reinhardt.

Sarris, V. & Reiß, S. (2005). *Kurzer Leitfaden der Experimentalpsychologie.* München: Pearson.

Schachter, S. (1964). The interaction of cognitive and physiological determinants of emotional state. In L. Berkowitz (Ed.), *Advances in experimental social psychology.* New York: Academic Press.

Schandry, R. (2006). *Biologische Psychologie: Ein Lehrbuch.* Weinheim: Beltz.

Scheirer, J., Ray, W. S. & Hare, N. (1976). The analysis of ranked data derived from completely randomized factorial designs. *Biometrics, 32,* 429–434.

Scheithe, K. & Bäuml, K. H. (1995). Deutschsprachige Normen für Vertreter von 48 Kategorien. *Sprache & Kognition, 14,* 39–43.

Schienle, A., Stark, R., Walter, B., Blecker, C., Ott, U., Kirsch, P., Sammer, G. & Vaitl, D. (2002). The insula is not specifically involved in disgust processing: An fMRI study. *NeuroReport, 13,* 2023–2026.

Schönpflug, W. (2006). Der Kluge Hans – eine Ikone der Psychologie? Kommentar zu Gundlach (2006) und Prinz (2006). *Psychologische Rundschau, 57,* 187–188.

Schulze, R. (1909). *Aus der Werkstatt der experimentellen Psychologie und Pädagogik. Mit besonderer Berücksichtigung der Methoden und Apparate.* Leipzig: Voigtländer.

Schüttauf, K., Bredenkamp, J. & Specht, E. K. (1997). Induzierte „Freudsche Versprecher" und zwangsneurotischer Konflikt. *Sprache und Kognition, 16,* 3–13.

Sedlmeier, P. & Gigerenzer, G. (1989). Do studies of statistical power have an effect on the power of studies? *Psychological Bulletin, 105,* 309–316.

Sedlmeier, P. & Renkewitz, F. (2008). *Forschungsmethoden und Statistik in der Psychologie.* München: Pearson Studium.

Seligman, M. E., Abramson, L. Y. Semmel, A. & Von Baeyer, C. (1979). Depressive attributional style. *Journal of Abnormal Psychology, 88,* 242–247.

Siegel, S. & Castellan, N. J., Jr. (1988). *Nonparametric statistics for the social sciences* (2nd ed.). New York: McGraw-Hill.

Snodgrass, J. G. & Vanderwart, M. (1980). A standardized set of 260 pictures: Norms for name agreement, image agreement, familiarity, and visual complexity. *Journal of Experimental Psychology: Human Learning & Memory, 6,* 174–215.

Stahl, C. (2006). Software for generating psychological experiments. *Experimental Psychology, 53,* 218–232.

Stevenson, R. A. & James, T. W. (2008). Affective auditory stimuli: Characterization of the International Affective Digitized Sounds (IADS) by discrete emotional categories. *Behavior Research Methods, 40,* 315–321.

SuperLab Pro (Version 4.0) [Computer Program]. San Pedro, CA (http://www.cedrus.com): Cedrus Corporation.

Sutcliffe, J. P. (1957). A general method of analysis of frequency data for multiple classification designs. *Psychological Bulletin, 54,* 134–137.

Tulving, E. (1974). Cue-dependent forgetting. *American Scientist, 62,* 74–82.

Tulving, E. & Psotka, J. (1971). Retroactive inhibition in free recall: Inaccessibility of information available in the memory store. *Journal of Experimental Psychology, 87,* 1–8.

Unsworth, N. & Engle, R. W. (2005). Working memory capacity and fluid abilities: Examining the correlation between Operation Span and Raven. *Intelligence, 33,* 67–81.

Vul, E., Harris, C., Winkielman, P. & Pashler, H. (2009). Puzzlingly high correlations in fMRI studies of emotion, personality, and social cognition. *Perspectives on Psychological Science, 4,* 274–290.

Wason, P. C. (1966). Reasoning. In B. M. Foss (Ed.), *New horizons in psychology* (pp. 135–161). Harmondsworth: Penguin.

Westermann, R. (1987). Wissenschaftstheoretische Grundlagen der experimentellen Psychologie. In G. Lüer (Hrsg.), *Allgemeine Experimentelle Psychologie* (S. 5–42). Stuttgart: Fischer.

Westermann, R. (2000). *Wissenschaftstheorie und Experimentalmethodik.* Göttingen: Hogrefe.

Westermann, R., Spies, K., Stahl, G. & Hesse, F. W. (1996). Relative effectiveness and validity of mood induction procedures: A meta-analysis. *European Journal of Social Psychology, 26,* 557–580.

Wickens, D. D., Born, D. G. & Allen, C. K. (1963). Proactive inhibition and item similarity in short-term memory. *Journal of Verbal Learning and Verbal Behavior, 2,* 440–445.

Wilkinson, L. and the Task Force on Statistical Inference (1999). Statistical methods in psychology journals: Guidelines and explanations. *American Psychologist, 54,* 594–604.

Wixted, J. T. & Ebbesen, E. B. (1991). On the form of forgetting. *Psychological Science, 2,* 409–415.

Wixted, J. T. & Ebbesen, E. B. (1997). Genuine power curves in forgetting: A quantitative analysis of individual subject forgetting functions. *Memory and Cognition, 25,* 731–739.

Zajonc. R. B. (1968). Attitudinal effects of mere exposure. *Journal of Personality and Social Psychology, 9,* 1–27.

Zysno, P. V. (1998). Von Seilzug bis Brainstorming: Die Effizienz der Gruppe. In E. H. Witte (Hrsg.), *Sozialpsychologie der Gruppenleistung. Beiträge des 12. Hamburger Symposions zur Methodologie der Sozialpsychologie* (S. 184–210). Lengerich: Pabst.

Glossar

α-Fehlerwahr-scheinlichkeit

Wahrscheinlichkeit, die Nullhypothese beim statistischen Testen irrtümlich abzulehnen, d. h., einen Stichprobenkennwert zu erhalten, der im Ablehnungsbereich der Nullhypothese liegt, obwohl sie zutrifft.

Abhängige Variable (AV)

Die laut der zu prüfenden Hypothese von anderen (unabhängigen) Variablen beeinflusste Größe.

A-priori-Power-analyse

Verfahren zur Bestimmung der benötigten Stichprobengröße N, um mit festgesetzten α- und β-Fehlerwahrscheinlichkeiten eine vorher festgesetzte Mindesteffektgröße zu entdecken, wenn die Alternativhypothese zutrifft.

Artefakt

Ein aufgrund von Störvariablen und intern invaliden Untersuchungen zustande gekommenes „künstliches" (= artifizielles) Untersuchungsergebnis.

Ausbalancierung

Methoden des Ausbalancierens sorgen dafür, dass spezifische Kombinationen aus Untersuchungsmaterial und Treatment bzw. Treatmentreihenfolgen in Messwiederholungsplänen gleich häufig vorkommen, um Konfundierungen von Reihenfolge bzw. Material und UV auszuschließen.

β-Fehlerwahr-scheinlichkeit

Wahrscheinlichkeit, eine definierte Alternativhypothese beim statistischen Hypothesentesten fälschlicherweise nicht anzunehmen, d. h. einen Stichprobenkennwert im Annahmebereich der Nullhypothese zu erhalten, obwohl die Alternativhypothese zutrifft.

Behandlungsfaktor

siehe Treatmentfaktor

Blindstudie

Ein Experiment, bei dem die Versuchsleiter und Beurteiler nicht wissen, in welcher Versuchsbedingung die Versuchspersonen sind. In einer *Doppelblindstudie* wissen auch die Vpn nicht, in welcher Versuchsbedingung sie sind. Das ist der Normalfall. So werden Beurteilungsfehler aufgrund der Kenntnis der Hypothese vermieden.

Blockfaktor

Durch Parallelisierung entstehende homogene Subgruppen von Vpn. Durch Einbeziehen eines mit der AV korrelierten Blockfaktors als Kovariate in der Datenanalyse wird die Power zur Entdeckung von UV-Effekten erhöht.

Bodeneffekt

Die Messungen der AV fallen in allen Versuchsbedingungen sehr gering aus, so dass Unterschiede nicht feststellbar sind. Beispielsweise wurde eine Aufgabe so schwer gewählt, dass fast niemand sie löst und ein förderliches Treatment nicht ausreichte.

Carry-over-Effekt

In Messwiederholungsplänen Effekte der Vp-Reaktion in einem Treatment auf ihre Reaktionen in weiteren Treatments. Kann durch Ausbalancierung der Reihenfolgen und späterer Analyse der Interaktion zwischen UV und Reihenfolge entdeckt werden.

Deckeneffekt

Die Messungen der AV fallen in allen Versuchsbedingungen sehr hoch aus, so dass Unterschiede nicht feststellbar sind. Beispielsweise wurde eine Aufgabe so leicht gewählt, dass fast jeder sie löst und ein förderliches Treatment keine zusätzliche Verbesserung bringen kann.

Deduktivismus (Deduktivistische Methodologie)

Methodologische Grundauffassung, nach der Theorien und Hypothesen am Anfang stehen, aus denen Vorhersagen für empirische Untersuchungen logisch hergeleitet (deduziert) werden. Die Hypothese kann sich in der Untersuchung bewähren oder nicht. Der Deduktivismus versucht, Verallgemeinerungen (induktive Schlüsse) zu vermeiden.

Deduktiv-nomologische Erklärung

Nach dem sogenannten Hempel-Oppenheim-Schema der wissenschaftlichen Erklärung, ist ein Sachverhalt S dann wissenschaftlich erklärt, wenn er aus den vorliegenden Antezedenzbedingungen A und mindestens einem allgemeinen Gesetz G logisch hergeleitet werden kann. Das wissenschaftliche Gesetz G muss gut bewährt und darf nicht falsifiziert sein.

Demand Characteristics

Hinweise in der Situation, die der Vp bestimmte Verhaltensweisen oder Hypothesen über den Zweck des Experiments nahe legen und das Versuchsergebnis verfälschen können.

Disordinale Wechselwirkung

Der Effekt einer UV_1 auf die AV wird durch eine zweite UV_2 nicht nur im Betrag, sondern auch in der Richtung geändert. Beispiel: Ein Förderprogramm ist für Mädchen hilfreich, für Jungen dagegen schädlich. Hier ist das Geschlecht eine Moderatorvariable des Effekts der UV_1.

Doppelblindstudie

siehe Blindstudie

Effektstärke

Ein Maß für die Stärke des Einflusses einer unabhängigen auf eine abhängige Variable, das unter anderem für die exakte Formulierung der Alternativhypothese in Teststärkeanalysen gebraucht wird. Je nach verwendetem statistischen Verfahren bzw. Skalenniveau der beteiligten Variablen gibt es unterschiedliche Quantifizierungen der Effektstärke.

Eichstichprobe	Für die Zielpopulation repräsentative Stichprobe, die zur Normierung von Testverfahren herangezogen wird.
Empirie	Sammelbezeichnung für die Erkenntnisquellen der Wissenschaft, die auf Beobachtung im weitesten Sinne beruhen.
Empirismus	Erkenntnistheoretische Haltung, die als Hauptquelle der Erkenntnis die (sinnliche) Erfahrung ansieht. In der Wissenschaftstheorie wurde der Empirismus in der Spielart des *Positivismus* bekannt, der objektive Beobachtungen als einzige Grundlage der Theorieformulierung ansieht.
Existenzhypothese	Behauptung, dass ein bestimmter Sachverhalt vorkommt bzw. vorkommen kann. Zu unterscheiden von *universellen Hypothesen,* die sich auf offene Grundgesamtheiten beziehen und den Zusammenhang von Variablen behaupten.
Experiment	Sonderform der systematischen wissenschaftlichen Beobachtung, in der die Auswirkung einer vom Experimentator aktiv variierten UV auf eine AV beobachtet wird, wobei die Untersuchungsobjekte (meist Versuchspersonen) den Versuchsbedingungen oder deren unterschiedlichen Reihenfolgen zufällig zugeordnet werden.
Experimenteller Faktor	Realisierung einer vom Versuchsleiter aktiv manipulierten UV mit zufälliger Zuordnung der Untersuchungseinheiten zu den Bedingungen.
Ex-post-facto-Studie	Variante einer quasi-experimentellen Anordnung, bei der die AV gegeben ist (z. B. Delinquenz vs. sozial unauffälliges Verhalten) und hypothesengeleitet nach möglichen Unterschieden einer UV in der Vergangenheit gesucht wird (z. B. Ausmaß des Fernsehkonsums in der Kindheit). Lässt keine sicheren kausalen Schlüsse zu.
Externe Validität	Die Übertragbarkeit einer Hypothese auf andere als die konkret in der vorliegenden Untersuchung gegebenen Bedingungen. Kann nicht für einzelne Experimente bestimmt werden, sondern nur für ganze Forschungsprogramme.
Faktor	Konkrete Operationalisierung einer theoretischen UV in einer empirischen Untersuchung.
Faktorieller Versuchsplan	Kombination mehrerer UVn, wobei jede Stufe jeder UV mir allen Stufen jeder anderen UV kombiniert wird.
Faktorstufe	Konkrete Operationalisierung eines Wertes einer unabhängigen Variablen (z. B. Art des Treatments) in einer empirischen Untersuchung.

Falsifikation

Tritt bei gültigen Hilfshypothesen die Prognose einer Hypothese wiederholt *nicht* ein, so kann die Hypothese als falsifiziert gelten. Endgültig verwerfen sollte man aber auch eine falsifizierte Hypothese erst dann, wenn man eine bessere zur Verfügung hat, also eine, die mehr erklärt als die alte.

Fehlervarianz

Variation in den Messdaten einer AV, die nicht auf systematisch untersuchte Effekte von UVn zurückzuführen ist, sondern auf unsystematische „Fehler" wie Unterschiede zwischen Versuchspersonen, Messungenauigkeiten etc.

Feldexperiment

Ein Experiment, dem die Merkmale „systematische Variation mindestens einer UV" und „Randomisierung" zukommen, das aber in einer „natürlichen" Umgebung stattfindet. Übergang zum Laborexperiment je nach Ausmaß der Natürlichkeit fließend.

Fisher'sche Methode

Methode des statistischen Hypothesentestens, das auf die Ablehnung der Nullhypothese mit einer möglichst kleinen Fehlerwahrscheinlichkeit p abzielt. Keine Kontrolle des β-Fehlers und der Effektstärke.

Friedman-Test

Nicht parametrisches statistisches Testverfahren zum Vergleich der Lageparameter verbundener Messwertreihen (z. B. Messwiederholungen).

Gesetz

Eine als sehr gut empirisch bewährt angesehene Hypothese.

Gemischtes Design

Ein Versuchsplan, der unterschiedliche Arten von Faktoren enthält, z. B. Messwiederholungs- vs. Gruppenfaktoren oder experimentelle und quasi-experimentelle Faktoren.

Hilfshypothesen (Untersuchungsvoraussetzungen)

Gesamtheit der Annahmen in einer empirischen Untersuchung, die diese Form der empirischen Prüfung rechtfertigen, z. B. Adäquatheit der Operationalisierung, Vergleichbarkeit von Versuchsgruppen etc.

Hypothese

Vermutete Antwort auf eine wissenschaftliche Frage, die sich auf den Zusammenhang von mindestens zwei Variablen bezieht.

Indikator

Empirische Variable, die als Maß für das Vorliegen bzw. Ausmaß einer latenten Variablen interpretiert wird (Beispiel: Anzahl gelöster Testitems als Indikator für Intelligenz).

Innergruppenvarianz

Variation der AV-Messwerte innerhalb einer Versuchsgruppe, die auf Unterschiedlichkeit der Vpn zurückgeht und folglich nicht auf die UV.

Interne Validität	Ausmaß der Sicherheit, mit dem aus einem Untersuchungsergebnis auf den kausalen Zusammenhang zwischen unabhängiger und abhängiger Variablen geschlossen werden kann.
Interindividuelle Manipulation (Between-Subjects-Manipulation)	Ein Treatmentfaktor, bei dem unterschiedliche Versuchspersonen unterschiedliche Treatments durchlaufen und die Gruppen verglichen werden.
Intraindividuelle Manipulation (Within-Subjects-Manipulation)	Ein Treatmentfaktor, bei dem jede Versuchsperson mehrere Treatments durchläuft, es werden die Ergebnisse der Gesamtgruppe zwischen verschiedenen Durchläufen (Bedingungen) verglichen.
Jochkontrolle (yoked control)	Spezialform der Parallelisierung, bei der ein experimenteller „Zwilling" exakt dasselbe Treatment erhält wie sein Partner, wenn Aspekte des Treatments von dessen Verhalten abhängen und somit nicht in der Kontrolle des Versuchsleiters stehen.
Kompromiss-Poweranalyse	Teststärkeanalyse, bei der die Fehlerwahrscheinlichkeiten α und β ermittelt werden, wenn ein bestimmtes Verhältnis zwischen ihnen gewünscht ist (meist $1:1$) und die zu entdeckende Effektstärke sowie der Stichprobenumfang feststehen.
Konfundierung	Korrelation der unabhängigen Variablen mit einer Störvariablen in einer vorliegenden Untersuchung.
Konsistenzeffekte	Experimentelle Effekte, die in Messwiederholungsplänen auf die Bestrebung von Vpn zurückgehen, nach außen konsistent zu erscheinen.
Konstruktvalidität (Variablenvalidität)	Ausmaß, in dem eine empirisch gemessene AV das Konstrukt repräsentiert, welches sie messen soll. Bezogen auf UVn meint K. das Ausmaß, in dem der Versuchsfaktor die theoretische UV angemessen repräsentiert bzw. die darin angenommenen Prozesse induziert.
Konzeptuelle Replikation	Wiederholung eines empirischen Prüfversuchs einer Hypothese (und idealerweise des Ergebnisses) mit anderen Operationalisierungen von UVn und AVn. Wichtig zur Erhöhung der externen Validität einer Hypothese.
Korrelationsstudie	Jede empirische Studie, die den Zusammenhang mindestens zweier Variablen untersucht und *keine* Randomisierung beinhaltet.
Kovariate	Variable, die neben der untersuchten UV einen Einfluss auf die AV haben kann und in der Untersuchung miterhoben wurde. Durch

Berücksichtigung in der Datenanalyse kann die Fehlervarianz reduziert und damit die Teststärke für statistische Tests der UV stark erhöht werden.

Kreuzrelation Kombination zweier UVn in einem vollständigen faktoriellen Plan.

Kruskal-Wallis-Test Nonparametrisches Verfahren zum Vergleich der Lageparameter mehrerer unabhängiger Messwertreihen (verschiedene Gruppen). Mehr-Gruppen-Verallgemeinerung des Mann-Whitney-U-Tests.

Latente Variable Nicht direkt beobachtbare theoretische veränderliche Größe.

Manifeste Variable Direkt der Beobachtung zugängliche und daher empirische veränderliche Größe.

Mann-Whitney-U-Test Nonparametrisches Verfahren zum Vergleich der Lageparameter zweier unabhängiger Messwertreihen (verschiedene Gruppen).

Messwiederholungsfaktor Auch „Within-Subjects"-Faktor. Variation der unabhängigen Variablen innerhalb von Versuchspersonen, d. h., jede Versuchsperson durchläuft mehrere Treatments, unter denen jeweils die abhängige Variable erfasst wird.

Methodologie Wissenschaftstheoretisch begründete Sammlung von als zulässig und wissenschaftlich erachteten Methoden und Argumentationsformen.

Moderatorvariable Variable, die mit einer interessierenden UV interagiert (wechselwirkt) und somit ihren Effekt auf eine AV entweder im Betrag oder gar dem Vorzeichen verändert.

Nestrelation/Nistrelation Einbettung der Stufen eines Faktors in die Stufen eines anderen Faktors.

Neyman-Pearson-Methode Vorgehen des statistischen Hypothesentestens, bei dem eine spezifische Alternativhypothese formuliert wird sowie ein Entscheidungskriterium, das die Fehlerwahrscheinlichkeiten α und β transparent macht.

Nominale Hypothese Hypothese, die einen qualitativen Zusammenhang zwischen zwei Variablen behauptet („Wenn ..., dann ...").

Objektivität Wichtiges Kennzeichen wissenschaftlicher Beobachtungen: Unterschiedliche Beobachter sollen bezüglich des beobachteten Sachverhalts zum gleichen Ergebnis kommen.

Operationalisierung Repräsentation einer theoretischen Variablen durch eine empirisch fassbare Variable.

Ordinale Hypothese Hypothese, die einen in seiner Funktionsform nicht näher spezifizierten quantitativen Zusammenhang zwischen zwei Variablen behauptet („Je mehr ..., desto mehr ...").

Parallelisierung Ausschalten einer Störvariablen (SV), indem verschiedene experimentelle Gruppen hinsichtlich dieser SV vergleichbar gemacht werden.

Population Offene Grundgesamtheit, auf die sich eine Hypothese bezieht.

Populations-parameter Kenngröße, die die Population beschreibt. Da die gesamte Population meist nicht beobachtbar ist, wird der Populationsparameter durch Stichprobendaten geschätzt.

Post-hoc-Poweranalyse Ermittlung der statistischen Teststärke einer Untersuchung bei festgelegtem Signifikanzniveau und festgelegter Stichprobengröße für eine bestimmte Effektstärke.

Power siehe Teststärke

p-Wert Im Fisher'schen Hypothesentesten die Wahrscheinlichkeit eines gegebenen Untersuchungsergebnisses unter der Nullhypothese.

Quasi-Experiment Untersuchung des Einflusses einer in wenigen Stufen vorliegenden UV, die nicht vom Versuchsleiter manipuliert werden kann, sondern den Untersuchungsobjekten (z. B. Vpn) schon „gegeben" ist.

Randomisierung Zufallszuweisung von Versuchsteilnehmern zu verschiedenen Bedingungen (oder Reihenfolgen von Bedingungen) eines Experiments. Verhindert die Konfundierung der unabhängigen Variablen mit beliebigen Störvariablen.

Replikation, Replizierbarkeit Wiederholung einer empirischen Untersuchung und ihres Ergebnisses.

Sensitivierungs-effekt Im Messwiederholungsplan wird eine spätere Messung der AV durch frühere Messungen beeinflusst, nicht nur durch die UV.

Sensitivitätsanalyse Bestimmung der Effektstärken, die in einer bestimmten Untersuchung der Stichprobengröße N mit den Fehlerwahrscheinlichkeiten α und β entdeckt werden können.

Signifikanztest Verfahren der schließenden Statistik, mit dem die Wahrscheinlichkeit eines Stichprobenergebnisses unter der Null- und der Alternativhypthese ermittelt wird. Diese Wahrscheinlichkeiten bilden die Grundlage für eine Entscheidung zugunsten der H_0 bzw. H_1.

Simpsons Paradox	Ist eine UV mit einer unbekannten Störvariablen konfundiert, die einen gegengerichteten größeren Effekt hat, so kann die Richtung des Effekts der UV falsch erscheinen.
Solomon-Viergruppenplan	Werden bei Messwiederholungen im Vorher-Nachher-Design mit Experimental- und Kontrollgruppe Sensitivierungseffekte erwartet, zieht man zwei weitere Vergleichsgruppen ohne die erste Messung heran, um deren Einfluss auf die spätere Messung abschätzen zu können.
Statistische Hypothese	Die statistische Hypothese folgt in Termini der Datenanalyse aus der inhaltlichen Hypothese, die die Untersuchung motiviert hat. Vom Test der statistischen Hypothese wird auf die Gültigkeit der inhaltlichen Hypothese zurückgeschlossen.
Stichproben-kennwert	Statistische Größe (z. B. Mittelwert, Varianz), die deskriptiv aus einer Stichprobe gewonnen wird und oft die Grundlage für die Schätzung des unbekannten Populationsparameters bildet.
Stichproben-kennwerte-verteilung	Theoretische Wahrscheinlichkeitsverteilung von Stichproben-kennwerten, wenn unendlich viele Stichproben der Größe N aus einer Population gezogen werden.
Störvariable (SV)	Jede Variable, die die abhängige Variable (AV) potenziell beeinflussen kann, aber im vorliegenden Prüfversuch nicht relevant ist, da der Einfluss anderer unabhängiger Variablen (UVn) interessiert. Damit die SV den Schluss auf die UV nicht behindert, ist sie durch gute Versuchsplanung zu kontrollieren.
Teststärke (Power)	Wahrscheinlichkeit, eine Entscheidung für die Alternativhypothese zu treffen, wenn sie tatsächlich zutrifft.
Theorie	System von Aussagen (Gesetze, Hypothesen), die sich auf einen spezifischen Gegenstandsbereich beziehen und potenziell als Erklärung für Variablenzusammenhänge genutzt werden können. Je besser die einzelnen Hypothesen einer Theorie empirisch gestützt sind, desto bewährter ist die Theorie.
Transparenz	Offenlegung der verwendeten Methoden und Auswertungsschritte, damit die erhaltenen Ergebnisse überprüfbar, replizierbar und kritisierbar sind.
Treatment	Engl. „Behandlung"; beschreibt die Untersuchungsbedingungen und die konkrete Operationalisierung einer Stufe der unabhängigen Variablen.
Treatmentfaktor	Variation einer unabhängigen Variablen, die die aktive Manipulation der unabhängigen Variablen durch den Versuchsleiter enthält,

also verschiedene „Treatments" (Behandlungen) der Versuchsteilnehmer, die unterschiedliche Stufen der unabhängigen Variablen repräsentieren.

Unabhängige Variable (UV)

Einflussgröße, die laut zu prüfender Hypothese eine andere Größe (abhängige Variable) beeinflusst.

Universelle Hypothese

Hypothese, die den Zusammenhang von Variablen in einer definierten, aber offenen Grundgesamtheit behauptet.

Unterschieds-hypothese

Hypothese, die den Unterschied zwischen Versuchsbedingungen vorhersagt und mit entsprechenden statistischen Verfahren geprüft wird. Auch Unterschiedshypothesen sind logisch gesehen immer Zusammenhangshypothesen.

Validität

Gültigkeit gleich dem Ausmaß, in dem aus einem Versuchsergebnis sichere Schlussfolgerungen über die zugrunde liegende Hypothese gezogen werden können.

Verifikation

Endgültige Bestätigung einer Hypothese. Ist für universelle Hypothesen logisch unmöglich.

Versuchsleiter-erwartungseffekt

Beeinflussung des Vp-Verhaltens bzw. seiner Messung durch Erwartungen des Versuchsleiters. Beste Gegenmaßnahme ist die Doppelblindstudie.

Vorzeichentest

Nicht-parametrisches statistisches Verfahren zum Vergleich der Lageparameter zweier verbundener ordinalskalierter Messwertreihen.

Wilcoxon-Test

Nicht-parametrisches statistisches Verfahren zum Vergleich der Lageparameter zweier verbundener ordinalskalierter Messwertreihen.

Variable

Jede theoretische oder empirische veränderliche Größe.

Sachregister